노란 코코넛 마을

발리 그리고 우붓 사람들

서울대학교 아시아연구소총서
모노그래프시리즈 12

노란 코코넛 마을

발리 그리고 우붓 사람들

초판 1쇄 발행 2022년 11월 1일

지은이 정정훈

펴낸곳 서울대학교출판문화원
주소 08826 서울 관악구 관악로 1
도서주문 02-889-4424, 02-880-7995
홈페이지 www.snupress.com
페이스북 @snupress1947
인스타그램 @snupress
이메일 snubook@snu.ac.kr
출판등록 제15-3호

ISBN 978-89-521-3100-3 94380
978-89-521-1413-6 (세트)

이 연구는 2018년도 서울대학교 아시아연구소 박사학위논문상의 지원을 받아 수행되었음.

서울대학교 아시아연구소총서
모노그래프시리즈 12

노란 코코넛 마을

발리 그리고 우붓 사람들

정정훈 지음

서울대학교출판문화원

Banjar Nyuh Kuning[●]

Bali and People of Ubud

Jeong Hun Jeong

Seoul National University Press

●Banjar Nyuh Kuning은 발리어로 '노란 코코넛 마을'로 해석된다.

머리말

저자의 어린 시절 전 세계 인구는 50억 명 수준이었다. 근 30년이 지난 현재 전 세계 인구는 79억 명을 넘어섰다. 이처럼 세상에는 정확히 셀 수도 없는 많은 사람이 있고, 지구는 여전히 한 개인에게는 너무 크고 복잡하다. 다양성, 복잡성, 혼잡성, 특이성이 혼재한 상황에서 시간은 계속 흘러간다. 시간이 흘러감에 따라, 특히 21세기 기술 발전의 속도가 더욱 빨라지면서 이러한 복잡함은 점점 더 극대화된다. 때로는 복잡함이 혼잡함으로 변이되어 현재의 상황을 제어하거나 다가올 미래를 예측하고 대응하기가 점점 더 어렵다.

이런 현실에서 우리는 어떤 선택을 해야 할까? 복잡한 세상에 적응하기 위해서 분 단위, 초 단위로 계획을 세우고 일에 전념하면 복잡함이 혼잡함으로 변질되지 않을까? 아니면 세상이 우리에게 주는 달콤함을 극대화하고 쓴맛을 최소화하기 위해 '자신만의 세계'를 구축할까? 전 세계 77억 명은 개인의 가치관 또는 개인이 속한 공동체의 정체성에 따라 다양한 선택을 한다.

이 책은 저자가 2012년부터 2014년까지 수행한 인도네시아 발리섬 현지조사와 이후 작성된 박사학위논문과 소논문을 바탕으로 작성되었다. 현지조사를 계획하고 관련 연구계획서를 작성할 시점의 문제의식은 "복잡한 세상에 우리는 어떻게 살아가야 할 것인가"에 대한 답을 찾는 것이었다. 당시 저자는 전주에 오랜 기간 거주하면서 전통 공연 관람과 축제 참여를 통해 지역의 문화적 전통과 관련 사람들의 영향을 온전히 체화하려고 노력했다. 또한 문화인류학을 전공하면서 배운 지식은 체계화되지 못한 정보의 파편들을 이론화하는 데 도움이 되었다.

문화적 역량이 뛰어나고 그 영향력이 큰 전주에서 문화를 연구하면서 두 가지 의문이 머릿속에 맴돌았다. 첫째, 문화관광 분야에서 전주의 문화적 전통은 각광을 받지만, 전주시민에게 전주의 문화정체성이 온전히 체화되어 세대를 넘어 지속할 수 있을까 하는 것이었다.

둘째, 문화정책과 관광 분야의 연구가 여전히 '자신만의 세계'를 구축하여 달콤함만 극대화하고 있는 것은 아닐까 하는 의문이었다. 특히 두 번째의 고민은 인도네시아 연구에 있어 문화관광을 주제로 선택하게 된 결정적인 계기가 되었다. 문화정책과 관광 분야의 연구에서 "우상화"되는 관념은 서구문화의 근대성과 경제적 우월함이 문화적 "뛰어남"으로 치환되는 것이다. 결국 한국의 문화관광정책은 우리 사회의 사회·문화적 맥락과 별개로 서구를 비롯한 일부 경제선진국의 담론이 무비판적으로 인용되고 소개된다.

이러한 문제의식에 따라 인류학 현지조사 지역으로 인도네시아 발리섬을 선택했다. 다른 연구자가 현지조사 지역과 어떻게 인연을 맺고 있는지 잘 알지 못한다. 한국에서 현지조사를 계획한 선후배들은 연구 주제에 맞춰 조사 지역을 선택하기도 했다. 저자는 뚜렷하게 인도네시아 지역학 연구자로서 정체성을 가지고 싶었다. 석사과정 중 우연한 계기로 인도네시아 연구를 시작했지만, 박사과정 중 논문을 준비하면서 인도네시아 지역을 전공하겠다는 생각은 더욱 굳건해졌다.

이 책은 발리섬 중남부에 위치한 '노란 코코넛 마을'로 해석되는 '뉴꾸닝 마을(Banjar Nyuh Kuning)'에 대한 민족지가 바탕이 되었다. 발리섬은 세계적인 관광지로 알려져 있지만 인구 800여 명의 뉴꾸닝 마을은 관광 자원이 풍부하지 않은 전형적인 발리 농촌이었다. 마을 규모가 작고 인구가 적어 인근 마을에 정치적·사회적 피해를 입기도 했다.

하지만 뉴꾸닝 마을은 21세기를 전후로 새로운 마을로 변모하게 된다. 관광발전 과정에서 마을 주민들은 공동체를 유지하고 전통을 보존하려고 노력한다. 이 과정에서 여러 의견이 충돌하지만 주민 상호간 사회적 협의를 통해 원활히 해결한다. 결국 뉴꾸닝 주민들의 대응과 사회적 실천은 머릿속에 맴돌던 의문을 해소해주었다.

현재 한국은 전 세계인이 동경하는 경제선진국으로 위상을 가졌다. 정치, 경제, 문화 등 사회 여러 분야에서 문제점이 발견되고 비판을 받지만, 이러한 문제점이 극복 불가능하거나 다른 국가의 도움 없이 해결이 난망한 것은 아니다. 하지만 경제가 성장하고 도시화가 급격하게 진행되면서 과거 우리 사회를 지탱했던 공동체와 문화적 전통에 대한 가치들이 변화하고 때로는 부정되었다. 또한 경제적 성공이 사회의 다른 가치보다 우선시되면서 개인, 가족 그리고 국가의 지향성이 경제적 성취에 매몰되었다.

뉴꾸닝 마을 역시 우붓 지역이 관광지로 점차 변모하면서 많은 영향을 받았다. 이전에는 상상할 수 없던 경제적 부를 획득한 주민, 풍요로운 삶을 추구하는 주민, 부의 획득에 밀려 있는 주민이 하나의 공동체를 이루어 전통을 실천하는 과정은 특히 주목할 만하다. 또한 문화관광정책의 서구 중심의 담론과 탈맥락화를 극복하는 데 제3세계 국가의 역동성과 포용성 역시 유용한 수단임을 확인할 수 있다.

뉴꾸닝 주민 개개인에게 저자와 보낸 시간은 한 인간의 전체 생애에서 아주 짧은 만남과 인연이었다. 하지만 현지조사 과정에서 뉴꾸닝 주민들이 공동체 구성원으로서 역할을 다하고 사회적 합의를 이루는 과정은 저자를 성숙하게 하고 많은 영감을 주었다. 이 책이 가정과 사회 등 우리가 속한 공동체의 의미와 공동체가 추구하는 가치의 방향성에 대해 다시 생각하는 계기가 되었으면 한다.

이 책을 쓰기까지 저자 역시 여러 공동체에 소속된 한 명의 구성원이었다. 스무 살 대학 입학 후 서른일곱의 나이까지 저자는 전북대 고고문화인류학과의 학생이었다. 물리적으로 부모님 품에서 벗어나 성인이 되었지만 고고문화인류학과의 울타리가 아니었다면 온전한 사회인이자 연구자로 성장할 수 있었을까 하는 의문이 든다. 고고문화인류학과의 든든한 울타리가 되어주시고 학생들이 자부심을 잊지 않게 해주신 교수님들께 깊은 감사를 드린다.

특히 저자는 10년 동안 석·박사 과정을 이수하면서 조금은 특별하게 세 분의 공식·비공식 지도교수님과 함께했다. 인류학 글쓰기, 현지조사 방법, 문화정책과 인류학 그리고 인도네시아 연구까지 어느 것 하나 준비되어 있지 않은 저자에게 교수님들의 각별한 지도가 없었다면 연구자로서 한 발도 나아갈 수 없었을 것이다. 저자가 박사학위논문을 완성하기까지 문화인류학을 함께 전공하고 인문대 2호관 508호실에서 동고동락한 동학들과 선후배들의 격려와 도움 그리고 소중한 추억은 마음 깊숙한 곳에 남아 있다.

현재 저자가 소속된 서강대 동아연구소는 동남아 연구자라는 정체성을 재확인시켜주고 관련 연구를 지속가능하게 해주었다. 동료 선생님들의 충분한 지원과 배려에 깊은 감사를 드린다. 동아연구소가 서구중심주의를 극복하고 아시아 지역 연구의 새 패러다임 구축이라는 아젠다를 실천하는 데 저자 역시 조그마한 기여를 했으면 한다.

학부 시절부터 보아온 발리의 닭싸움에 대한 클리퍼드 기어츠(Clifford Geertz)의 민족지는 인류학자의 참여관찰이 얼마나 낭만적인지, 하지만 얼마나 쉽지 않은 일인지에 대해 다시 생각하는 계기가 된다. 저자 역시 조금은 낭만적인 해외조사를 희망했지만, 그 장소가 기어츠의 발자취가 남아 있는 발리섬의 작은 마을이 될 것이라고는 상상하지 못했다. 현지조사를 처음 계획하고 결국 뉴꾸닝 마을을 선택하기까지 여러 도움을 준 발리 친구들에게 감사의 마음을 전한다.

저자의 가족을 잠시 스쳐가는 외국인 연구자 가족이 아닌 공동체 구성원으로 인정해주고 여러 배려를 해준 마을 주민에게 지면을 빌려 감사의 마음을 전한다. 저자의 책이 발리에 대한 관심, 나아가 우붓과 뉴꾸닝에 대한 관심으로 이어져 마을 주민들에게 어떠한 방식으로든 도움이 되었으면 한다.

한국동남아연구소는 인도네시아를 연구하는 데 버팀목이 되었다. 학생회원부터 정회원이 되기까지 10여 년 동안 여러 선생님과의 교류와 협력이 지역 연구를 가능케 하는 중요한 자양분이 되었다. 한국문화인류학회는 저자의 학문적 정체성을 보여주는 공동체다. 특히 2019~2020년 연구위원회 활동을 하면서 두 분의 연구위원장님과 여덟 분의 연구위원님과의 유익한 대화로 많은 것을 배울 수 있었다.

이 책의 바탕이 되는 현지조사는 전북대학교 고고문화인류학과 BK21사업단, 한국동남아연구소 그리고 외교부의 지원으로 수행할 수 있었다. 서울대학교 아시아연구소는 과분한 '2018 SNUAC 박사학위 논문상'을 주셨고 이 책의 출판에 재정적 지원을 해주셨다. 서울대학교 출판문화원은 하나의 민족지에 불과했던 저자의 논문을 멋진 책으로 탈바꿈시켜주셨다.

끝으로 저자가 속한 최고의 공동체인 우리 가족에게 감사의 인사를 드린다. 어머니의 소원대로 "평범한" 인생을 살았다면 어머니께서 아들에 대한 노심초사하는 마음을 덜지는 않았을까 항상 죄송한 마음이다. 고향에서 든든하게 어머니 곁을 지키고 있는 동생 내외와 조카들, 서울살이의 어려움을 함께하는 처남 내외 덕분에 연구에 전념할 수 있었다. 이 책의 지은이로 저자의 이름이 인쇄되지만, 이 책의 '진정한' 지은이는 저자의 아내와 아들이다. 아들이 태어난 지 6개월 만에 열대의 나라에서 기꺼이 함께해준 점, 남편과 아빠 없이 한국에서 잘 지내주었던 시간 등이 항상 마음에 남아 있다. 이 책은 아내와 아들의 희생과 배려심에서 비롯되었다.

2022년 11월
정정훈

학위논문이 완성된 이후에도 저자는 지속적으로 발리와 우붓 지역을 방문해 관련 연구를 진행했다. 책의 바탕이 되는 소논문과 관련 저서는 다음과 같다.

· 「'실존적 고유성'과 관광매력물의 재인식: 발리 지역 거주관광객의 문화적 실천」. 『동남아시아연구』. 2017.
· 「생태-문화관광의 현황과 재고찰: 인도네시아 발리 지역의 수박 사례」. 『문화정책논총』. 2018.
· 「'우리는 발리인이다': 종족정체성 강화 기제로서 관광발전 담론」. 『한국문화인류학』. 2018.
· 『세계화의 창(窓) 동남아: 사회·문화의 혼종적 재구성』(공저). 서강대학교 출판부. 2018.
· "Involution of Tradition and Existential Authenticity of the Resident Group in Nyuh-Kuning Village." *Journal of Tourism and Cultural Change*. 2022.

차례

표 차례

그림 차례

사진 차례

항상 우리 가족의 마음속에 함께하는

아버지 고(故) 정동우(鄭凍佑) 님께 이 책을 바친다.

| 약어와 현지어 풀이 |

발리어(Ba.)
네덜란드어(Ne.)

Adat : 관습법
Awig-Awig(Ba.) : 규칙
Baliseering(Ne.) : 발리화
Bendesa : 반자르 전통 의례 지도자
BKB_Bins Keluarga Balita : 아동관련문제협의회
BPN_Badan Pertanahan Nasional : 국가토지위원회
Desa Pakraman : 관습법적 마을
Desa Wisata : 마을 관광물
GIPI_Gabungan Industri Pariwisata Indonesia Bali : 발리관광산업기구
Kahyangan Tiga : 반자르에 위치한 중요한 세 종류의 사원
Kampanye Ajeg Bali : 발리 (바로) 세우기 캠페인
Kebalian : 발리화
Kelian (Banjar) : 반자르 행정 지도자
KPM_Koninklijke Paketvaart_Maatschappij(Ne.) : 20세기 초반 네덜란드 식민지 시기 인도네시아 군도를 중심으로 무역선을 운행한 회사, 로얄 패킷 회사
LPD_Lembaga Perkreditan Desa : 마을금고
MPR-RI_Majelis Permusyawaratan Rakyat Republik Indonesia: 인도네시아 국민협의회
PCU_Project Clean Uluwatu : 울루와뚜 지역의 비영리 환경단체
PDIP_Partai Demokrasi Indonesia Perjuangan : 인도네시아 투쟁민주당
PHDI_Parisada Hindu Dharma Indonesia : 인도네시아 힌두위원회
PKK_Pembina Kesejahteraan Keluarga : 가족복지협의회
Rukos_Rumah-Toko : 인도네시아 화교들의 상업과 거주 시설
Sanggah(Ba.) : 가족 사원
THK_Tri Hita Karana : 행복(혹은 번영)의 세 가지 원인
Ududian : 우붓에 거주하는 외국인을 지칭함
Upacara : 종교 의례
V.O.C_Vereenigde Oostindische Compagnie(Ne.) : 연합 동인도회사
Yayasan : 재단

제1장

관광과 전통 그리고 마을 공동체

1. 발리인의 정체성과 문화접변

【장면. 사리(Sari) 가족 오달란(*odalan*) 의례 준비 중】

뉴꾸닝 마을에 거주하는 사리는 과거 호텔에서 일을 했지만, 현재는 마을에 거주하는 외국인을 대상으로 빌라 임대 사업을 한다. 사리의 아버지 다르띠(Darti)는 과거 농사일을 했지만, 현재 본인을 포함하여 가족 누구도 농사를 짓지 않는다. 사리 역시 농사에 흥미가 없고, 다르띠 역시 아들에게 농사를 시키고 싶은 생각이 없다. 다행히 사리 부부의 수입으로 부모님을 모시고 아이 셋을 양육하는 데 큰 어려움이 없다.

뉴꾸닝 마을에서 걸어서 10분, 오토바이나 차량을 이용하면 5분 이내에 도착할 수 있는 우붓은 소위 '예술인의 마을'로 명명된 지역이다. 뉴꾸닝 마을이 "잘사는 마을"로 불리는 데에는 우붓 지역 관광발전이 주요한 요인이다. 우붓 지역이 관광지로서 현재의 위상이 없었다면, 뉴꾸닝 마을은 여전히 여타의 발리 농촌과 같이 열악한 경제적 상황에 놓였을 것이다.

이 책은 인도네시아 발리섬 한 마을의 주민들에 관한 이야기다. 발리섬 중남부 지역에 있는, 발리어로 '노란 코코넛 마을'로 해석되는 뉴꾸닝 마을(Banjar/Desa Pakraman Nyuh Kuning)에 관한 민족지다. 또한 뉴

꾸닝 마을의 생활권역인 우붓(Kecamatan Ubud) 지역에 대한 이야기다.[1]

이야기는 발리의 유일한 국제공항인 이 구스티 응우라-라이 국제공항(Bandara I Gusti Ngurah-Rai)에서 시작된다. 발리 국제공항의 입국장은 여느 휴양지의 공항처럼 여행객과 이들을 기다리는 환영객이 혼란스럽게 모여 있다. 여행객이 입국장에 들어서면 열대의 뜨거운 기운이 엄습하고 전통의상인 까인 끔반(kain kemban)을 입고 있는 발리인, 발리 전통 사원을 형상화한 문양 그리고 유명 브랜드의 면세점이 이들을 기다린다.

2013년 재개장한 공항은 최첨단 시설과 발리 전통 문양이 조화롭게 어우러져 있다. 전통과 현대, 주민과 관광객 그리고 동양과 서양은 일견 대립적인 개념이지만 복잡하게 혼성되어 있다. 이러한 혼종성은 발리 문화관광의 역사이자, 현재 그리고 미래다. 노란 코코넛 마을은 현지 주민의 삶과 관광객의 여행 경험이 다채롭게 펼쳐지고, 이러한 혼종성이 발현되는 공간이다.

인도네시아는 1만 8,000여 개의 섬으로 구성된 도서(島嶼) 국가다. 또한 이슬람을 믿는 무슬림 인구가 세계에서 가장 많은 국가로, 인도네시아 인구 2억 7,000만 명 중 약 88%가 이에 해당한다. 적도를 중심으로 북위 5° 에서 남위 10° 사이에 위치해 연중 열대성 기후 지역이다. 도서 국가, 이슬람, 열대 날씨로 표상되는 인도네시아에서 힌두교도가 절대다수를 차지하는 발리섬(Pulau Bali)은 매우 독특한 위치를 점한다.

1 발리섬은 행정적으로 인도네시아 공화국 34개의 프로빈시(*provinsi*, 州) 중 하나다. 발리주정부 밑에 1개의 덴파사르(Denpasar, 市), 8개의 까부빠뗀(*kabupaten*, 郡)이 있고, 56개의 그짜마딴(*kecamatan*, 면 또는 읍), 612개의 마을(*desa*) 그리고 약 3,500개의 작은 마을(*banjar*)이 있다. 여기서 반자르(*banjar*)는 발리어로 전통마을이고, 영어권 국가에서는 'hamlet'과 유사한 의미인 '작은 마을'을 뜻한다.

발리섬은 5,633제곱킬로미터 크기로 약 438만 명이 거주한다.[2] 이는 인도네시아 영토의 1.44%이며 전체 인구의 0.3%다. 서구의 한 조사에 따르면 인구수가 적음에도 발리는 인도네시아의 다른 어떤 지역보다 전 세계인에게 잘 알려진 지역이다(Hobart & Ramseyer & Leemann 1996: 8). 20세기 초반부터 서구의 여행가에게 '황홀한 섬', '마지막 지상 낙원', '신들의 섬'으로 소개되는 열대의 휴양지다.

저자에게 발리는 '휴게 장소', '신혼 여행지', '남쪽 섬나라' 등으로 표상된다. 넓고 푸른 해변과 초록빛 열대우림은 대다수의 관광객이 공유하는 발리의 이미지다. 그렇다 보니 저자가 처음 발리를 방문했을 때 느꼈던 감정은 이질감을 넘은 당혹감이었다. 파란색과 초록색이 자연스럽게 어우러진 바다가 아닌 잿빛 바다가 눈에 들어왔고, 자카르타와 별반 다르지 않는 도로 환경은 대중매체로 알려진 이미지와 크게 달라 실망감을 넘어 배신감마저 들었다.

대중매체에 의해 표상화된 이미지를 경험한 대다수 여행객 역시 저자와 비슷한 감정을 겪었을 것이다. 그럼에도 여전히 발리 전체 인구를 뛰어넘는 약 500만 명[3]의 외국인 관광객이 이 지역을 방문한다. 관광객 일부는 여행 중 발리의 전통 의례, 자연환경 등을 경험하는 과정에서 당혹감을 해소하지만, 많은 사람은 미처 당혹감을 해소하지 못한 채 본국으로 돌아간다.

저자는 발리에 대한 이러한 상반된 감정의 교차와 해소가 이루어지는 이유가 무엇일까에 관심을 가지고, 발리에서 삶을 영위해나가는

2 2020년을 기준으로 발리 인구는 약 438만 명이다(*Badan Pusat Statistik*, 인도네시아 통계청 웹사이트 참조: www.bps.go.id).

3 코로나 19로 인해 여행이 금지되기 이전인 2019년 발리섬을 방문한 외국인 관광객은 약 506만 명이다(발리주정부 관광사무소 웹사이트 참조: www.disparda.baliprov.go.id).

'발리인(*orang Bali*)'과 이들의 '문화적 전통(*tradisi budaya Bali*)'에 주목했다. 저자가 '발리인'과 '문화적 전통'에서 발리 관광의 다양성을 찾는 것은, 인도네시아에서 발리섬의 독특한 역사·문화적 위치와 관광대상물로서 우붓(Ubud) 지역의 특수성에 기인한다.

관광, 발리인, 문화적 전통의 관계를 이해하기 위해 이 책은 발리 우붓 지역에 위치한 뉴꾸닝 마을에 주목한다. 관광지화된 마을의 문화 전통에서 비롯된 다양한 관광 현상의 실천 과정을 살펴보고, 현상에 담겨 있는 사회·문화적 맥락을 검토한다. 더하여 주민 집단의 실천적 행위를 검토해 관광과 전통의 관계를 고찰한다. 그럼으로써 발리 지역의 전통, 발전, 관광의 상호작용을 검토해 발리 관광에 대한 인식의 지평을 넓히고자 한다.

발리섬은 서핑과 해수욕 그리고 멋진 풍광을 즐길 수 있는 열대 휴양지로 단정할 수 없다. 현재 공항과 주요 관광시설이 있는 발리 남부 지역이 개발되기 이전 20세기 초 발리의 주요 관광지는 북부 지역인 불렐렝(Buleleng) 항구와 싱아라자(Singaraja)였다. 항구의 낮은 파도와 깊은 수심은 대형 선박의 정박을 가능케 했고, 인근에 위치한 원시림과 힌두교에서 파생된 의례(*upacara*)와 의례품은 서구인의 호기심을 자극했다. 즉 종교 의례와 그것에서 파생된 회화, 조각 등은 서구 식민지 관료와 부유한 여행객에게 이국적인 문화관광 대상물이 되었다.

발리에서 문화관광의 상품화는 최근까지도 중요한 관광 요소로 여겨진다. 발리 곳곳의 호텔, 사원, 공연장에서 펼쳐지는 께짝(*kecak*), 상향(*sanghyang*) 공연은 이를 반증한다. 더욱이 전통 농촌 조직이자 농경 방식인 수박(*subak*)[4]도 최근 들어 발리 전통문화와 결합되어 중요한 관

4 대략 12세기부터 시작된 발리 전통 농업 생산 체계다. 화전농업과 대비하여 벼농사 중심의 농업이 이루어지는 지역의 관개시설을 일컫는다. 관개시설 자체

광대상물로 등장했다.

발리섬은 전통과 관광의 조합을 통한 성장과 발전에 대한 논의, 그리고 지역에 대한 새로운 가치 창출의 측면에서 여러 가지 특색을 보여준다. 특히 관광발전 과정에서 내국인 관광객보다 호주, 한국, 중국, 일본 등 외국인 관광객의 영향력이 더욱 두드러진다. 또한 발리인의 종교와 종족 정체성은 관광발전이라는 역사적 과정에서 외국인 관광객의 경험이 영향을 미치는 문화접변의 현장이다. 이러한 과정을 이해하기 위해 다음 세 가지를 중심으로 관련 주제를 다룬다.

첫째, 발리 특히 우붓 지역의 관광발달 과정 그리고 현재의 변화에 이르는 역사적 과정을 논의한다. 뉴꾸닝 마을이 속해 있는 우붓 지역[5]에서 관광은 주요한 의미를 지닌다. 하지만 이의 실천과 활용 그리고 의미와 맥락은 시기에 따라 상이하다. 특히 관광이 근대화와 세계화의 원인이자 결과로서 작동하며, 이는 관광의 역사를 복원하고 해석하는 데 새로운 방법의 도입을 필요로 한다. 이를 위해 발리와 우붓 지역에 대한 문화관광의 역사를 정치경제적 변화와 함께 논의한다.

특히 주요 연구 대상지인 뉴꾸닝 마을 공동체의 생성과 변화를 중심으로 마을 민족지를 재구성한다. 새로운 문화관광 현상을 보여주는 마을 민족지 작성을 통해 그동안 관광인류학의 여러 비판 지점 중 하나인 연구 대상의 불일치를 극복한다(Stronza 2001). 뉴꾸닝 마을의 민족지를 통해 전통의 보존과 활용 과정에서 나타나는 실천적인 마을 변화

를 지칭하거나 이를 수행하는 조직의 명칭이다. 하지만 관광객은 관개시설로 만들어진 계단식 논 혹은 테라스식 논인 사와(*sawah*)를 수박으로 인식한다.

5 뉴꾸닝 마을은 행정적으로는 우붓 지역이 아닌 마스(Mas) 지역에 속한다. 하지만 뉴꾸닝 마을 주민이 장을 보거나 은행 업무를 보는 등 일상의 행위는 대부분 우붓 지역에서 이루어진다. 특히 우붓 지역 범위가 조금씩 확장됨에 따라 광역 우붓 지역의 일부로 뉴꾸닝 마을이 포함된다.

상을 제시할 것이다.

둘째, 뉴꾸닝 마을의 전통과 생활환경 변화를 살펴본다. 전통과 생활환경 변화에 대한 고찰은 단순히 과거 전통의 복원과 변화 과정에 국한되지 않는다. 이 과정에서 파생되는 다양한 사회문화 현상을 살펴보고, 결국 세 번째 논의 대상인 마을 주민의 문화적 실천이 어떤 사회문화적 맥락에서 형성되는지를 살펴보기 위함이다.

이를 위해 발리 마을 공동체의 구성 원리인 수박과 반자르(*banjar*)를 생성과 변화의 관점에서 고찰한다. 수리조합 조직인 수박과 마을 공동체 조직인 반자르에 대한 논의는 관광발달에 따른 뉴꾸닝 마을의 '민족지적 현재'를 설명한다. 결국 발리는 전통성과 현대성 사이의 경쟁적 관계를 상징적으로 보여주는 장소다(Vickers 1996: 1).

셋째, 관광발달과 전통의 재구성 과정에서 뉴꾸닝 마을 주민의 문화적 실천에 대해 논의한다. 발리에서 대중관광의 도래는 단순히 문화상품의 변화가 아니라, 발리인의 삶의 철학인 뜨리 히따 까라나(*Tri Hita Karana*, 이하 THK)의 변화를 초래했다(Peters and Wardana 2013). 대중관광으로의 회귀에 따라 발리 사회는 재구성되었고 뉴꾸닝 마을 역시 다양한 변화를 겪게 된다. 다양한 문화적 실천 과정의 분석을 통해 현지 주민과 관광객의 상호작용을 살펴본다.

궁극적으로 이 책은 발리의 한 농촌이 관광마을로 변화하는 과정에서 관광과 전통에 대한 담론이 어떤 방식으로 마을 공동체에 투영되는가에 대해 논의한다. 특히 마을 공동체의 전통의 보존과 활용에 대한 실천적 행위에 중점을 두고, 주민 집단의 문화적 실천을 이끌어내는 역사적 과정과 사회문화적 맥락에 주목한다.

2. 선행연구 검토와 이론적 배경

이 책이 관광발달 과정에서 마을 전통의 속성에 주목한 만큼, 관광발전 과정에서 나타나는 다양한 사회문화적 과정에 대한 논의가 필요하다. 이를 위하여 첫째, 발리 지역 연구를 통해 도출된 전통에 대한 재인식 과정을 살펴봄으로써, 관광발전과 전통 재창조의 상호관계를 검토한다. 둘째, 대중관광의 틀에서 벗어나 발리에서 빠르게 성장하고 있는 생태관광과 문화관광에 대한 사례를 검토한다. 이는 발리 우붓 지역의 새로운 관광 현상을 분석하는 데 필요한 이론적 틀을 제공할 것이다. 셋째, 전통에 대한 재인식과 새로운 관광 유형의 출현이라는 사회문화적 맥락에서, 관광발달과 전통의 재구성 과정을 주민 공동체의 '문화적 실천'이라는 관점에서 검토한다.

1) 관광인류학과 발리 지역 연구

발리 지역은 기존의 관광발전 이론에서 한 사회의 문화변동 양상을 파악하기 위한 중요한 사례로 제시되었다. 문화변동 요인으로서 관광발달 현상이 발리에서 잘 드러나기 때문이다. 발리 지역에서 관광은 사회문화적 현상이자 다양한 인간 행위의 원인으로 이해된다. 관광을 매개로 문화접변과 문화변동 과정을 논의하는 것이 관광인류학의 주요한 연구 분야이면, '관광'은 발리 사회를 이해하는 가장 중요한 매개체로 받아들여진다.

관광인류학은 관광 현상의 모든 측면을 연구하지만 크게 두 가지로 나뉜다(Graburn 1983). 첫째, 관광의 본질에 관한 연구다. 관광 관련 연구는 이론적·철학적·이념적 접근에서 크게 여덟 가지 주제로 분류된다. 상업화된 환대, 민주화된 여행, 현대의 여가생활, 전통적 순례의 현대적 변형, 문화적·상징적 주제 표현, 문화접변 과정, 민족관계의 한 형태 그리고 신식민주의의 형태로 분류된다(Cohen 1996. 이창언 2002: 414 재인용). 다양한 연구 주제의 근본적인 질문은 과연 "여행은 무엇인가?", "관광의 원인과 결과는 무엇인가?"이다(Nash 1981).

관광의 본질은 결국 관광 경험의 본질에 관한 논의인데, 이는 1960년대에서 1970년대 관광의 주요한 논의 중 하나인 '고유성(authenticity)'에 관한 논의와 연결된다. 관광 요소에서 가장 중요하게 간주된 것은 관광객이라는 개체다. 이들이 원하는 것이 무엇이고 이들을 "관광"하게 만드는 장치가 무엇인지에 대한 논의가 필요하다. 여행 경험의 깊이와 열음의 정도를 낮음과 높음의 차이를 통해 분류하는 과정에서, 문화관광이 추구하는 지향점이 발견된다(Mckercher and du Cros 2002). 이는 어떤 사물(흔히 역사 유물로 통용되는) 혹은 지역(역사 유적으로 통용되는)이 고유성을 가지느냐의 문제와 연결된다. 즉 여행 경험은 누가 '고유성'을 가진 "그것"을 더 많이 경험하느냐의 문제로 귀결된다.

고유성을 누가 더 많이 경험하느냐의 문제는 결국 개인이 가진 경험과 연관이 깊다. 그럼에도 맥켄널(MacCannell 1976, 1999)과 내시(Nash 1976)는 관광을 만들어내는 장치가 사회문화적 구조나 현상에서 비롯됨을 주장한다. '관광객'을 자신의 경험에 만족하지 못한 사람으로 정의하고, 이들을 고유하고 탈신비화된 경험을 찾아다니는 집단으로 간주한다(MacCannell 1976, 1999).

맥켄널과 내시의 관광객과 관광 과정에 대한 이러한 이해는 결국 관광 연구에 있어 두 번째 연구 방향의 시발점이 된다. 관광인류학의 두 번째 연구 방향은 관광 과정에서 비롯된 다양한 사회문화적 전개 과정, 특히 현지 주민과 지역사회에 미치는 다양한 사회문화적 결과에 대한 논의다. 관광객과 관광지 주민의 접촉은 문화접변의 과정이자, 사회문화적 변화 과정을 필연적으로 초래한다.

특히 사회적 비대칭성 문제와 문화 말살 현장이라고 생각되는, 문화상품화 개념은 관광개발을 둘러싼 문화적 영향의 단면을 보여준다(전경수 1994). 다양한 경제적, 사회문화적 층위를 구성하고 있는 현실에서 관광객이라는 이방인의 존재는 문화접변 이론의 경험적 측면을 다층적 논의의 장으로 이끈다.

관광에 의한 사회·문화 변동 과정에서 인류학자를 비롯한 사회과학자들에게 관광은 때로는 전통을 파괴하는 부정적인 측면(Turner & Ash 1975, Smith 1977, Rosenow 1979)으로 이해되거나, 관광발전 과정에서 문화가 창조되거나 재해석되는 긍정적 측면(Mckean 1989, Yamashita 1996, Picard 1997)으로 이해된다. 때로는 관광객과 현지주민 사이의 복합적 상호작용 과정을 전제로 관광이 전통과 문화의 재해석을 위한 '문화적 중재자(cultural broker)'의 역할도 주목된다(Nunez 1989).

이런 측면에서 관광의 발달로 인한 다양한 사회문화적 현상을 담지하는 발리 사회는 그동안 관광인류학에서 중요한 이론적·경험적 측면을 제시했다. 20세기 초반 발리의 민족예술은 새롭게 만들어진 전통에 대한 개념에 의해 발전했다. 관광이 지역 전통을 강화하는 수단(Mckean 1989)으로 활용되거나 때로는 전통문화를 창조하고 재해석하는 데 이바지했다(Yamashita 1996). 관광인류학에서 발리 지역 연구는 관광에 의한 전통문화의 보존, 창조, 재해석에 대한 세 가지 논의를 이끌어낸다.

첫째, 발리 지역 관광 연구는 '고유성'에 대한 기존의 관점(Mac Cannell 1973, 1976, 1999)인 객관주의적 관점[6]을 극복할 수 있는 사례다.

6 고유성은 관광매력물에 내재한 객관적 속성으로, 진품으로서의 고유성을 의미하며 관광객은 진품(original)으로서 관광매력물의 고유성을 추구한다(이진형 2013: 293).

이는 관광 경험을 통해 획득한 '고유성'이 무엇인지, 이를 어떤 방식으로 획득할 수 있는지와 결부된다(Pitana 1993). 고유성에 대한 구성주의적 관점(Cohen 1988, Bruner 1994)[7]에서 '고유성'은 결국 사회적 맥락에서 지속적으로 협상된다. 이는 '고유성' 자체가 맥락화되고 사회적으로 구성되는 과정에서 고유한 것으로 주장되고 받아들여짐을 보여준다.

둘째, 발리 지역 관광 연구는 전통에 대해 새롭게 인식하는 사례를 제공한다. 인도네시아 정부는 전통에 기인한 민족 정체성 강화를 통해 결국 국가 건설(nation-building)을 촉진했다(Wood 1984, Picard 1997). 이는 홉스봄과 랑거(Hobsbawn & Ranger 1983)의 '만들어진 전통(the invention of tradition)'의 맥락에서 이해된다. 발리 지역에서 전통은 과거부터 현재까지 이어진 순수한 그 무엇이 아닌, 식민지와 독재라는 특정한 사회적 맥락에서 끊임없이 변화하는 역동적인 실체다.

마지막으로, 발리에 대한 관광인류학적 연구는 관광발달과 문화에 대한 재인식 과정이다. 랜싱(Lansing 1974)은 발리에서 관광의 특성은 전통의 '대체제(substitutive)'가 아닌 '첨가제(additive)'라고 주장한다. 이러한 관점은 발리에서 현지 문화를 관광발달의 과정이 바로 보존, 재해석, 창조하는 고유성 형성의 과정으로 해석할 수 있게 해준다. 앞선 논의처럼 발리 지역의 관광발달에 관한 연구는 관광과 문화의 관계를 재고찰하게 만들며, 또한 기존 연구의 한계점을 인식하게 만든다.

기존 관광 연구에서 인류학자들은 여러 방식으로 관광을 호스트의 당위적 운명으로 개념화시킨다(Stronza 2001: 268). 더하여 호스트 사

7 관광매력물에 내재한 변하지 않는 객관적 속성은 없다는 관점이다. 여러 이해관계자의 요구에 맞추어 진품은 끊임없이 재구성되고 새로운 고유성을 만들어나간다. 관광객은 각자의 이미지와 기대 속에 있는 관광매력물의 고유성을 추구한다. 주관주의적 관점으로도 불린다(이진형 2013: 293).

회의 관광 영향에 대한 논의에서 광범위한 서구 사회의 영향력과 한정된 비서구 사회의 영향력으로 분리했다(Jafari 1990, Stronza 2001: 268 재인용). 결국 관광객에 의해 발생하는 문제점을 극복하는 과정에서 비서구 사회에 속한 현지 주민(호스트)의 주체적 개입 가능성을 낮게 본다. 즉 주민 집단의 문화적 실천력과 영향력을 상대적으로 소홀하게 다룬 측면이 있다.

2) 생태관광과 거주관광객

최근 들어 대중관광이 야기한 부정적 영향을 최소화하고 방지하기 위해 지속가능한 관광 혹은 대안관광[8]이 주목받는다. 대안관광에 관한 연구는 또한 그동안 논의된 관광인류학 연구의 한계점—대중관광에 관한 연구—을 극복하는 데 도움을 준다. 스트론자(Stronza 2001: 262)는 관광인류학 연구가 가진 불균형성을 지적한다. 그는 이를 극복하는 방안으로 생태관광과 같은 대안관광에 주목한다. 생태관광이 추구하는 지향성, 이를 이용하는 관광객의 시선 자체가 대중관광과 이에 관한 연구가 가진 문제점을 극복할 수 있는 대안으로 제시된다.

생태관광이 추구하는 가치와 철학에 대한 이해의 과정은 보존과 발전의 상호관계에 관한 진전된 연구를 이끈다. 특히 대중관광 과정에

8 위버(Weaver 1991: 415)는 대안관광을 대중관광의 문제를 해결할 수 있는 온화한(benign) 대안으로 간주한다. 대안관광의 범주에 속한 관광 형태는 적절한 관광(appropriate tourism), 생태관광(eco-tourism), 연성 관광(soft tourism), 책임 관광(Responsible tourism), 사람과 사람이 만나는 관광(People-to-People Tourism), 제한적인 관광(controlled tourism), 소규모 관광(small-scale tourism), 오두막 관광(cottage tourism), 녹색관광(green tourism) 등이 있다.

서 파괴된 환경에 대한 인식, 현지 주민의 경제적 성장과의 괴리에 대한 대안으로 생태관광의 필요성이 제기된다(Lindberg 1991, Whelan 1991, Wall 1997, Barkin 1998, Zeppel 2006).

관광인류학 분야에서 생태관광에 대한 연구 역시 대중관광이 지역 공동체에 미치는 부정적 요소의 대안적 개념으로 제시되었다(Eadington & Smith 1992, Stronza 2000). 이는 인류학자들이 1970년대에서 1980년대 관광에 대한 연구가 많지 않았던 상황에 비추어 보면 대안관광 관련 연구의 증가는 흥미로운 사실이다. 대안관광에 대한 관심 급증은 환경보호론자, 발전 주체, 원주민 권리 보호 활동가의 역할에 사회과학자의 관심이 증가했기 때문이다. 나아가 대안관광이 보호와 지역 발전의 필요성을 매개하는 것으로 인식되었기 때문이다(Stronza 2001: 274).

단편적으로 고려하면 생태관광은 지속가능한 개발이라는 측면에서 긍정적이지만 생태관광의 실천 과정에서 환경보전, 공동체 유지, 전통문화적 가치 유지의 지속가능성에 대한 회의적인 시각도 제시된다. 생태관광을 "새로운 병에 담긴 낡은 와인(ecotourism: old wine in new bottles)"으로 묘사한 월(Wall 1994)은 생태관광의 실효적 타당성에 의문을 제기한다.

대중관광의 대체재로서 역할을 요구받은 생태관광을 실제 세계에서 대중관광과 엄격하게 구분할 수 없으며, 때로는 상호의존적이거나 부분적으로 중첩됨을 지적한다. 환경보전과 지속가능성에 대한 회의적인 시각은 생태관광의 초기 발전 단계부터 제기되었고(Norris 1992, Begley 1996, Isaacs 2000, Russell and Wallace 2004), 이는 생태관광이 생태-골칫거리로 전락할 수 있음을 현실에서 확인된다(Padgett & Begley 1996).

생태관광이 대중관광의 대안으로 떠오르면서 이에 대한 다양한 논의가 진행되었다. 생태관광이 관광에 의해 제기된 다양한 문제를 극복할 수 있는 '대안적' 관광으로 주목받았지만, 대중관광과 구분의 모

호성과 실천 과정에서 여러 문제가 제기되었다. 이의 극복 방안으로 지역 주민의 참여에서 비롯된 공동체의 중요성이 논의되었다. 이러한 생태관광을 바라보는 시각의 전환은 발리 관광의 변화 양상을 이해하는 이론적 토대로 활용된다.

하지만 발리의 생태문화 자원인 수박과 생태관광에 대한 이해는 앞서 논의된 선행연구들의 문제의식과 유사하지만 차이점 역시 존재한다. 생태관광의 실천에서 여전히 호스트인 마을 공동체의 역할은 중요하다. 이에 더하여 발리 관광의 지역적 특징 중 하나인 거주외국인 집단에 대한 논의를 필요로 한다.

관광인류학 연구 초창기인 1970년대는 관광이 무엇이고, 어떻게 시작되는지에 대한 관심, 즉 관광의 본질과 동기에 대한 연구가 주를 이루었다. 이의 분석을 위하여 관광객의 시각과 행위에서 비롯된 관광의 기원에 관한 연구에 초점을 두었다. 코헨 역시 관광객과 그들의 경험에 대한 관심에서 비롯한 관광객 유형 분류에 천착했다. 코헨은 관광지에서 어느 정도 참신함과 친숙성를 추구하느냐에 따라 관광객을 네 유형으로 분류했다(Cohen 1972, 이진형 2007: 41 재인용).

관광객 유형 중 첫째 집단은 여행하면서 조직화된 대중 여행자다. 둘째 유형은 집단으로 여행하지는 않지만 범주형 계획에 의존하는 개별 대량 여행자. 셋째 유형은 스스로 여행을 꾸려가되 편한 숙소에 머물면서 좀 더 현지 문화에 접근하려는 탐사형 여행자다. 넷째, 관광 제도권에서 멀리 벗어나서 현지 문화에 흠뻑 빠져드는 유람형 여행자다. 코헨은 앞의 두 부류를 제도화되었다고 보고, 뒤의 두 부류를 제도화되지 않았다고 보고 있는데, 뒤의 두 부류의 경우에는 기성의 관광업체가 여행자 각자의 여행 경험 형성에 별로 중요한 역할을 하지 않는 집단이다(Matthews 2002: 34).

코헨은 관광객을 유형별로 분류했지만, 이 유형이 절대적인 것은 아니다. 코헨은 관광객의 개인적 바람과 관광 경험에 의해 이러한 유형이 변경되거나 혼재될 수 있음을 밝힌다. 더불어 이러한 유형이 절대적이지 않고, 이론적 틀의 차이로서 이해됨을 강조한다(Cohen 1979: 180, 193).

코헨이 분류한 셋째와 넷째 유형의 관광객은 어리(Urry 2002: 100-102)가 논의한 포스트 투어리스트(post-tourist) 관광객과 유사한 특징을 보인다. 어리는 관광객들의 관광지에 대한 인식의 변화에 주목한다. 기존 관광객들이 특정 지역을 방문하는 데 목적을 두었다면, 이제는 관광객이 특정 지역에 대한 이해와 소통에서 비롯된 여행을 추구한다.

어리 역시 새로운 유형의 관광객인 포스트 투어리스트는 일상에서 접하지 못한 경험을 통해 즐거움을 추구하는 집단으로 개념화한다. 하지만 이들이 사회의 규칙을 심각하게 어기거나 자신의 영역에서 완전히 일탈하는 행위를 하지는 않는다. 관광지에서 발생한 특별한 일탈이나 이벤트가 아닌 일상에 관심을 보이지만, 동시에 관광객의 모국에서 경험한 일상에는 존재하지 않는 비일상적인 경험에 집중한다. 어리가 논의한 포스트 투어리스트의 개념은 코헨의 여행객 유형별 분류 중 셋째와 넷째 유형인 '제도화하지 않은 여행자' 특성과 유사하다.

코헨(Cohen 1972, 1973)이 논의한 비제도화된 여행객은 유랑자와 탐사자같이 다양한 용어로 지칭되는데, 이들의 특징은 기존의 대중관광에 의해 구성된 여행 과정을 따르지 않는다. 비제도화된 여행객은 경험적 연구를 통해 다양한 용어로 정의되는데, 유목민, 청소년 관광객, 방랑자, 히치하이커, 청소년 도보여행자, 저가 여행자 그리고 배낭여행자 등이 있다(지선진 2006: 367). 특히 배낭여행자로 지칭되는 자유여행자에 대한 연구는 코헨(1973)의 유목민에 대한 논의를 시작으로 다양한 명칭으로 호명되면서 관련 연구가 진행되었다(Laurie 1997, Pryer 1997, Riley 1988, Uriely & Yonay & Simchai 2002, Sørensen 2003, Obenour 2004, Teo

& Leong 2006, Muzaini 2006).

다양한 명칭으로 지칭되는 비제도화된 여행객은 연구자에 따라 그 특성을 다양하게 설명한다. 이들 여행객은 그들과 비슷한 성향의 여행객과 어울리면서 여행 일정을 스스로 짜고, 어느 한곳에 정착하지 않고, 계획이 유동적이고 여행 주제가 갑작스럽게 변화한다. 따라서 여행에 관한 논의에서 마을 등을 지칭하는 '장소'나 고정된 여행 그룹인 '경계'가 비제도화된 여행객에게는 통용되지 않는다(Laurie 1997, Sørensen 2003: 854-855).

더욱이 이들에게 여행의 가장 중요한 동기는 "사람을 만나는 것"이고, "현지"문화의 일상적 관점에서 모든 것을 이해하는 것이다(Laurie 1997, Riley 1988). 따라서 여행 중 현지인과의 만남을 위해 저렴한 숙소에 머물고, 물건을 구매하면서 흥정의 과정을 즐기고 때로는 현지 언어 사용을 통해 즐거움을 찾는다(Muzaini 2006). 이들 집단은 현지 문화에 대한 관심과 배움으로 충만하지만, 실제로 이들은 현지 문화의 고유성보다는 개인의 고유성을 더 우선시한다. 즉 현지 문화에 대한 이해 부족, 현지인과 교류의 한계 등은 고유한 현지 문화 요소를 충분히 체득하는 데 한계로 나타난다(Obenour 2004).

과거 1970년대 유람형 여행자(Cohen 1972, 1973), 1980년대 저가 여행자(Riley 1988) 그리고 1990년대 이후 배낭여행자로 표상된 비제도화된 여행객은 현지 주민과 상호 교류를 가장 중요한 가치로 여긴다. 1990년 이전 동남아시아 지역을 경험한 세대의 은퇴 시기가 도래하면서 이들이 새로운 거주외국인 집단으로 거듭난다.

발리 지역으로 이주한 호주 출신 은퇴자와 서퍼에 관한 연구를 진행한 데이비스와 호아스(Davies and Hoath 2016)는 이주 결정 요인을 경제적 이유로 한정하지 않았다. 발리의 지리적 요인과 문화적 특성이 이주를 결정한 주된 이유로 제시한다. 즉 자연 조건, 날씨 그리고 발리인의 삶의 방식과 동화 가능성을 주요한 이주 요인으로 제시했다. 유람형 여행자에서 배낭여행자로 변화하는 역사적 과정과 특징의 변화들은 이 책에 논의되는 거주관광객의 특징을 이해하기 위한 이론적 자원이 된다.

3) 문화관광과 전통의 재창조

관광학 분야에서 문화관광은 대중관광의 부정적 영향을 극복하는 대안적 측면에서 제시되었다. 서구사회를 중심으로 1990년대 초중반에 들어 문화관광이 생태관광과 더불어 관광학계의 새로운 관심사로 부각되었다(김사헌 2005: 10). 문화관광은 고학력의 부유한 관광객이 휴가철에 기존의 관광 유형이 아닌 다른 무엇을 추구하는 것으로 이해되었다. 하지만 1990년대 들어서 대중관광 시장이 세분화되면서, 문화관광은 좀 더 분명한 대중관광활동으로 인식되었다(Mckercher & du Cros 2008).

전통에서 비롯된 다양한 문화유산에 대한 대중의 관심이 증가하고, 이는 관광 실천 과정에서 전통문화유산을 현지 문화의 의미나 '고유성'을 경험하는 수단으로 간주되었다(MacCannell 1976). 이는 관광객이 '새로운' 유산보다 '전통적인' 유산에 좀 더 심미적 가치와 축적된 상징성을 부여하는 시각과 맞닿아 있다(Richards 1996: 262). 결국 관광객에게 문화관광은 문화유산관광으로 이해되고, 문화관광의 급속한 성장은 실제로 문화유산관광의 성장과 연결된다.

하지만 발리 지역에서 문화관광발전이 문화유산관광의 성장으로 단정하기에는 여러 불충분한 지점이 있다. 현대 관광의 본질을 관광에 따른 소비와 상품화의 과정으로 이해하는 다수의 연구(Watson & Kopachevsky 1994, Richards 1996, Selwyn 1996, Ateljevic & Stephen 2003)와 같이 전통문화의 소비와 상품화 과정 역시 '전통의 발명' 또는 전통문화의 재구성과 밀접하게 관련되기 때문이다.

특히 발리 관광의 역사적 과정에서 문화관광은 대중관광보다 선행되어 나타난 관광 유형이다. 발리 전통문화와 서구의 예술이 접목되면서 소비와 상품화가 진행되고, 전 세계에 발리의 이미지를 구축하는 기반이 되었다. 문화관광과 전통의 재창조에 대한 논의 확장을 위해 문화관광, 실천 과정 그리고 '문화의 상품화'에 대한 논의를 살펴볼 필요가 있다.

문화관광은 문화와 관광이라는 복합어로 구성된다. 문화와 관광이라는 복합어로 구성된 문화관광은 그 대상물인 '문화 자체를 관광하는 행위(the tourism of culture)'와 '문화적인 취향이나 성향을 띤 관광(the cultural tourism)'을 지칭한다(김사헌 2005). 전자는 1990년대 이후 급속하게 성장한 문화유산관광과 같이(Urry 1990) 특정한 '목적성'을 가진 관광이다. 제트기의 발전과 컴퓨터 예약 시스템 등은 일국에 한정되던 관광을 세계적 차원으로 확장시켰다. 이에 따라 대중관광의 주요한 관광 목적물로서 '탁월한 볼거리'인 해변을 비롯한 자연 풍광을 세계 곳곳에서 경험할 수 있게 되었다.

이러한 관광 경향이 1960년대부터 1980년까지 약 20년간 지속되었지만, 관광객은 지속적으로 관광매력물을 찾게 된다. 이 과정에서 기존의 비치 리조트 등지에서는 경험할 수 없는 시골과 도시 지역에 위치한 '역사와 유적'으로 관광객의 호기심이 전이되었다(Urry 1990). 결국 '문화 자체를 관광하는 행위'는 유적, 유물, 박물관, 그림, 공연 등 문화적 행위에 의해 파생된 문화 상품을 경험하는 것이다.

이에 반해 후자인 '문화적인 취향이나 성향을 띤 관광'은 기존의 대중관광에 대한 비판적 인식에서 비롯된다. 대중관광이 유흥과 휴식에서 비롯되기에, 이 과정에서 필연적으로 여행지와 현지 주민에게 부정적 결과를 초래한다. 이의 대안으로 관광객 스스로 여행의 목적과 결과보다는 과정에서 의미를 찾게 된다. 결국 관광객은 문화적 혹은 비문화적 유무형의 대상 관찰을 통해 지식 습득이나 자아실현을 충족시키고, 여행자 자신의 '내적 성향' 혹은 '내적 동기'에 유발된 관광 행위를 실천한다(김사헌 2005: 15).

이는 여행자 스스로 관광을 통해 의미를 찾고 '고유성'을 경험하는 과정의 일환이다(MacCannell 1976). 유흥에서 비롯된 피상적인 "유사 이벤트(pseudo-events)"일 수 있지만(Boorstin 1964), 관광객은 이 역시 대중관광이 가진 부정적 영향을 극복하는 과정이자 새로운 관광 경험으로 받아들인다.

발리 지역에서 연행되는 예술 공연의 사례는 전통에 대한 담론과 고유성의 관계에 대한 재고찰의 필요성을 야기한다. 역사학에서 촉발시킨 전통의 발명과 창출의 개념(Hobsbawm & Ranger 1983, 2006)은 인류학에서 문화 중심의 논의를 통해 과거가 아닌 현재 속에서 '만들어지는 전통'에 대한 담론으로 발전시켰다. 특히 전통이 해석의 행위, 선택과 이름 짓기의 방식 그리고 사회적 삶의 혼란에 대해 체계를 부여하는 방식으로 이해되는 과정에서, 전통은 '전승'이라는 관념에서 벗어나게 된다. 결국 이러한 과정에서 전통을 둘러싼 담론은 더욱 풍부해지고 다양한 해석의 장으로 나오게 된다(권혁희 2012: 15-16).

발리의 문화관광을 '무대화된 낙원(staging paradise)'으로 묘사한 야마시타(Yamashita 2003)는 피카드(Picard 1997)의 "문화관광(cultural tourism)"과 "관광화된 문화(touristic culture)"의 개념을 차용한다. 이를 통해 발리 지역의 문화관광이 관광객의 시선에서 재창조되었다는 점을 강조한다. 즉 이 지역의 문화관광이 잘 보존된 특정 '유산'의 경험에서 벗어나, 20세기 전반의 식민지 체제 아래에서 만들어진 '관광문화'의 일종인 혼합적 문화로 분류된다.

발리 관광 연구에서 '문화적 인벌루션(cultural involution)' 개념을 사용한 매킨(Mckean 1989) 역시 문화관광이 발리인의 전통을 강화하고 사회관계를 점진적으로 재정렬하는 수단으로 활용했음을 강조한다. 하급과 고급의 수공예품 생산이 관광발전 과정에서 확장되고, 이는 발리 전통문화를 보존, 창조, 재해석했다는 점을 강조한다. 결국 발리 지역의 낙원과 문화관광의 혼합된 이미지는 숙박, 의상, 음식, 수공예품 등에 대한 기원을 찾거나 전승 과정의 결과물을 경험하는 과정에서 구성된 것이 아니다. 이를 경험하는 관광객의 자기표현, 즉 전통에 대한 해석, 선택, 이름 짓기 방식이 중요함을 역설한다.

'전통의 발명'과 '만들어지는 전통'에 대한 논의는 결국 고유성을 구별하는 시각과 유사한 맥락에서 논의된다. 특히 고유성의 개념을 관광 대상의 측면에서 보았던 기존의 논의에서 벗어나 관광객의 경험의 측면에 대한 논의가 필요하다(Wang 1999). 왕(Wang 1999)은 고유성의 의미를 재고찰하기 위해 기존의 객관적 고유성(objective authenticity)과 구성적 고유성(constructive authenticity)의 개념과 함께 대안적 개념으로 세 번째 개념인 실존적 고유성(existential authenticity)의 개념을 제시한다.

앞서 제시한 객관적 고유성과 구성적 고유성의 개념은 객관적으로 존재하는 관광대상에 대한 관점이다. 객관적 고유성은 관광학의 발전에 따라 그 개념이 변화되었다. 초기의 객관적 고유성은 어떤 절대적인 대상물을 경험하는 과정이다. 하지만 관광객이 "사실상" 절대적인 대상물을 경험하지 못하는 현실적인 상황에 비추어 보면, 관광 경험은 '무대화된 고유성'의 개념(MacCannell 1973, 1976)으로 치환된다. 결국 이는 역사적 시각에서 '전통의 발명'의 개념과 상호보완적이다.

구성적 고유성 역시 객관적 대상물에 대한 논의지만, 관광대상물은 고정된 형태가 아닌 사회적 구성물의 결과로서 이해된다. 따라서 구성적 고유성이 가진 대상물은 다양한 사회적 맥락에 따라 다르게 해석된다. 즉 고유성은 어떤 특정 시간에 영원히 고정되거나 상속된 물건이 아니다(Bruner 1994: 408). 고유성은 역사의 해석을 둘러싼 치열한 경쟁처럼, 투쟁의 과정이자 사회적 실천의 결과다. 구성적 고유성은 결국 사회문화적 시각에서 '전통의 발명'이라는 개념을 내포한다.

기존의 객관적·구성적 고유성이 관광대상에 부여하는 개념이라면, 실존적 고유성의 개념은 관광객의 관광 경험에서 비롯된 존재론적(ontological) 인식이다. 즉 개인이 관광 과정에서 진정한 자아를 발견하는 현상이다. 이는 관광대상물의 고유성의 존재와 비존재 여부와 관계없이, 한 개인의 환상적 세계를 경험하는 과정의 하나다. 터너(Turner 1973)의 이론에 기초하여 관광객은 의례 수행과 신분 질서에 종속되지 않는 '리미널한 영역'에 들어가 자유, 평등, 동료애, 동질성을 공유하는 '코뮤니타스'를 경험하는 과정에서 존재론적 고유성을 획득하는 것으로 보았다(Wang 1999).

실존적 고유성을 추구하는 관광객을 탈근대 관광객(post-tourist)으로 지칭한 김희영·김사헌(2006)은 이들에게 관광대상의 고유성 여부는 관심의 대상이 아님을 주장한다. 탈근대 관광객은 일시적 즐거움과 만족을 주는 것이라면 진품이 아니라도 문제 삼지 않고 고유한 것에 연연하지도 않는다. 도리어 이들은 친숙성과 쾌적성을 더 추구하는 특징이 있다. 결국 실존적 고유성은 무질서와 해체로 대표되는 사회 환경에서 상실 위기에 처한 존재적 실체에 대한 경험의 결과다(김희영·김사헌 2006: 24).

이러한 논의에 기초하여 이 책은 문화관광의 실천 과정을 기존의 객관적·구성적 고유성이 추구하는 관광대상물에 한정된 논의에서 벗어나 실존적 고유성이 추구하는 관광 경험에서 비롯된 문화적 기제로 분석한다. 동시에 이에 대응하고 조응하는 주민 집단의 문화적 실천을 논의한다. 기존의 역사적 고유성과 전승의 논리에서 나타나는 주체를 부정하는 논리에서 벗어나, 전통 형성 이전과 이후의 과정 그리고 실천적 역동성이 전제되는 '만들어진 전통'이 구현되는 과정을 제시한다.

3. 노란 코코넛 마을에 살다!

뉴꾸닝 마을은 지리적으로 우붓 왕궁(Puri Saren Agung)에서 남쪽으로 약 5킬로미터 떨어진 거리에 위치한다. 우붓 중심가 남쪽에 위치한 원숭이 사원(*Mandala Suci Wenara Wana*, Sacred Monkey Forest Sanctuary)의 후문이 마을의 북쪽 구역과 맞닿아 있다. 행정구역상으로는 발리주(Provinsi Bali) 기안야르 까부빠뗀(Kabupaten Gianyar) 우붓 끄짜마딴 마스 지역(Desa Mas) 뉴꾸닝 마을(Banjar Nyuh Kuning)이다.

여기서 데사(Desa)와 반자르(Banjar)는 일반적으로 마을로 해석되는데 이는 인도네시아 행정 체계에서 발리 지역이 가진 독특함에서 비롯된다. 반자르는 발리어에서 기원하며 상호부조의 전통을 가진 사회조직이다. 데사의 하위 단위에 속하는 행정 체계가 반자르다. 즉 1개의 데사에 여러 개의 반자르가 존재한다.

반자르는 고유한 관습법에 의해 운영되고, 지리적으로도 인근의 반자르와 명확하게 구분된다. 반자르 구성원은 데사와 같이 구성원 간의 결속력이 높은데, 다른 측면에서 이러한 결속력은 마을 주민 상호간에 준수해야 하는 규칙과 의무를 발생시킨다. 예를 들어 매달 개최되는 반자르 주민 모임 등에 참석하지 않는 주민은 이에 상응하는 벌금이나 벌칙 등이 주어진다(Pringle 2004: 19).

다만 반자르 구성은 여러 친족 집단 혹은 지역 종족들과 사원을 중심으로 하는 집합체(Geertz 1980a: 395)다. 따라서 반자르에는 마을 공동체가 공동으로 소유하여 사용하는 시설 등이 있다. 마을 회의와 다양한 문화적 활동을 수행하는 마을 회관인 발레 반자르(*bale banjar*), 시장(*pasar*) 그리고 가믈란 연주단(*sekaha*)을 소유한다(Pringle 2004: 19). 뉴꾸닝 마을은 행정적으로 마스 데사에 소속되지만, 관습법적인 면(Desa Adat/Pakraman Nyuh Kuning)[9]이기도 하다. 즉 행정적으로는 반자르이지만 관습법에 의하면 데사로 인정받는다.

이 책에서는 데사와 반자르 명칭을 사용하는 데 있어 해석어인 '마을'을 사용함으로써 겪게 되는 의미 전달의 혼란을 피하고자 반자르 뉴꾸닝은 '뉴꾸닝 마을'로 표기하고, 반자르가 가진 사회문화적 특성이 내포된 의미를 전달할 때는 '뉴꾸닝 반자르'로 표기한다. 데사의 의미는 인도네시아, 특히 자바 지역 연구자에게 마을로 통용되지만, 발리에서 데사는 여러 개의 '반자르'가 하나의 데사로 구성되듯이 마을보다는 좀 더 큰 단위다. 데사의 규모에 따라 다르지만 대체로 하나의 데사는 5,000명에서 수만 명의 인구 규모이기에 단순히 '마을'로 표기하는 데 어감상 혼동의 여지가 있다.

따라서 데사를 '○○ 지역'으로 표기함으로써 마을보다는 좀 더 넓은 단위이자 행정적으로 상급 행정 단위임을 보여주고자 한다. 예를 들

9 아닷(*adat*)은 아라비아어를 어원으로 '관습', '관행' 그리고 '관습법'을 의미한다. 발리 지역에서 아닷은 공동체 종교의 사회적 표출로 이해된다. 즉 영혼이나 초월적인 존재에 의해 아닷이 구성되고 이러한 원리로 마을이 운영된다(Hobart 외, 1996: 67). 발리 지역은 네덜란드 식민지 정부에 의해 행정 구분이 그대로 답습되었다. 따라서 행정 면인 데사 디나스(*desa dinas*)와 전통 면 혹은 관습법적인 면의 관계가 모호하다. 결국 하나의 행정 면에 여러 개의 전통 면이 있거나 혹은 하나의 전통 면에 여러 개의 행정 면으로 분리되어 있다(가종수 2010: 107). 다만 전통 면을 의미하는 아닷이 1990년을 전후로 빠끄라만(*pakraman*)으로 불리기도 한다. 빠끄라만은 마을 '구성원'을 뜻하는 끄라마(*krama*)에서 비롯된다. 따라서 발리인에게 아닷보다 빠끄라만이 전통적인 측면에서 더 친숙하고 고유성을 가진 의미로 받아들여진다(Haruya 2005: 64).

어 뉴꾸닝 마을이 속해 있는 데사 마스는 '마스 지역'으로 표기하고, 우붓 중심부가 포함된 데사 우붓(Desa Ubud)은 '우붓 지역'으로 표기한다. 다만 우붓 중심부는 발리 행정 체계에서 '데사 우붓'이자 '끌루라한 우붓(Kelurahan Ubud)'으로 혼용되는데, 여기에서 끌루라한은 '동 관할 행정 지역'을 의미한다. 즉 우붓 중심부에 우붓 읍 혹은 면으로 해석되는 끄짜마딴 우붓의 행정 관청이 있기 때문이다.

뉴꾸닝 마을의 어원은 발리어로 '노란색'을 의미하는 '*kuning*'과 '코코넛'을 의미하는 '*nyuh*'의 합성어다. 마을과 인근 숲에 노란색 코코넛이 열린 코코넛 나무를 확인할 수 있다. 노란 코코넛은 발리섬을 비롯하여 인도네시아 대부분 군도에서 볼 수 있는 열대 지역의 상징과도 같다. 발리섬에서 코코넛 열매와 나무는 다양하게 사용된다. 코코넛의 시원하고 달콤한 물은 녹색의 어린 코코넛에서 찾을 수 있고, 노란 코코넛 열매의 코코넛 물은 주로 발리힌두교(Balinese Hinduism, *agama hindu bali*)의 정화 의례에 사용된다. 코코넛 나무와 줄기는 각각 건축물과 의례의 장식품 등으로 활용된다.

하지만 뉴꾸닝 마을은 인근의 마을과 비교하여 코코넛 나무가 두드러지게 많지는 않다. 따라서 일부 주민들은 마을 이름의 유래와 관련하여 다른 설을 제기한다. 네덜란드어로 '두려움'을 의미하는 '*nyeh*'와 '잡히다'를 의미하는 '*keuningan*'의 합성어라고 추정하는 주민도 있다. 그 이유는 우붓 중심부의 범위가 대체로 원숭이 사원을 경계로 하기에 사원의 남쪽에 위치한 뉴꾸닝 마을이 침략자들의 눈을 피해 숨어 있기 적당한 지역임을 의미하는 차원에서 명명되었다는 것이다.

뉴꾸닝 마을은 지형적으로 두 개의 물줄기인 우스강(Sungai Wos)과 툰두강(Sungai Tunduh) 사이에 있다. 마을의 남쪽 입구는 뉴꾸닝 대로(Jl. Raya Nyuh Kuning)와 접해 있으며, 뉴꾸닝 대로는 마을 중심부를 남북으로 관통하는 뉴가딩 길(Jl. Nyuh Garding)과 뉴불란 길(Jl. Nyuh Bulan)을 만난다. 뉴가딩 길의 연장선에 뉴보족 길(Jl. Nyuh Bojog)이 위치하고 이 길의 끝은 원숭이 사원의 후문과 연결된다. 마을의 총인구는 800여 명이고 약 170가구다. 이 중 20세 이상의 성인 인구는 500여 명이다.

인근 마을인 빠당뜨갈(Br. Padangtegal)이나 싱아꺼르따(Br. Singakerta)의 인구가 3,000명에서 만여 명인 것에 비하면 상대적으로 인구가 적은 소규모 마을 공동체다. 뉴꾸닝 마을이 주변 마을과 구별되는 가장 뚜렷한 차이점은 장기거주외국인이 많다는 것이다. 저자가 현지조사를 진행한 2013년과 2014년의 경우 약 60여 명의 외국인이 마을에 거주하고 있었고, 2010년과 2011년의 통계에 따르면 각각 50명, 57명의 외국인이 마을에 거주했다. 이 수는 대체로 3개월 이상 거주한 외국인을 대상으로 했기에, 3개월 미만으로 거주한 외국인까지 포함하면 100여 명의 외국인이 마을에 있었던 셈이다.

뉴꾸닝 마을의 역사적 변화 과정은 우붓 지역 관광발달 과정의 연장선에 있다. 1930년대 전후의 마을을 기억하는 사람들은 뉴꾸닝 마을을 독립된 형태의 반자르가 아닌, 인근 지역인 싱아꺼르따나 뻉오세깐 지역의 일부로 인식했다. 반자르를 구분하는 경계선이 정확하지 않았고, 강과 논 주위에 몇몇 집만 있는 형태였다. 여러 친족 집단이 자연촌(自然村)을 이루어 살았다. 뉴꾸닝 마을이 반자르로 인정받게 된 것은 인도네시아 공화국 수립 이후다. 마을의 행정과 전통 의례 지도자인 끌리안(*kelian*)을 1950년대부터 선출했고, 현재까지 5년 주기로 끌리안을 선출한다. 끌리안은 행정(*dinas*) 업무를 수행하고 전통 관습(*adat*)에 따라 의례를 주관한다.

수하르토 대통령 집권기에 우붓을 비롯한 발리 지역의 관광발전은 기존 부유층 위주의 관광에서 대중관광 시대로의 변화를 맞이한다. 발리 공항과 대규모 호텔 등이 건설된 1960년대와 1970년대는 대중관광의 시대로 상징되고, 우붓은 기존의 '문화예술마을'이라는 이미지를 통해 관광지로서 거듭난다. '문화예술마을'이라는 수식어는 관광객에게 발리 전통문화를 가장 잘 보존하고 있는 공간 혹은 발리 전통문화 상품을 체험할 수 있는 지역이라는 이미지를 주었다.

이 시기 뉴꾸닝 마을은 우붓 관광지의 범위에 포함되지도 않은 농촌이었다. 하지만 도로 포장도 되지 않았던 뉴꾸닝 마을은 우붓 인근 지역 중 우수한 품질의 목공예 관련 제품을 생산하는 지역으로 인식되었다. 마을에 목공예 제작 관련 전문가들이 거주했기 때문이다. 목공예 제작자는 자신의 상품을 우붓 시장에 가져가 외국 관광객에게 판매했고, 일부 제작자는 사누르(Sanur)에 위치한 호텔 등지에 가서 목공예 상품을 판매했다.

현재 뉴꾸닝 마을은 관광객에게 우붓에 포함된 관광지로 인식되지만, 40년 전 뉴꾸닝 마을은 우붓 지역과 별개로 인식된 농촌이었다. 목공예 관련 제품을 판매했던 종업원에 따르면 2000년대 초반까지만 하더라도 뉴꾸닝 마을에 목공예 제작소와 판매 시설이 있었지만, 대부분 장사가 잘 되지 않아 문을 닫거나 다른 업종으로 전환했다고 한다.

뉴꾸닝 마을에 처음으로 도로 포장이 된 시기는 1980년이다. 마을 자료와 주민 인터뷰에 의하면 1980년에 마을 입구의 일부 도로가 포장되었다. 다른 마을 주민은 도로 포장과 관련하여 다른 진술을 한다. 1990년대 중반까지만 하더라도 뉴꾸닝 마을의 길은 대부분 흙길이었고 길 곳곳에 쓰레기가 있었다고 한다. 일부 마을 주민 역시 1990년대 초반까지 마을이 지금과는 전혀 다른 환경이었지만, 관광지로 발전하면서 도로, 상수도 등이 정비되었다고 진술한다.

뉴꾸닝 관광발전은 과거부터 현재까지 우붓 지역 관광발전과 긴밀하게 연결된다. 수박을 활용한 생태관광과 반자르 전통에서 비롯된 문화관광이 우붓 지역 관광발전을 이끌었다면, 뉴꾸닝 마을은 관광객이 생태관광과 문화관광을 실천할 수 있는 장소다. 뉴꾸닝 관광발전 과정에서 주목해야 할 점은 장기거주외국인의 존재다. 장기거주 기간을 얼마로 산정하는지에 대한 문제는 좀 더 논의가 필요하지만, 단기거주관광객과 비교하여 그들이 머무는 장소와 방법 등을 통해 일정하게 구별 가능하다.

단기거주관광객이 호텔이나 리조트 등에 머무른다면, 장기거주관광객은 일주일, 보름 그리고 한 달 단위로 현지 시설을 이용한다. 뉴꾸닝 마을의 경우 상대적으로 장기간, 즉 한 달 이상 집을 빌릴 경우 기부금 명목의 마을 세를 내야 하기 때문에 이들을 장기거주관광객으로 상정할 수 있다.

뉴꾸닝 마을은 단기간 우붓 지역에 대한 경험을 원하는 관광객에게 매력적인 관광지는 아니다. 이는 무엇보다 화려하고 웅장한 관광 대상물이 없기 때문이다. 마을 사원과 그곳에서 행해지는 의례는 우붓에 위치한 화려한 사원과 왕궁에 비하여 관광객의 호기심을 자극하기에는 한계가 있다. 더욱이 하루에도 수천 명씩 방문하는 우붓 시내의 관광객이 마을까지 도보로 이동하는 것도 현실적으로 어렵다.

현재 뉴꾸닝 마을은 '작은 우붓'이라는 표현이 적합할 정도로 주민의 생계수단이 온전히 관광업에 맞춰져 있다. 주민 대부분 관광업과 관련된 업종인 숙박 시설 운영, 호텔 관련 서비스업, 택시 운전 그리고 관광 상점이나 식당 등을 운영한다. 친족의 비율이 높고, 대가족 단위로 가구가 구성된다. 분가를 해도 특별한 경우가 아니면 마을에 계속 거주한다. 따라서 주민 대부분 직간접적으로 관광업과 관련된 일에 종사하고, 마을에 거주하는 외국인이나 관광객과 빈번하게 교류한다.

이 책의 주요 내용은 인류학 방법론을 활용한 현지조사와 문헌 연구다. 저자가 발리 지역에 이 책의 주제로 처음 현지조사를 시작한 것은 2010년 여름이었다. 대학원 과정 중 방학마다 짧게는 일주일, 길게는 한 달 동안 현지에 머물면서 관련 조사를 했다. 본격적인 현지조사는 2012년 1월부터 6월까지 진행되었다. 발리 주도인 덴파사르(Denpasar)에 머물면서 우다야나대학(Universitas Udayana)의 인도네시아어 어학 코스를 수강했다. 당시 현지조사는 연구 대상지와 관련 자료를 찾는 과정이었다. 덴파사르에서 우붓 지역까지 오토바이를 몰고 가면서 여러 마을을 방문했다. 발리 전통 수리조합인 수박의 변화에서 비롯된 관광과 전통문화의 관계, 공동체 형성과 유지 그리고 환경보존을 둘러싼 담론이 어떤 방식으로 변화하는가에 대한 연구를 계획했다.

당시 여러 반자르와 수박을 방문했고, 때로는 관광객의 입장에서 '에코 투어리즘'의 하나인 트레킹 상품을 체험했다. 10여 곳의 수박 시설을 방문했지만 여러 측면에서 저자의 문제의식과 맞춤하지 않았다. 즉 수박 시설과 조직이 잘 정비되고 원활하게 운영되는 곳은 관광객이 방문하지 않는 지역이었고, 관광객의 방문이 잦은 곳은 관광에 의한 경제적 성장의 이유로 수박 조직이 도리어 와해된 상황이었다.

여러 지역을 방문하는 과정에서 당시 인도네시아어 선생님의 대학 동기가 살았던 마을을 소개받았다. 수박과 반자르 조직은 활발하게 운영되고 마을에 제법 유명한 역사 관광 유적(*desa wisata*)도 있었다. 다만 우붓 중심부와 거리가 있어 관광이 활성화되지 않았고 마을에 관광객을 위한 숙박시설 역시 마련되어 있지 않았다.

하지만 향후 관광객 유입의 가능성이 있다고 판단했고, 관광발달 초기 단계를 검토할 수 있을 것으로 여겼다. 당시 현지조사 마을은 우붓 중심부에서 북쪽으로 차량을 이용하여 40여 분 거리에 위치한 스바뚜 마을(Banjar Sebatu)이었다. 스바뚜 마을과 우붓 지역에 대한 선행연구를 시작하고 생활 여건을 마련한 뒤 한국으로 돌아왔다.

두 번째 현지조사는 2013년 9월에 시작되었다. 아내와 6개월 된 아기와 함께 현지조사 여정에 나섰다. 당시 아기를 현지조사 지역에 데리고 가기에 어려움이 있을 것으로 여겼지만, 우붓 지역에 외국인을 위한 다양한 편의시설(슈퍼, 약국, 병원 등)이 있기에 큰 걱정은 하지 않았다. 하지만 스바뚜 마을은 외국인이 장기간 거주하기에 어려움이 많았다. 특히 주요 이동수단이 오토바이인 저자의 상황에서 세 가족이 함께 우붓 중심지역으로 나가기는 어려웠다. 분유를 조달하기도 힘들었고 아기가 아플 때 급하게 대처할 수 있는 여건도 조성되지 않았다.

결국 이러한 상황은 조사 지역을 변경하는 하나의 원인이 되었다. 더욱이 연구 주제로 고려했던 관광의 발전 과정에서 마을의 변화 양상을 고찰하는 데 스바뚜 마을은 어려움이 있었다. 즉 외국인이 장기간 거주하기 어려운 여건에서 우붓 관광의 특징인 장기거주외국인에 대해 조사하기는 힘들었다.

현지조사 지역을 변경하고, 우붓 중심부에서 멀지 않은 지역에 위치한 마을을 선택했다. 현지조사 지역 선택의 주요한 요소로 세 가지 측면을 고려했다. 우선 우붓 중심부에서 도보나 오토바이를 이용하여 이동 가능한 곳의 마을이어야 했다. 대중교통이 미비한 우붓 지역에서 시내 중심부와의 거리는 관광발전에 중요한 요소이기 때문이다. 다음으로 최근 들어 그 양상이 조금씩 변화하지만, 여전히 우붓 관광의 특징 중 하나는 장기거주관광객의 유무다. 따라서 장기 거주외국인의 비율이 높은 마을을 선택했다. 마지막으로 수박 조직과 반자르 조직이 활발하게 운영되는 곳을 고려 대상으로 삼았다. 전통 담론에 대한 마을 주민의 인식을 살펴보기 위해 수박과 반자르 조직에서 벌어지는 다양한 활동이 주민의 일상에서 중요한 역할을 하는 곳을 찾았다.

뉴꾸닝 마을은 2012년에 진행한 초기 현지조사 단계에서 몇 번 방문했던 곳이다. 뉴꾸닝 마을과 그 인근에 제법 많은 교민이 거주하기에, 연구 초기 단계 우붓 지역 정착을 위한 정보를 그들로부터 얻을 수 있었다. 다만 현지조사 초기에 뉴꾸닝 마을과 인근 마을을 현지조사 지역으로 선택하지 않은 이유는 주민 대다수가 농사일을 하지 않기에 수

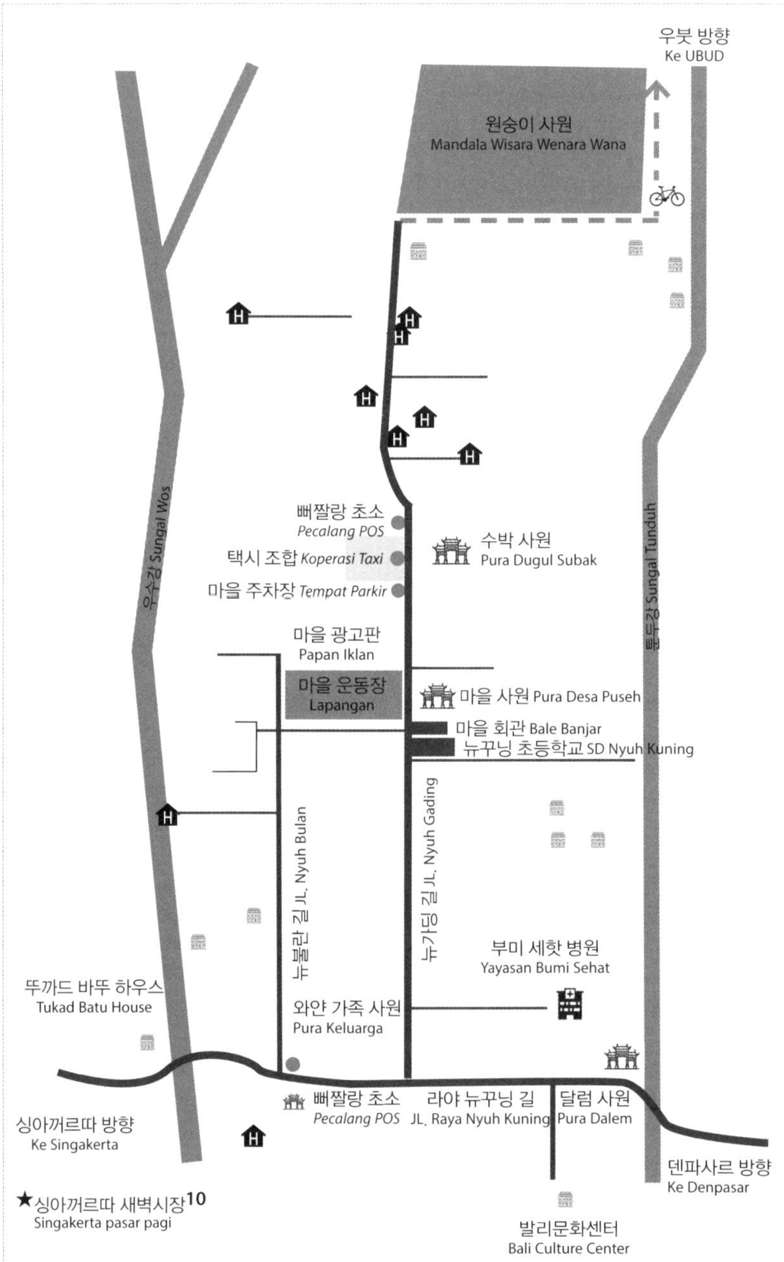

〈그림 1-1〉 뉴꾸닝 마을 지도

박 조직에 가입한 주민이 극히 적었기 때문이었다. 다만 반자르 주민 모임이 다양하고 활발하게 운영된 점은 인상 깊었다.

뉴꾸닝 마을 현지조사는 2013년 9월에 시작하여 이듬해 8월까지 진행했다. 더하여 박사 논문을 작성하기까지 급격하게 변하는 관광지의 특성[11]을 반영하기 위해 2016년 6월에 추가 조사를 진행했다. 논문 작성 이후에도 뉴꾸닝 마을, 우붓 지역 그리고 스바뚜 마을은 매학기 방학 기간에 방문했다. 현지 주민과의 만남을 늘리기 위해 장기거주외국인과 같이 마을 외곽에 위치한 (고급)빌라에 거주하지 않고, 마을 중앙에 위치한 주민의 집을 빌려 거주했다. 결과적으로 현지 주민의 집을 빌려 거주한 것은 조사 목표를 달성하는 데 적절한 선택이었다.

현지조사 과정에서 마을에서 일어나는 마을 사원 의례, 가족 사원 의례, 반자르 주민 모임, 수박을 활용한 관광 과정을 중점적으로 조사했다. 매달 열리는 반자르 주민 모임에 참관했고, 조사 과정 중 열렸던 크고 작은 마을과 가족 사원 의례에 참여했다. 운이 좋게 4년에 한 번씩 선출하는 끌리안 반자르(*kelian banjar*) 선거를 참관할 수 있었고, 3년에서 5년 주기로 열리는 마을 합동 장례식과 이갈기 의례가 동반되는 성인식 의례에 참여했다.

10 파기(*pagi*)는 '아침'을 의미하지만, 시장이 대개 4시 30분에 개장하고 9시 전에 파장하므로 실제로는 새벽시장과 같다.

11 추가 조사 과정에서 뉴꾸닝 마을 변화 가운데 가장 궁금했던 것은 2014년 현지조사 중 마을에 처음 건립 예정인 대규모 리조트(100여 개 객실)가 마을에 어떤 영향을 미치고 있는지에 대한 것이었다. 이러한 궁금증은 우붓 지역 관광 특성과 관련된다. 우붓 지역에는 그동안 단체 관광객이 숙박할 수 있는 대규모 호텔과 리조트가 없었다. 따라서 우붓 지역 관광의 형태는 그동안 장기거주외국인 관광객이나 소규모 그룹으로 진행되는 관광 형태를 보였다. 하지만 현지조사를 마치고 약 2년 동안 100여 개의 객실을 보유한 숙박시설 2~3곳이 운영을 시작하면서, 우붓 관광의 새로운 전기를 마련할 것으로 보인다.

문헌 자료 수집은 크게 두 방향으로 진행했다. 우선 공식적으로 발행된 서적과 논문 등 한국에서 구하기 힘든 자료를 중심으로 문헌 자료를 수집했다. 발리 지역에서 발행된 우붓, 뉴꾸닝, 생태관광 그리고 문화관광의 표제어를 가진 인도네시아어로 작성된 논문을 검토했다. 뉴꾸닝 마을에서 발행한 책자는 마을 역사와 현재 상황을 분석하는 데 유용했다. 우붓 중심부의 식당과 카페에서 쉽게 얻을 수 있는 관광 관련 무가지는 비록 광고가 대부분이지만, 관광 유형의 변화를 검토하는 데 활용되었다.

다음으로 마을 회의에서 배포되는 회의 자료를 수집했다. 매달 열리는 반자르 주민 모임은 여러 이해관계의 충돌 과정을 볼 수 없는 구조적 한계가 있다. 이는 마을 주민 사이에 발생하는 다양한 문제를 회의 이전과 이후 비공식적 협의 과정을 통해 해결하기 때문이다. 그럼에도 회의 자료는 논의 중인 마을의 주요 사안을 이해하는 데 도움이 되었다.

이 책에 등장하는 제보자 이름은 전부 가명이다. 다만 이름과 관련한 발리인의 독특한 작명 방식에 대한 설명이 필요하다. 발리 지역은 발리힌두교에서 연원을 가진 카스트 제도가 있지만, 인도와 달리 그 형식만 남아 있다. 특히 뉴꾸닝 마을과 같은, 과거 왕궁이 있던 지역이 아닌, 반자르 단위에는 주민 대부분이 수드라(*sudra*) 계층이다.

수드라 계층은 이름에 붙이는 칭호가 없고 이름 맨 앞에 오는 글자가 정해져 있다. 남자는 '이(I)', 여자는 '니(Ni)'를 붙이고, 형제와 자매의 출생 순으로 호칭이 부여된다. 첫째는 와얀(wayan), 그데(gede) 그리고 푸뚜(putu) 중 하나를 선택한다. 둘째는 마데(made) 혹은 까덱(kadek) 중 하나를 선택한다. 셋째는 뇨만(nyoman)이나 꼬망(komang) 중 하나를 선택한다. 넷째는 끄뜻(ketut)을 붙인다. 다섯 번째 아이는 첫 번째 부여된 이름, 즉 와얀, 그데 그리고 푸뚜 중 하나를 다시 선택하는 방식이다. 여섯 번째 아이는 두 번째 부여된 이름 중 하나를 선택한다.

예를 들어 저자가 거주했던 집의 주인 이름은 이 와얀 사리(I Wayan Sari)이다. 남성이기에 '이(I)'을 붙이고, 집에서 첫째이기에 '와얀(wayan)'을 붙였다. 그렇다고 마지막에 붙였던 '사리(Sari)'가 우리처럼 이름으로 통용되지 않는다. 사리보다는 마을 주민에게 와얀으로 불린다. 따라서 뉴꾸닝 마을의 전체 인구 800여 명 중 50여 명이 와얀으로 호명된다. 결국 주민은 이들을 구별하기 위해 "누구 집의 와얀", "누구 아들 와얀", "어디 길에 사는 와얀"으로 호명하고, 때로는 와얀 뒤에 붙이는 이름이나 별칭 등을 사용한다.

> 【저기 와얀네 집에 사는 "정"이라고 합니다.】(저자의 집이 아닌 곳을 가리키면서) 와얀네 집에 살고 있다고.【아닙니다. 저기 저 집입니다.】아! 와얀 사리 집에 산다고.
>
> 웨나(Wena, 반자르 주민), 남성, 60대, 2013. 9. 28.

결국 저자가 현지조사 과정에서 만났던 주민 중 와얀으로 불리는 사람은 10여 명이었고, 푸뚜, 뇨만, 까덱이라고 명명된 제보자도 여러 명이었다. 실제 생활에서도 와얀, 뇨만, 푸뚜와 같이 형제자매 순서에 의해 부여된 이름 외에는 거의 호명되지 않았다. 이 책에는 마을에서 실제 불리는 호칭 대신 가명을 써서 혼란을 피하고자 한다.

제2장

‘관광 발리’ 마을 공동체의 역사적 생성

1. 관광을 통해 본 발리의 정치경제적 변화

뉴꾸닝 마을은 20세기 초까지만 해도 반자르로 인정받지 못할 정도로 소수의 친족 집단이 거주하는 지역이었다. 우붓 지역 관광의 시작을 대략 1920년대로 상정하는데, 우붓 왕족의 초청으로 서구의 예술인이 이 지역에 방문하고 그들의 영향으로 관광지로 알려지기 시작했다. 뉴꾸닝 마을은 우붓 중심부와 근접하다는 점이 관광지로 발전하게 된 주요인이지만, 20세기 초반에는 우붓 중심부 역시 왕궁이 존재하기는 해도 작은 마을에 지나지 않았다. 따라서 당시 우붓 중심부에서 뉴꾸닝 마을을 가기 위해서는 단순히 포장되지 않은 길을 어렵게 가는 차원이 아닌, 논과 열대우림을 지나야만 도착할 수 있었다. 대체로 뉴꾸닝 마을이 관광지로 인식되는 시기는 1980년대 이후다.

뉴꾸닝 마을의 역사, 특히 관광과 연관된 지점에 대한 논의를 위해 1980년대 이후의 역사를 검토하는 것은 여러 문제점을 내포한다. 무엇보다 현재 뉴꾸닝 마을이 관광지로 성장하게 된 주요한 요인인 지리적 이점과 관광 형태를 면밀하게 검토할 수 없기 때문이다. 발리 관광의 역사, 우붓 지역의 관광지화 그리고 우붓 인근 지역이 가진 로컬리티가 함께 논의되어야 한다.

특히 로컬리티에 대한 논의는 타 지역과 차이를 강조하고 고유한 지역 인식을 만드는 강력한 수단이다(조아라 2011: 46). 더욱이 역사 기술의 성격, 특히 발리의 다양한 주체에 의해 구성되고 기술된 역사가 단일한 서사가 아니기 때문이다. 결국 이러한 요인들은 우붓과 뉴꾸닝 마을 역사에 대한 기술 및 해석, 발리 관광의 역사, 우붓 지역의 관광지화 그리고 주변 지역에 대한 로컬리티 기술의 필요성을 제기한다.

1) 발리 전통문화는 어떻게 보전되고 활용되었을까?

발리 관광 역사를 논의할 때 중요한 시작점은 서구 세계와의 만남과 발리 전 지역에 분포한 다양한 왕족의 역사다. 바이커스(Vikers 2012: 65)는 발리의 다양한 문화적 특징을 지난 400년간 형성된 문화와 의례 활동의 다양성에서 찾는다. 그는 발리 지역의 문화적 다양성은 수전 농업이라는 물질적 토대 위에 세워진 다양한 왕국의 유산으로 보았다. 발리 문화와 의례 활동의 기원은 자바 지역에서 13세기 말에 발흥하여 16세기까지 약 400년간 지배했던 힌두불교 왕국인 마자파힛(Majapahit)의 유산으로 본다. 네덜란드 식민 당국의 정책 집행 과정에서 발리 지역을 마자파힛의 "살아 있는 박물관"으로 간주할 정도였다(Nordholit 1986).

마자파힛 왕국은 왕위 계승 문제로 벌어진 내부 분열과 이슬람 세력의 확장으로 쇠망하면서 왕국의 신하, 승려, 공예가 들이 발리로 이주한다. 결국 마자파힛 왕국의 문화적 전통에 기인한 문학, 음악, 조각 등은 현재까지 발리 지역의 고유한 전통문화유산으로 받아들여진다. 물론 문화 형성 과정에서 단순히 마자파힛의 유산이 16세기 이전에 존재한 발리 고대 문화를 전적으로 대체하기보다는 상호 교류로 영향을 끼쳤다고 보는 것이 타당하다.

동부 자바 파나따란(Panataran) 지역의 마자파힛 사원처럼, 동시대 발리 사원 예술이 이 지역에도 영향을 미쳤음을 확인할 수 있다(Pringle

2004: 64). 마자파힛 왕국의 후예가 세운 겔겔(Gelgel) 왕조는 16세기 중반 번영기를 맞이했는데, 당시 발리 궁중은 자바 힌두교 궁중 문화의 영향을 받아 '카위'라 불리는 고전문학, 가면극, 음악, 무용 그리고 그림자극 등 예능이 활발하게 시연되었다(가종수 2010: 87). 마자파힛 왕국과 겔겔 왕조에 의해 힌두 자바 문화가 발리섬 전역에 전파되고 이를 바탕으로 고전적인 발리힌두교가 완성된다.

이 시기 가장 중요한 역사적 사실은 발리 행정구역의 최소단위인 초기 반자르의 생성이다. 이는 기존의 발리 아가(*Bali Aga*) 혹은 발리 물라(*Bali Mula*)라 불리는 원주민 집단이 가진 마을 지배 원리와 다른 방식으로 반자르가 운영되기 때문이다. 원주민 집단은 작은 마을 형태로 유지되었는데, 대체로 친족 집단이 모여 있는 형태였다. 초자연적인 믿음에 기초한 종교적 성향을 보인 이들 집단은 최고 연장자가 종교의 수장이자 마을 지배자로 역할을 했다(Covarrubias 1973: 14). 이에 반해 반자르는 마을의 우두머리인 끌리안과 제사장이 구분되었고, 지배 집단(내부 사람)과 피지배 집단(외부 사람)으로 구별하여 마을이 운영되었다. 결국 현재까지 남아 있는 발리섬의 카스트 제도는 이 시기 왕을 중심으로 구성된 계급제도의 연장선에서 이해된다(Vickers 1989: 78).

네덜란드 동인도회사[1]는 인도를 비롯한 아시아 지역에 대한 무역과 약탈을 지속했고, 인도의 동쪽 지역에 위치한 현재의 인도네시아 지역까지 영향을 미쳤다. 그럼에도 네덜란드 탐험가가 1597년 발리 지역에 도착 이후 1908년까지 약 300년 동안 발리 전 지역을 지배하지는

1 네덜란드를 기반으로 한 상인 연합회로 1602년에 설립되었다. 영국 동인도회사(English East India Company)와 구별하기 위해 'V.O.C'로 불린다. 회사 이름이 '연합 동인도회사(United East India Company)'를 뜻하는 네덜란드어 '*Vereenigde Oostindische Compagnie*'의 약자다(최병욱 2006: 316).

못했다(Pringle 2004: 82). 비록 17세기 후반까지 발리 지역에 마자파힛 왕국의 피난민의 영향으로 힌두 자바의 영향을 받은 문화유산이 있었지만, 경제적 목적이 최우선 관심사였던 동인도회사에게 발리섬은 경제적 이익이 큰 지역이 아니었다. 당시 발리섬에 대한 동인도회사의 유일한 관심사는 발리 지역의 수전농업, 많은 인구수 그리고 발리를 통과하는 새로운 무역길의 활용이었다(Vickers 1989: 29).

동인도회사는 18세기에 붕괴했는데 붕괴 이전 식민지 영토를 이어받은 네덜란드 식민 당국은 노예무역을 위한 인력 수급지로 발리섬의 효용 가치를 찾았다. 노예무역은 19세기 중반까지 이루어졌지만, 18세기 중후반 산업 발전과 계몽사상의 영향으로 노예무역을 금지하는 사회적 분위기가 형성되었다. 노예무역의 중단은 식민 관리들의 인권의식 증진에 따른 결과물이 아닌, 산업 성장 과정에서 아편, 커피, 후추 등의 상품 중개가 경제적 이득이 더 컸기 때문이었다. 네덜란드는 1830년을 전후로 노예무역을 중단했는데, 발리 지역에서는 1860년까지 노예무역이 이루어지다 중단되었다(Vickers 1989: 46).

19세기 중반부터 20세기 초까지 제국주의 시대의 도래와 함께 네덜란드 정부는 인도네시아 지역에 대한 식민지화를 추진했다. 네덜란드 식민 당국은 1856년 발리 지역의 가장 강력한 왕국이었던 불렐렝(Buleleng)과 젬브라나(Jembrana) 왕국 점령을 시작으로 20세기 초반까지 6개 소왕국[2]을 차례대로 점령했다. 이 기간 네덜란드 식민 당국에서 파견된 행정관료와 선교사는 발리 지역의 역사, 문화, 언어 등을 조사하여 기록했다. 당시 기록은 발리 지역의 문화적 양식을 외부 세계에 소개하는 최초의 기록이다.

2 기안야르(Gianyar), 까랑아슴(Karangasaem), 따바난(Tabanan), 멍위(Mengwi), 바둥(Badung), 방리(Bangli).

발리 지역의 식민지화는 네덜란드의 정부에 의해 점차 진행되지만, 발리 전통 왕국의 저항으로 그 과정이 원만하지는 않았다.

불렐렝과 까랑아슴 왕국은 동맹을 통해 네덜란드 침공에 맞서 저항했다. 여타 왕국들 역시 불렐렝과 까랑아슴 왕국을 뒷받침하고자 군사 동맹을 맺었고, 이에 네덜란드군은 큰 피해를 입었다. 당시 네덜란드 식민 당국은 온전하게 발리 전 지역에 대한 식민지화를 달성하지 못했고, 일부 왕국의 왕위 계승 문제와 영토 분쟁 등 내정에 간섭했다. 네덜란드 식민 당국은 특히 발리 지역의 문화적 관습에 대한 반감을 내정 간섭의 근거로 삼았다.

당시 네덜란드가 반감을 가진 발리의 전통 관습은 두 가지였다. 첫째는 '암초의 권리(reef rights)'에 대한 문제였다. 발리 남부 지역 해안은 암초 지대가 넓게 펼쳐져 있다. 그렇다 보니 네덜란드 화물선이 암초에 걸려 난파되는 사건이 자주 발생했다. 발리 주민은 난파된 배를 바다 신의 선물로 여겼고, 배의 물건을 약탈함으로써 식민 당국과 큰 마찰을 빚게 된다(Pringle 2004: 95).

둘째는 발리 지역의 대표적인 악습이지만 실제로 거의 실행되지 않은 과부 화장(*suttee*)에 대한 문제 제기였다. 산스크리트어로 사띠(*sati*)라 칭하는 과부 화장은 남편이 죽으면 남편과 부인을 함께 화장하는 악습이었다(Pringle 2004: 95). 결국 문화적 관습에 대한 문제 제기와 발리 지역에 대한 평화와 질서 유지를 식민지화의 대의명분으로 삼았다.

네덜란드의 식민지화 과정에서 극적인 사건 중 하나는 발리인의 마지막 항전이자 무저항 대량 자결사태인 뿌뿌딴(*Puputan*)이다. 네덜란드 식민지 군대는 1906년 사누르 해안 지역에서 바둥 왕가의 군대와 전투를 치렀다. 소규모 전투의 연이은 패배 끝에 바둥 왕조의 왕족, 귀족, 주민 들은 네덜란드군에 대항하여 죽음의 행진을 한다. 따바난 왕궁의 왕족 역시 네덜란드 군에 생포되자 자결을 선택한다(Geertz 1980a: 11).

오늘날 뿌뿌딴은 발리인뿐만 아니라 인도네시아 전역에서 식민주의 저항을 상징하는 국가적 유산이자(Pringle 2004: 108), 글자 그대로 과거 질서의 "죽음"을 의미한다(Geertz 1980a: 13, Vickers 2012: 111). 네덜란드 식민지화에 대한 발리인의 처절한 저항에도, 1908년 발리 소왕궁의 실질적 '수도'였던 끌룽꿍 왕국의 데와 아궁 왕자(Raja Dewa Agung)의 반란을 마지막으로 발리 전역은 네덜란드에 식민지화되었다. 1906년에서 1908년 사이 1,000여 명의 발리인이 자결했고, 이는 네덜란드 식민 당국의 야만성을 국제적으로 부각하는 사태로 인식되었다.

네덜란드 식민지화에 대한 발리인의 저항이 끝나고, 1908년 발리섬을 포함하여 인도네시아 군도의 관광이 시작되었다. 자바섬의 바타비아(Batavia)에 1908년 '공식적인 관광기구'가 설치되었고, 얼마 지나지 않아 관광기구의 활동 범위가 발리 지역까지 확장되었다. 당시 발리 섬은 "소순다열도의 보석"으로 관광객에게 소개되었다(Picard 1990a: 40).

비록 이 시기 발리섬이 관광지로 명성을 쌓았지만, 역설적이게도 발리 지역에는 '가난한 상태의 안정(pax and poverty)'이 함께 나타났다(Pringle 2004: 109). 즉 관광발전 과정에서 정치적 안정과 인프라가 구축되었지만, 실제 주민의 삶은 나아지지 않았다. 일본이 인도네시아를 침공하기 전인 1942년까지 34년 동안 네덜란드는 교육과 공공보건 분야에 일정하게 기여했고, 항구와 도로 등 사회 간접 자본 시설을 건설한다. 네덜란드 식민지 정책의 핵심은 지배 세력과 피지배 세력의 분리와 근대화로 요약된다.

식민 당국은 식민 통치의 편의성을 위해, 기존 소왕국의 왕족들을 새로운 카리스마적 리더십을 가진 지도자로 명명하여 해당 지역의 지배자로 임명했다(Pringle 2004: 77). 우붓 지역을 관할하는 기안야르 지역의 초코르데 그데 수까와띠(Cokorde Gde Sukawati), 즉 수까와띠 왕족은 네덜란드에 의해 주도된 발리 지역 지배 체계를 보여주는 상징적인 인물이다. 수까와띠 왕족은 기안야르 지역을 지배했고, 다른 한편으로는 당시 바타비아 국민 의회에 발리 지역 대표자로 역할을 했다(Mann 2013: 35).

수까와띠 왕족의 이러한 대표성은 네덜란드 식민 당국의 협조하에 이루어진 결과물이다(Vickers 1989: 198). 수까와띠 사례와 같이 발리 지역에 대한 네덜란드의 통치는 기존의 발리 사회 정치 체계와 문화적 양식을 활용하여 통치의 효율성을 기하는 데 있다. 식민 당국은 수박으로 대표되는 관개농업과 반자르 중심의 사회문화 체계를 통해 통치의 안정성을 획득하고 경제적 이득을 얻을 수 있었다.

식민지 시기는 역설적이게 발리 지역이 전 세계에 알려지는 계기가 되었고, 우붓 지역이 관광지로 성장하는 시발점이 된다. 네덜란드가 발리 지역에 처음으로 군사적 영향력을 행사한 1846년 식민지 군대는 불렐렝 왕국의 싱아라자 항구에 도착했다. 이후 싱아라자 항구는 20세기 초반까지 발리를 대표하는 주요 무역항이자 실질적인 수도로 활용되었다. 싱아라자 항구에서 발리의 중심 상업지역인 덴파사르를 비롯한 바둥 지역은 중요한 교역로였고, 식민 당국은 싱아라자에서 기안야르 지역을 지나 덴파사르를 연결하는 도로를 건설했다. 현재 우붓의 서쪽 지역인 짬뿌한(Campuhan)에 위치한 짬뿌한 다리가 이 시기에 건립되었다(Mann 2013: 37).

비록 중간 기착지로서 우붓은 싱아라자나 수까와띠 지역에 비해 경제적·문화적으로 열세에 놓인 것은 사실이었다. 우붓 지역에는 19세기 초반 푸뚜 깐델(Ida Tjokorda Putu Kandel)의 주도로 우붓 왕궁이 현재 우붓 시장 건너편에 건설되었다. 우붓 왕궁의 건축은 기존의 경제활동 근거지였던 우붓 지역을 정치와 문화 중심지로 탈바꿈시키는 계기가 되었다.

발리 지역의 중세 시대인 15세기에서 16세기, 자바 지역에서 도래한 마자파힛 왕국의 문화적 전통은 현재 발리 힌두 문화 형성의 근간이 된다. 유럽 각국의 식민 지배 일환으로 발리를 포함한 인도네시아 군도에 관심을 보인 동인도회사와 네덜란드 식민 당국은 침략과 회유를 통해 20세기 초반 발리 지역을 식민지화했다. 식민지화 과정에서 지배 체계의 안정과 경제적 이익 실현을 위해 이전 시기 사회문화적으로 구성된 전통 관념을 적극적으로 활용했다. 결국 현재 발리 전통문화의 근간을 이루는 발리힌두교, 반자르 마을 문화, 관개농업 그리고 카스트 제도는 발리 지역과 외부 세계가 교류하고 저항하는 과정에서 형성되고 구성되었다.

2) '관광 발리'의 역사적 생성

'여행객'은 다양한 의미를 가진다. 최근 들어 경제적 이윤 추구를 위한 비즈니스형 여행이나 공적인 업무 수행을 위한 여행 역시 넓은 의미의 '여행'으로 간주한다. 그럼에도 여전히 '여행'이 일상의 공간과 생활에서 벗어난다는 활동의 하나라고 인식한다면, '여행객'의 의미는 더욱 뚜렷해진다. 이런 측면에서 발리 지역의 첫 '여행객'이라고 할 수 있는 인물은 네덜란드 전 국회의원인 반 콜(Heer H. Van Kol)이다. 콜의 발리 방문은 공식적인 업무 수행도 아니었고, 어떠한 경제적인 기회를 찾는 것도 아니었다. 그는 스스로의 즐거움을 찾기 위해 수마트라와 자바 지역을 방문했고, 1902년 7월 4일 발리에 도착했다(Pitana 2000).

콜의 발리 방문과 발리 여행에 대한 그의 저서 『우리의 식민지에서(*Uit Onze Kolonien*)』가 1903년 라이덴대학(Leiden University)에서 발행되었지만, 유럽인의 흥미를 불러일으키지는 못했다. 발리 지역이 관광지로 각광을 받고 일반인(실질적으로 귀족층과 부유한 상인 계층)이 방문하게 된 때는 네덜란드 회사의 정규 증기선 운항이 시작된 1920년대부터다.

로얄 패킷 회사(Royal Packet Company or *Koninklijke Paketvaart_Maatschappij*, 이하 KPM)는 발리섬을 인도네시아의 다른 섬과 달리 여행 관광지로 홍보했다. 당시 KPM은 마카사르(Makasar), 바타비아, 수라바야(Surabaya) 그리고 발리 지역을 연결하는 항로를 만들었고, 소, 돼지, 쌀, 코코넛, 커피 등과 같은 농축산물도 함께 운반했다.

KPM과 네덜란드 식민 당국은 발리를 포함하여 서부 자바, 북부 수마트라 지역에 대한 관련 관광 책자를 발행했다. 당시 대표적인 여행 안내서 페떼페(*Vereeniging Toeriste Verkeer*, 이하 VTV)는 인도네시아 관광지에 대해 소개했다. VTV와 KPM은 정규적으로 발리섬에 대한 브로셔, 팸플릿 그리고 관련 책을 제작함으로써 '관광 발리'의 시작을 알렸다. 당시 통계에 의하면 1930년대 중반 매년 3만 명이 섬을 방문한 것으로 확인된다(Pollmann 1990: 10).

네덜란드 식민 당국과 KPM 같은 운항사의 인도네시아 지역에 대한 관광 홍보는 여러 이유가 있다. 첫째, 농축산물을 운반하는 수송선의 좌석을 판매하는 데 목적이 있었다. 바타비아에서 수라바야 혹은 바타비아에서 발리, 발리에서 마카사르 지역 간 농축산물 운반에 필요한 정규 항로가 운영되었지만, 여행객이 드물어 좌석 점유율은 낮았다. 관광객 수송을 좌석 점유율을 높이는 수단으로 생각했고, 이를 위해 자바나 발리 지역의 관광지화가 필요했다.

둘째, 발리 지역의 관광지화를 통해 사회 기반 시설 건설의 정당성을 확보하고, 더하여 현지 주민의 노동력 사용을 합리화하는 수단으로 사용했다. 또한 네덜란드는 제1차 세계대전 이후 전 세계적인 경제 부흥 과정에서 자바와 발리 지역 관광 성장을 통해 경제적 이득 실현을 원했다.

'관광 발리'의 시작은 1차 세계대전의 참상을 겪은 서구인의 현대 문명에 대한 비판적인 인식에서 비롯된 '진짜'를 찾는 사회적 상황과 결부된다. 즉 과거에 대한 복고적인 향수를 찾는 과정에서 발리섬과 같이 개발되지 않은 지역이 주목받았고, 결국 이 지역은 '에덴의 가든'이나 '진짜'라는 이미지를 부여받았다. 이런 상황에서 '관광 발리'는 '진짜 발리(Real Bali)'라는 이미지로 소비되었다.

'관광 발리'는 네덜란드 식민 당국과 관광회사들의 노력이라는 대외적인 요인도 있었지만, 실질적으로 발리 문화예술 관련 책자나 사진을 통해 국제사회에서 발리의 이미지가 홍보되고 만들어졌다(Pitana 2000: 9). 크라우스(Gregory Krauss 1920, 1988), 포웰(Hickman Powell 1930, 1982), 코바루비아스(Miguel Covarrubias 1936, 1973), 바움(Vicki Baum 1937), 미드(Margaret Mead 1940)의 책과 관련 사진 등은 발리를 '지상 최후의 낙원', '신들의 섬'이라는 이미지로 만드는 데 기여했다. 스파이스(Walter Spies), 보네(Rudolf Bonnet), 메이유(Le Mayeur de Perpres) 등 발리 지역에 거주한 화가들 역시 그림을 통해 낙원의 이미지를 만드는 데 기여했고 기존 발리 전통 화풍의 변화에도 영향을 주었다.

이들 학자와 예술인이 발리에 남긴 다양한 문화예술 관련 유산은 현재까지도 발리를 단순히 남국의 휴양지가 아닌, 문화예술 자원을 함께 경험할 수 있는 지역으로 변화시켰다. 특히 우붓 왕국의 초청을 받은 보네, 스파이스 그리고 발리 화가인 렘파드(I Gusti Nyoman Lempad) 등은 다양한 협업을 통해 미술작품의 생산, 전시 그리고 후학 양성의 시스템을 구축했다. 이러한 토대는 1930년대 우붓 지역, 나아가 발리 전역의 예술 발전에 크게 공헌한다. 결국 포웰(Powell 1930, 1982)의 "마지막 지상 낙원(The Last Paradise)"이라는 표현처럼, 발리섬은 당시 서구인의 열망과 동양적인 행복의 상징으로 여겨졌다(Nordholt 1991).

2차 세계대전과 일본이 인도네시아를 점령한 1942년 이후 발리 관광은 급격하게 쇠퇴한다. 아시아와 태평양 지역이 전장으로 바뀌면서 발리 여행이 불가능하게 되었다. 2차 세계대전 이후에도 네덜란드의 재식민지화와 인도네시아 독립 과정 등 대내외적인 영향으로 발리 관광의 암흑기는 지속되었다.

인도네시아의 독립 그리고 공화국 정부 수립 이후 인도네시아 지역은 정치, 사회적으로 안정기에 접어들었고, 발리 관광 진흥을 위한 여러 계획이 추진되었다. 인도네시아 정부가 발리섬에 주목한 것은 무엇보다, 20세기 초반 문화를 통한 관광 진흥의 역사를 다시금 재현할 수 있다는 믿음에서 비롯되었다. 당시 수카르노 대통령은 발리의 이미지를 인도네시아 관광과 경제발전의 수단으로 활용했다. 이를 위해 관광 관련 인프라 건설에 매진했다. 투반(Tuban) 지역에 국제공항이 계획되었고, 사누르 해변에 일본의 전쟁 배상금으로 지어진 '발리 비치 호텔(Bali Beach Hotel)'이 개장했다(Picard 1990a: 41). 이러한 전략적 육성의 발판은 발리섬이 서구의 관광객에게 여전히 아름다운 자연, 친절하고 호의적인 사회문화 그리고 독특한 힌두 문화가 있는 지역으로 인식되었기 때문이다(Pitana 2000: 11).

발리 관광의 재도약 과정에서 1950년대 세계적으로 유행한 뮤지컬이자 영화 〈In South Pacific(남태평양)〉의 주제곡 중 '발리 하이(Bali Ha'i)'는 미국을 비롯한 서구 사회에서 발리를 재인식하는 계기가 되었다. 발리 지역이 가진 로맨틱한 분위기에 관한 서정적인 노랫말은 발리섬을 남국의 평화로운 휴양지로 묘사한다.

> 발리 하이는 당신을 불러요, 밤이나 낮이나. 당신의 마음속에서 부르는 소리를 듣겠지요. '어서 오십시오.'라고. 발리 하이는 바닷바람을 타고 속삭여요. '여기예요. 당신의 특별한 섬입니다. 당신의 특별한 소망과 꿈이 언덕에 꽃피고, 흐름에 빛납니다. 나를 청하신다면, 하늘과 바다가 만나는 곳에 나는 있습니다.' …

수하르토(Suharto) 대통령 집권 이후 1960년대 후반의 경제성장 의제 추진 과정에서 발리 관광산업은 다시 주목받게 된다. 수하르토 정부의 경제개발 5개년 계획(Repelita Ⅰ: 1969~1973)에서 발리는 관광발전을 통한 경제 성장의 근거지로 활용된다. 이러한 정책 기조에는 수하르토 집권 시기, 즉 '신질서(Orde Baru)'[3]로 상징되는 경제발전 최우선 기조의 연장선에 있기 때문이다. 수하르토는 경제발전을 국가발전의 최우선 의제로 삼았고, 이는 서구에 대한 인식 변화에 기초한다. 즉, 수카르노 시대와 달리 서구를 긍정적으로 인식하고 투자를 위한 대외 개방정책을 표방했다(Pitana 2000).

인도네시아 정부의 경제성장 과정에서 발리는 국제 관광지로 활용되었고, 특히 1970년대 국제관광이 성장하면서 발리 지역은 인도네시아 경제를 성장시키는 주요한 동력이 되었다. 또한 관광을 위한 인프라 구축은 관광의 발전, 특히 대중관광발전에 주요한 역할을 한다. 꾸따(투반) 지역에 공항이 개항한 1969년 이후 발리 지역에는 대규모 제트관광의 시대가 열린다. 공항 개항에 이어 1970년대 누사두아(Nusa Dua) 리조트 단지 개발은 그동안 소수의 예술인과 부유한 관광객 중심의 발리 관광의 유형을 대중관광의 시대로 변화시켰다. 특히 1972년 수하르토 대통령이 발리주 발전 종합계획을 '관광'으로 표명한 이후, 관광은 농업을 뛰어넘어 경제 성장의 최우선 고려 대상이 되었다(Picard 1990a: 41).

누사두아 리조트 단지 개발은 1971년 인도네시아 정부, 세계은

3 인도네시아의 2대 대통령인 수하르토의 집권 기간(1966~1998)을 상징하는 단어로서 '새로운 질서'를 의미한다. 수하르토는 집권과 동시에 인도네시아의 초대 대통령인 수카르노의 집권 시기를 '구질서'로 간주하고, 자신의 시대를 상징하는 단어로 '신질서'를 사용했다.

행, 유엔개발계획의 '발리 관광 프로젝트(The Bali Tourism Project)'의 하나로 추진되었다. 프랑스의 국제관광기구(*Société Centrale pour l'Equipement Touristique d'Outre-Mer*, 이하 SCETO)가 작성한 계획안은 1972년 발리관광개발위원회(Bali Tourism Development Board, 이하 BTDB)와 1973년 발리 관광발전기구(Bali Tourism Development Corporation, 이하 BTDC)의 설립으로 이어졌다. BTDB는 문화적 쇠퇴를 최소화하면서 관광을 통한 이익을 추구했고, 이와 반대로 BTDC는 관광발전의 기술적인 측면을 강조했다(Shepherd 2002: 75).

비록 두 기관이 추구하는 가치가 완전히 일치하지 않지만, 당시 발리의 관광정책 입안자와 학계는 대중관광 시대가 가져올 다양한 폐해, 즉 '관광의 도전(*tantangan pariwisata*)'에 대한 해결책으로 '문화관광(*pariwisata budaya*)'을 내세웠다(Seminar on Cultural Tourism in Bali 1971, Picard 1997: 182 재인용). 문화관광의 강조는 다른 측면에서 당시 인도네시아 정부가 추구하는 정책적 이념과도 일치한다. 인도네시아 문화관광정책 당국은 각 지역의 문화 전통을 보존하고 유지함으로써 '문화적 삶의 절정'을 정책 이념으로 내세웠다. 이 과정에서 각 지역의 전통 건물, 언어, 춤 등을 조사하고 보존했다.

물론 당시 인도네시아 정부의 문화정책의 방향은 '다양성 속의 통일(*Bhinneka Tunggal Ika*)'이라는 국가의 이념을 달성하기 위한 수단이었다. 따라서 종족 정체성보다 지역 정체성을 더욱 중요하게 여겼고, 이 과정에서 인도네시아 각 군도의 지방문화(*kebudayan daerah*)는 인도네시아 문화로 간주되었다. 즉 발리인의 종족 정체성보다는 인도네시아의 주로서 발리 지역이라는 정체성을 국가가 강조했다(Yamashita 2003: 44).

정부의 문화관광 정책 방향과 함께 실질적으로 발리 관광 성장을 위해 '문화관광'을 강조한 것 역시 주목된다. 첫째, 문화관광의 실천이 실질적으로 발리 관광매력물로 작용하기 때문이다. 2차 세계대전 이전 스파이스가 명명한 "발리 르네상스" 시기의 소설, 영화, 노래 등에 의해 표상되었던 '진짜 발리' 이미지가 관광객의 관심을 유발하기 때문이다.

특히 관광객에게 마을 사원을 비롯한 건축물, 회화나 목공예, 일상의 종교 의례 실천은 여타 휴양지와 발리를 차별화하는 관광대상물이다. 나아가 문화관광 실천이 발리 전통문화에서 비롯된 다양한 문화 상품이 재구성되고 때로는 기존에 단절되었던 전통을 재연하고 재창조하는 과정을 겪는다. 결국 이러한 과정에서 발리 주민은 문화관광의 개념에서 '진짜 발리'라는 이미지를 생산하고, 관광객은 '진짜 발리'라는 이미지에 기대어 문화관광 상품을 소비한다.

둘째, '관광의 도전'에 대한 극복, 즉 대중관광객이 가져올 다양한 사회문제를 극복하는 수단으로 문화관광에 주목했다. 문화관광객이 지역의 전통 기념품에 더욱 관심을 가질 것이며, 이들이 발리의 전통 관습과 문화를 존중할 것으로 여겼다(Shepherd 2002: 82). 결국 발리인은 관광의 성장과 함께 발리힌두교가 추구하는 사회적 조화를 중요하게 여겼고, 이는 문화관광 과정에서 실천하는 전통문화의 보존을 통해 달성할 수 있다고 여겼다.

문화관광 정책은 1974년 이후로 발리지방정부관광국(Dinas Pariwisata Daerah Bali)의 공식적인 정책으로 채택되었다(Shepherd 2002: 92). 1960년대 후반 매년 약 3만 명이 방문한 이 지역에 1980년대 후반에 이르러서는 약 60만 명이 방문했다. 최근 들어서는 발리 전체 인구와 비슷한 숫자인 600만 명(2019년 통계)[4]이 매년 발리섬을 방문하는데, 2008년 약 190만 명이 방문한 것과 비교하면 관광객의 수가 매년 10%

4 발리관광산업협회(GIPI: *Gabungan Industri Pariwisata Indonesa Bali*) 홈페이지.

증가했음을 확인할 수 있다.

1970년대부터 현재까지 발리 관광 정책은 문화관광으로 표명된다. 하지만 이국적인 자연환경을 내세우는 발리 남부 지역에는 대규모 호텔, 쇼핑몰, 클럽 등이 들어섰고, 발리 전통문화보다는 서구 문화를 경험하는 장소로 기능하는 문제도 드러났다. '문화예술마을'로 명명된 우붓 지역 역시 일부 상점에서 관광용 공예품과 그림 등을 판매하고는 있지만, 서구식 카페, 음식점, 기념품 가게가 즐비한 장소로 변화하고 있다. '발리 관광 프로젝트'가 추진된 이래 발리 관광 산업은 '문화관광'에 주목했고, 전통 의례와 밀접하게 연결된 문화예술 상품은 '관광 발리'의 역사적 생성에서 가장 중요한 요소다. 관광객의 급증과 서구 문화의 영향으로 발리섬은 급격하게 변화하고 있지만, 문화관광은 여전히 다른 열대 휴양지와 발리를 차별화하는 주요한 관광 요소다.

2. '문화예술마을' 우붓의 생성과 변화

1) 발리힌두교 예술에 매료된 서구 세계

전통 발리 예술은 항상 발리인의 종교와 믿음에서 비롯된 장식과 묘사를 동반한다. 따라서 예술인 개인의 필요에 따라 행위가 실천되기보다는 종교에 근거한 예술 행위가 우선적으로 실천된다. 발리 고대 왕궁은 과거부터 종교적 믿음을 실천하기 위해 예술 발전을 후원했다. 왕궁을 장식하거나 종교 의례를 진행하기 위해 왕궁에는 조각가, 화가, 음악가, 댄서, 금속공예가 그리고 직공 등이 필요했다(Mann 2013: 45). 각각의 반자르에 소속된 예술인들은 왕궁의 후원을 받았고, 이러한 후원 관계는 네덜란드 식민지 기간 이후에도 지속되었다.

당시 네덜란드 식민지 당국과 협력 관계를 맺었던 우붓 왕족 역시 자산을 활용하여 예술인들을 후원했고, 도움을 받은 이는 발리인뿐만 아니라 서구의 예술인도 포함된다. 우붓 왕족의 후원과 더불어 20세기 초반 네덜란드 식민 당국의 정책 역시 이 지역의 문화 예술 진흥의 주요인이 되었다. 당시 식민 당국의 문화정책의 목표는 '발리의 발리화(Baliseering)'로 불리는 발리 문화의 부흥이었다. 식민지 관료들은 이 정책의 대상을 현지의 젊은이에게 집중했는데, 그들에게 발리의 언어, 문학, 예술을 집중적으로 교육시킴으로써 발리의 문화적 가치를 인식하게 했다(Picard 1997: 186).

발리의 공연예술은 문화적 전통이 관광매력물로 변화하는 과정을 보여주는 사례로 제시된다. 발리 전통 춤은 의례 과정에서 실천되고, 나아가 관광객을 대상으로 하는 공연에서도 시연된다. 이러한 과정에서 발리 전통 춤은 명성을 쌓아가고 발전한다(Picard 1990a: 44). 발리의 문화적 전통 실천과 이를 통한 관광산업을 부흥시키고 있는 대표적인 지역이 우붓이다. "우붓은 문화입니다"(Berkoes 2015: 137)라는 여행서의 소개에서 알 수 있듯이 현재 우붓은 회화, 목공예, 조각, 금속공예, 음악 등 발리 문화를 향유할 수 있는 대표적인 지역으로 알려졌다.

앞서 제시했듯이 우붓 지역이 '문화예술마을'로 표상하게 된 배경에는 20세기 초반 이 지역에 정착한 예술인들의 영향이 크다. 네덜란드 식민지 시기 발리 지역에 산재하던 서구식 교육기관은 왕족을 포함한 상위 카스텔에 속한 발리인의 교육을 담당했다. 일부 발리인은 동부 자바의 프로볼링고(Probolinggo) 지역의 네덜란드 학교를 다녔고, 이곳에서 다른 인도네시아 귀족과 교류하면서 근대 서구식 교육을 받았다. 우붓 왕국의 쪼꼬르다 그데 수까와띠(Tjokorda Gde Sukawati) 왕과 그의 두 아들인 라카(Raka Sukawati)와 아궁(Agung Sukawati)은 서구 문명을 받아들이고, 이를 발리인의 문화, 종교, 예술에 접목했다.

이처럼 우붓 지역에서 서구 문화를 수용하고 그것을 발리 문화와 접목한 것은 서구 교육을 받은 일부 왕족의 노력의 산물이지만, 네덜란드 식민 당국이 발리 지역을 점령하고 지배하는 작동 방식(*modus operandi*)에도 주목할 필요가 있다(Mann 2013: 37). 당시 발리의 입·출도는 섬의 최북단에 위치한 싱아라자 지역이었고, 네덜란드 식민 당국 역

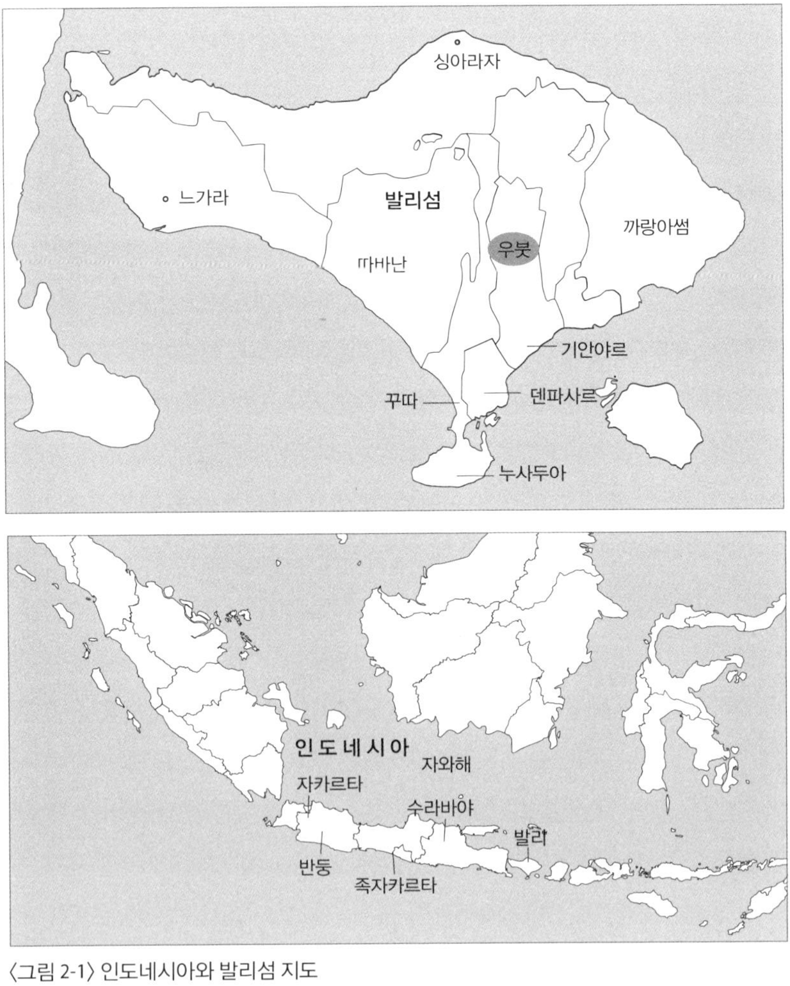

〈그림 2-1〉 인도네시아와 발리섬 지도

시 이 지역을 행정과 무역의 중심 도시로 성장시키기 위해 행정 건물과 도로망 구축 등 인프라를 건설했다. 당시 발리 주민의 상업 중심지는 발리 남부에 위치한 덴파사르 지역이었고, 더하여 1920년대 발리를 방문한 서구 관광객과 중국인 무역상은 무역과 관광을 위해 덴파사르와 인근 지역을 방문할 필요가 있었다.

네덜란드 식민 당국은 상인과 여행객의 요구에 부응하기 위해 싱아라자와 덴파사르를 잇는 도로를 건설했다. 특히 덴파사르에는 발리 최초의 호텔인 발리 호텔(Bali Hotel)이 건립되었고, 중간 기착지별로 휴게 공간이 세워졌다. 당시 싱아라자와 덴파사르를 잇는 도로의 중간 지점인 문둑(Munduk), 낀따마니(Kintamani), 기안야르 그리고 우붓 지역 등에 임시 정류소가 세워졌다. 사회기반시설의 구축은 우붓을 비롯한 주변 지역에 대한 관심을 이끌었다. 또한 고아 가자(Goa Gajah, 코끼리 동굴) 등 옛 우붓 왕국의 유산에 대한 고고학적 발굴이 진행되고, 이후 관광문화유산으로 서구인의 관심을 불러일으켰다.

이상의 사회경제적 이유와 더불어 우붓 지역이 문화예술 중심지로 알려지게 된 또 다른 이유는 서구 예술인들의 이 지역 거주이다. 서구 예술인들의 거주는 현지 주민에게 예술을 바라보는 새로운 시각과 이를 상업적으로 활용할 수 있는 가능성을 인식하게 했다. 우붓 지역에 처음 정착한 예술인은 독일 출생의 러시아인 스파이스였다. 스파이스는 당시 바타비아, 수라바야 등지에서 다양한 예술 활동을 했고, 족자카르타에서 우붓 왕족인 라카 수까와띠와 교류를 시작했으며 1927년 우붓으로 이주했다.

스파이스는 우붓 왕궁의 직간접적인 후원으로 발리 관련 영화[5]와

5 스파이스는 〈Goona-Goona, An Authentic Melodrama〉(1932년 작), 〈Island of Demons〉(1933년 작)와 같은 발리 전통을 기반으로 영화를 제작했다.

책 등을 제작하여 이를 서구 세계에 소개했다. 당시 스파이스와 더불어 발리에 머물렀던 다른 한 명의 예술인은 보넷이었다. 스파이스가 그가 가진 재능을 활용하여 발리 문화를 배우거나 해석했다면, 보넷은 발리 문화를 인정하고 관광객이 발리 문화를 좀 더 매력적이고 관심 있는 대상으로 만드는 역할을 했다(Mann 2013). 보넷은 1929년 처음 땀팍씨링(Tampaksiring) 지역에 머물다가 얼마 지나지 않아 우붓 인근 지역인 플리아딴 왕국으로 초대되었다. 이후 우붓 지역을 중심으로 작품 활동을 했다.

주지한 바와 같이 스파이스는 우붓의 문화적 전통을 서구 세계에 소개하는 데 집중했다면, 보넷은 우붓 지역을 중심으로 문화예술 상품이 생산되고 유통되는 체계를 만들었다. 보넷은 그의 예술적 능력을 활용했고, 발리 현지 예술인들에게 그림과 조각에 대한 교육과 함께 영어 교육까지 진행했다. 발리 화가들 역시 발리를 주제로 서양 그림물감과 고유의 염료를 혼합하거나 원근법 등을 적극적으로 받아들여 새로운 발리 양식을 창조했다(가종수 2010: 324).

이러한 일련의 과정은 우붓 지역 자체적으로 예술 작품을 생산하는 지역으로 변화하는 계기가 되었다. 더하여 우붓 지역이 상업 중심지였던 역사적 사실은, 우붓을 중심으로 관광객과 예술인이 만날 수 있는 공간이 생겼음을 의미한다. 예를 들어 과거부터 높은 계층의 힌두 사제들이 살았던 바뚜안(Batuan) 지역은 사원 장식과 의례 용품 등을 이유로 높은 수준의 예술인들이 이 지역에 거주하면서 작품 활동을 했다. 플리아딴 지역, 테베사야(Tebesaya), 뺑오세깐(Pengosekan), 그리고 마스 지역 역시 화가, 목공예, 금속공예가 들이 거주한 곳이다. 우붓 지역이 '문화예술마을'로 변모하기 전까지 가장 큰 문제점은 상대적으로 인적이 드문 곳에 머무는 예술인의 작품 판매가 어렵다는 것이었다(Mann 2013: 63).

스파이스와 보넷의 활동은 1930년대 우붓 지역을 중심으로 예술인협회의 일종인 피따마하협회(Pita Maha Association) 설립의 시발점이 되었고, 협회의 활동은 우붓 지역이 발리 예술 중심지로 거듭나는 데 주도적 역할을 했다. 예술인들의 활동과 더불어 주목할 점은 인류학자를 포함한 학자와 소설가 등의 활동이다. 마거릿 미드(Margaret Mead)와 그레고리 베이트슨(Gregory Bateson)은 우붓 인근 지역에 거주하면서 발리 사람들의 문화에 관한 민족지(Bateson & Mead 1942, Bateson 1949)를 발표했고, 음악가였던 콜린 맥필은 음악과 책(McPhee 1947) 등을 서구 세계에 소개했다.

이른바 '황금시대'였던 이 시기는 2차 세계대전이 발발하면서 끝났다. 2차 세계대전 발발 과정에서 독일은 네덜란드를 침공하고, 본국의 문제로 인하여 인도네시아 지역에 대한 식민지 운영에 어려움을 겪는다. 더불어 태평양전쟁을 일으킨 일본은 1942년 발리 사누르 지역을 침공했다. 이후 덴파사르와 싱아라자에 군사령부를 설치하고 발리 지역에 군정(軍政)을 시작했다. 전쟁의 영향으로 발리 지역 관광이 어렵게 되었고, 우붓 지역 예술인들은 문화예술 관련 기념품 제작을 중단했다(Mann 2013).

2) 우붓! 발리 문화관광의 중심지가 되다

2차 세계대전 이후 네덜란드로부터 독립과 인도네시아 공화국 수립 과정에서 우붓 지역은 과거 명성을 되찾기 위해 다양한 노력을 한다. 과거와 같이 예술인을 우붓에 초대하고 이들을 통해 과거의 영광을 재현하려 했다. 수까와띠 가문은 보넷을 다시 발리로 초대했고, 그와 함께 1956년 푸리루키산 미술관(Puri Lukisan Museum of Art)을 개관했다. 우붓 왕궁 인근에 위치한 푸리루키산 미술관은 대중에게 처음으로 개방된 문화시설이었고, 우붓이 예술인 마을의 상징성을 얻는 데 중요한 역할을 했다. 이후에도 우붓 왕족들은 아리에 스밋(Arie Smit)과 안토니오 블랑코(Antonio Blanco)와 같은 서구 예술인에게 우붓 지역에 머물 수 있는 공간을 제공하는 방식으로 예술인들을 후원했다.

앞서의 논의처럼 보넷과 같은 서구의 예술인들이 이 지역에서 작품 활동을 하기 전부터 우붓을 비롯한 인근 마을에는 그림[6]과 목공예 등 힌두 의례에 필요한 의례품을 생산하는 시스템이 구축되어 있었다. 하지만 이를 하나의 예술작품으로 여기지 않았고, 생산자 역시 자신을 직업 예술인으로 인식하지 않았다. 이런 상황에서 서구 예술인들은 그들의 작품을 활용하여 관광객을 위한 기념품을 만들어 판매했고, 이는 현지 주민이 직업 예술가로서 삶을 영위하는 동기를 부여했다.

더하여 서구 예술인들 역시 현지 주민에게 전통적인 방식에 기초하여 관광객의 호기심을 자극할 만한 예술작품을 제작하는 방법 등을 전수했다. 1970년대 들어 예술작품의 생산과 유통에 참여한 발리 현지인이 급격하게 늘어났고, 이들의 주도로 작품을 전시하고 판매할 수 있는 미술관과 소규모 상점이 우붓 곳곳에 문을 열었다.

발리 꾸따 지역에 새롭게 건설된 발리공항은 발리 관광산업에 새로운 전기가 되었다. 더불어 1966년 사누르 지역에 세워진 발리 비치 호텔은 300여 개의 객실을 갖춘 대형 호텔로서 우붓과의 인접성 때문에 이 지역 관광발전에 많은 영향을 미쳤다. 항구와 달리 공항이 운영됨으로써 대규모 관광객이 상시적으로 발리 지역에 도착했고, 이는 발리 지역이 세계적인 관광지로 성장하는 계기가 되었다. 이러한 관광의 변화 양상은 우붓 지역을 하루에 다녀올 수 있는 관광지로 만들었다.

6 서구인의 영향을 받기 전 발리의 전통 회화로, 클룽쿵 지역에서 기원한 까마산 기법(kamasan style)이 있었다.

그럼에도 1970년대까지만 하더라도 우붓 방문자는 예술인, 전통문화와 예술에 관심 있는 일부 관광객 그리고 새로운 모험을 찾아 떠나는 히피족이 대부분이었다.

관광객의 증가는 이 지역에 대한 숙박과 식당 등의 수요를 창출했고, 우붓 왕궁과 시장 인근에 식당과 숙소가 생겨났다. 주민은 발리 전통 집 구조에서 도로에 인접한 부분을 식당이나 기념품 가게로 개조했고, 집 안쪽에 위치한 여분의 방을 손님방으로 활용했다. 이러한 형태의 숙소는 호텔이나 게스트 하우스 등에 밀려 대부분 사라졌지만, 로스맨(*losmen*)[7]의 형태로 그 명맥을 유지하고 있다.

우붓 지역에 관광객이 모이고, 예술 작품을 활용한 다양한 문화 상품이 개발됨으로써 우붓 관광은 발리 관광에 있어 독특한 위치를 점하게 된다. 꾸따와 누사두아가 위치한 발리 남부가 바다와 해변을 활용한 시설이 있는 지역이었다면, 우붓은 발리 전통 회화, 목공예 상품 그리고 전통 종교 의례를 향유할 수 있는 지역으로 인식되었다. 결국 우붓은 1970년대를 기점으로 발리에서 '문화관광'을 향유할 수 있는 지역으로 확고한 정체성을 가지게 된다(Mann 2013: 101-102).

발리는 적도 남쪽 남위 8℃에 위치해 있다. 남부 지역은 주로 해안 지역이고, 중산간 지역은 해발 1,000미터에서 3,000미터 사이의 높은 산맥이 있다. 적도에 위치한 해안 지역은 연중 고온다습한 날씨가 지속되고, 높은 산맥이 있는 지역은 사람이 거주하기에 적당하지 않다. 우붓은 이에 비해 해발 500미터에서 1,000미터에 위치해 있고, 남부 지역과 비교하여 상대적으로 날씨가 서늘하다. 이러한 지리적·환경적 요인은 우붓이 발리 여타 지역과 차별화된 관광지로 성장하는 또 다른 요

7 인도네시아에 있는 숙박의 한 형태다. 대체로 식당 시설이 없고, 화장실이나 샤워장을 공유하기 때문에 저렴하다.

인이 된다.

특히 1990년대부터 현재까지 주목되는 관광 형태는 수박을 활용한 생태관광과 요가와 명상 수행자들의 장기거주 관광이다. 생태관광은 우붓을 중심으로 주로 실천되는데, 우붓 인근의 반자르의 수박, 계곡, 화산지대까지 다양한 자연환경과 발리 힌두 문화 관련 사원 등을 체험한다. 발리 힌두 문화와 사상적 흐름을 공유하는 요가와 명상은 우붓 지역에 거주관광객이 늘어나는 주요한 요인이 된다. 다양한 요가와 명상 프로그램, 건강 증진과 다이어트를 위한 유기농 식품 등은 서구 관광객의 호기심을 자극했다. 특히 우붓을 배경으로 한 엘리자베스 길버트(Gilbert 2006[2007])의 『먹고 기도하고 사랑하라(Eat Pray Love)』가 출판되고, 줄리아 로버츠(Julia Roberts)가 주연한 동명의 영화가 2010년에 개봉해 인기를 얻음으로써 장기거주관광객이 더욱 늘어났다.

2000년대에 들어 발리를 방문하는 외국 관광객 중 아시아 출신 관광객이 늘어나는 과정에서 우붓 역시 관광객이 급증했다. 우붓 중심부의 초입인 바뚜불란(Batubulan), 마스, 플리아딴 지역에는 상습적으로 교통 정체 현상이 발생한다. 과거 호주, 미국 등 서구 관광객을 대상으로 다양한 관광 상품이 개발되었지만, 이제는 단체 관광객 위주로 운영되는 아시아 출신 관광객을 위해 대규모 호텔과 식당 등이 건설되고 있다. 교통 정체, 환경오염, 물가 상승 그리고 반자르의 전통 파괴는 발리 전 지역이 안고 있는 문제다. 우붓 역시 심각성을 인지하고 해결을 위해 '그린 발리(Green Bali)'와 같은 환경운동, 전통문화 보존운동 등을 전개한다.

제3장

관광과 마을 발전의 사회 · 문화적 환경

【장면. 달럼 사원의 오달란 행사 마지막 날】

- 그봉안(*gebogan*)을 머리 위에 올리고 지나가는 발리 여성을 보며 -

이슬람 신자인 내가 봐도 진짜 대단한 것 같아. 한 10킬로그램은 나갈 것 같은데. 사과, 바나나, 닭고기, 과자가 저렇게 잔뜩 쌓여 있으니. 오늘은 마을 행사가 있어 다들 거기로 갈 것 같으니 가게도 일찍 닫아야겠다. 손님도 없을 것 같고. 마을에서 산 지가 벌써 3년은 되었는데, 발리인도 아니고 종교도 다르니 오늘같이 마을 행사 있을 때 조금 입장이 난처해. 같이 일하는 그데만 봐도 아침에 가게 나올 때부터 전통의상을 입고 오후에는 마을 행사 준비한다고 가버리니.

자라(Zara, 자바인 노동자), 30대, 2013. 10. 10.

오늘 무슨 의례가 있는가 보네. (그봉안을 가리키며) 저기 머리 위에 뭘 잔뜩 올리고 다니는 여성들 좀 봐. 대단하지 않아? 진짜 볼거리다. 우붓 시내에서도 가끔씩 저렇게 머리에 이고 다니는 여성들을 봤는데. 저기 옆에서 사진 찍고 있는 서양 사람들 보면 나도 가서 이야기해볼까 싶다가도, 말도 안 통할 것 같고. 저게 무슨 의례인지, 언제 또 하는지 등을 잘 모르니까. 지나가다가 우연히 한 번씩 보면 구경만 하지.

톰(Tom, 호주 출신 거주외국인), 30대, 2013. 10. 10.

뉴꾸닝 마을은 농촌에서 관광마을로 변하는 과정에서 주민, 관광객, 부족한 노동시장의 대체 인력인 자바인 등이 공존하는 공간으로 달라졌다. 마을에 다양한 종족, 국가, 연령 정체성을 지닌 사람이 거주하면서 다양한 사회·문화적 전개 양상을 보인다. 특히 반자르 구성원으로 등록된 800여 명의 마을 주민 외 장기거주외국인을 포함한 100여 명의 외지인은 마을의 변화를 불러오는 주요한 요인이다.

앞서 달렘 사원(Pura Dalem Nyuh Kuning) 오달란 행사 당시 대화를 나누었던 자라와 톰은 마을에 거주한 지 각각 3년과 한 달이 되었다. 뉴꾸닝 주민에게 통과의례이자 일상을 지배하는 마을 의례는 이들에게 단순한 이벤트성 행사일 뿐이다. 자라에게 마을 의례가 있는 날은 마을 출신인 다른 동료와 달리 혼자서 일하는 힘든 날 중 하루다. 마을에서 관광객을 대상으로 오토바이를 빌려주고, 수리하고 때로는 관광 안내를 하는 자라에게 의례는 때로는 귀찮고 때로는 '외부인'으로 소외된 기분을 느끼게 하는 행사다. 자라는 마을에서 3년 넘게 거주했고 직장 동료와 친구 대부분이 뉴꾸닝 주민이지만, 의례 과정에서 자라는 배제되는 존재다.

톰의 사례는 자라와 조금 다른 측면에서 이해된다. 마을 의례가 진행되는 동안, 톰은 비록 마을에 거주하지만 다른 관광객과 비슷하게 마을 빼짤랑(*pecalang*)이나 주민으로부터 약간의 배려만 받을 뿐이다. 예를 들어 톰이 의례와 관련하여 질문을 하거나 의례를 관람하기 위한 어떤 행동을 취했을 때, 주민은 톰에게 좋은 자리를 양보하거나 톰의 질문에 적극적으로 대응을 한다. 그럼에도 톰 역시 자라와 같이 의례 과정에 직접 참여할 수 없는 이방인이다. 의례가 열리는 시기, 과정 그리고 의미까지 톰의 질문에 주민들은 친절하게 답변하지만, 이 역시 다른 일반 관광객에게 하는 것과 비슷한 수준의 답변이다. 특히 마을 의례 과정 중 비공식적인 행사로 여겨지는 닭싸움(*tazen*), 꼬쪽안(*kocokan*), 토플

렉(*toplek*)과 같은 놀이에 톰의 참가는 엄격히 금지된다.

마을 의례 과정에서 자라와 톰에 대한 주민의 인식은 단순히 마을에 얼마나 오래 거주했느냐와는 별개다. 다른 측면에서 경제적 차이에서 비롯된 사회적 지위는 일정하게 상이한 대우를 하는 형태를 보이지만, 이 역시 의례의 주변인으로의 역할에 국한된다. 즉 주민의 일상을 지배하는 마을 의례에서 자라와 톰은 철저하게 이방인으로 인식되고 주민의 삶과 괴리된다. 흥미로운 점은 자라와 같이 발리 사회에서 사회·경제적 약자로 인식되는 자바 출신의 노동자에게 이런 상황을 전복시킬 수 있는 힘이 부족하다는 점이다. 이와 반대로 톰과 같이 뉴꾸닝 주민에 비하여 사회·경제적 힘을 가진 집단인 거주외국인은 커뮤니티를 구성함으로써 일정한 역할을 한다.

이 장에서는 그동안 '신들의 섬 발리' 혹은 '지상 최후의 낙원'의 명제에 대한 다양한 이견이 표출되었던 2002년 발리 폭탄 테러 이후부터 관광과 마을 발전을 둘러싼 사회·문화적 전개 과정을 논의한다. 우선 '발리 세우기 캠페인(Kampanye Ajeg Bali, 이하 아젝 발리 캠페인)'으로 대변되는 발리인의 종족 정체성 재형성에 대한 논의 과정에서 뉴꾸닝 주민의 인식과 실천에 대해서 논의한다.

다음으로 뉴꾸닝 마을과 인근에 거주하는 외국인이 중심이 되어 운영하는 커뮤니티 활동을 살펴본다. 같은 언어를 사용하거나 혹은 비슷한 문화권에 속한 외국인들은 우붓 지역에 거주하면서 생활 정보 교류를 이유로 다양한 단체를 구성한다. 하지만 이들 단체에 소속된 외국인의 일상은 현지 주민의 일상 활동과 괴리된다. 결국 한 공간에 거주하지만 현지 주민과 거주외국인은 '관광'과 '마을 발전'이라는 담론에서 다양한 정체성의 경합 과정을 보여준다.

1. 우리는 발리인이다

1) 아젝 발리 캠페인

수하르토 전 대통령의 32년 장기집권 체제는 공포와 배제의 신질서 정치 체제로 요약된다. 원조정책을 통한 성장정책을 유지했고, 이를 위해 1980년대 중반부터 외자 도입을 통한 수출지향정책을 내세웠다. 하지만 대규모 고정자본 투자에 따른 이윤 하락은 1990년대 중반 이후 인도네시아 경제에 악영향을 미쳤다. 노동자에 대한 임금 체불, 도산 기업 속출, 환율과 물가 상승, 실업률 증가는 인도네시아 경제를 더욱 어렵게 했다.

태국에서 시작된 아시아 통화위기에 감염되자 경제 테크노크라트들은 이에 대응하는 경제개혁을 위해 수하르토를 설득하는 것보다는 국제통화기금(International Monetary Fund, 이하 IMF)을 불러들이는 것이 손쉬운 길이라고 여겨 구제금융을 받는 것을 건의했다. 결국 10월 31일 수하르토는 IMF 사상 최대의 구제금융을 받는 협정을 체결했다(전제성 2003: 77). 긴급 구제금융 신청, 연료 가격 상승 그리고 실업률 증가는 국민들의 연이은 시위로 표출되었다. 경제정책 실패와 30년 장기집권에 대한 정치적 반감은 시민들의 대규모 시위로 이어졌고, 1998년 5월 21일 수하로토는 사임을 발표했다.

인도네시아 경제위기와 수하르토 실각이라는 위기 상황에도 발리를 방문하는 관광객 수는 매년 증가했다. 하지만 2002년 10월 12일 꾸따 지역에 발생한 폭탄 테러로 관광산업은 심각한 위기에 직면했다. 이듬해인 2003년 5월 발리를 방문하는 관광객 수는 이전 해 같은 시기의 절반에도 미치지 못했고 호텔 숙박과 여행 상품의 취소 비율이 늘어났다.

폭탄 테러 발생 이후 원인을 둘러싸고 다양한 논의가 있었다. 언론은 발리섬의 조화롭고 평화로운 분위기가 파괴되고 조화가 깨짐으로써 비극적인 상황이 발생했다고 지적한다. 따라서 절망적이고 불확실한 현재와 미래 상황에 대처하기 위해 과거 번영을 상징하는, 즉 전통 힌두 문화와 종교의 가치관을 재복원해야 함을 주장한다. 이를 통해서만 무질서한 현재 상황을 재구성할 수 있음을 주장한다(Allen & Palermo 2005: 239-240).

발리인은 발리 테러 사건을 이전 해에 발생한 '9·11 테러 사건'의 연장선에서, 즉 이슬람과 타 종교의 배타성에 기인한 문명사적 충돌로 여기지 않았다. 더불어 1998년 수하르토 사임 이후 인도네시아 국내 정치 상황에서 발생한 이슬람 세력과 민족주의자 간의 이념 갈등 문제로도 보지 않았다(조윤미 2011). 발리인은 폭탄 테러를 '발리적' 가치 파괴의 연장선으로 이해했고, 가치 회복을 위해 '종교(*agama*)', '관습(*adat*)' 그리고 '문화(*budaya*)'에서 발리인의 문화적 가치와 정치적 관념에 대한 재해석과 적절성을 찾았다.

결국 이상의 개념은 크발리안(*kebalian*, balineseness)과 같은 단어로 개념화된다. 크발리안은 식민지 시기 발리를 투어리스피케이션(touristification)이나 인도네시아니제이션(indonesianization)으로 불렀던 것처럼 의미를 차용하고 개념을 재구성한 단어다(Picard 1997, 2002, 2008: 164 재인용). 크발리안은 '발리화' 정도로 해석되는데, 발리 종족의 문화적 가치를 회복하자는 개념으로 이해된다.

2002년 폭탄 테러 이후 크발리안에 대한 논의는 발리 지역이 가진 과거의 영광을 되살리는 데 집중된다. 20세기 초 발리 관광의 이미지는 관광객과 관광산업 종사자에 의해서만 만들어진 것이 아니었다. 당시 예술인, 오리엔탈리스트 그리고 인류학자에 의해 발리의 이미지는 구축되었다(Picard 2008: 164). 이러한 인식하에 관광발전을 위해 '문화관광'의 중요성이 다시 논의되었고, 폭탄 테러 이후 관광산업 부흥을 위해 인류학적 유산을 활용하자는 논의(Hitchcock 2004)가 같은 맥락에서 제시되었다.

크발리안에 대한 구체적인 실천은 발리 사회에서 일어났던 '아젝 발리 캠페인'으로 귀결된다. 수하르토 집권 시기 발리를 대표한 슬로건인 '메레스따리아깐 믐비나 단 믕음방칸 끄부다야안 발리(Melestariakan Membina dan Mengembangkan Kebudayaan Bali, 발리 문화의 보존, 창조, 발전)'를 연상시키는(Allen & Palermo 2005: 252) 이 캠페인은 정치인, 기자 그리고 학계가 주도했다. 특히 지역 신문인 『발리 포스트(Bali Post)』와 같은 신문사에 속한 발리 티브이(Bali TV), 겐따(Genta) 라디오 방송국 그리고 타블로이드지인 『덴포스트(Denpost)』가 여론을 조성했다(Allen & Palermo 2005, Picard 2008, Reuter 2009, 조윤미 2011).

아젝 발리에서 아젝(ajeg)은 발리어로 '확고하다', '다시 세우다', '보존하다'라는 의미다. 따라서 아젝 발리는 '발리를 다시 세우다'라는 의미인데, 전통적인 발리힌두교로 발리의 전통적인 가치관을 회복시키자는 의미로 해석된다. 결국 아젝 발리 캠페인은 앞서 논의한 크발리안을 실천하는 구호의 하나로 이해된다.

하지만 이와는 별개로 당시 관광발전으로 인한 다양한 부작용이 아젝 발리 캠페인 실천의 원인으로 주목된다. 발리인은 발리섬의 지배권이 자바인과 외국인에 의해 상실되었다고 간주한다(Picard 2008: 167-168). 외국 자본에 섬이 이용당하고, 인도네시아 경제위기 과정에서 밀려온 자바 출신 노동이민자 그리고 이슬람과 기독교의 위협에서 그 원인을 찾는다. 전자가 신, 인간, 자연의 조화를 찾는 THK[1]라는 철학적

1 발리인의 삶의 철학. 행복의 세 가지 요인으로 해석되는 THK는 인간과 신, 인간과 사회, 인간과 자연의 균형과 조화를 찾는다. 발리인은 대중관광발전

인 이유라면, 후자는 관광발전 과정에서 경험한 위협에서 그 원인을 찾는다.

발리 폭탄 테러, 크발리안에 대한 논의 그리고 아젝 발리 캠페인으로 이어지는 일련의 과정에서 주목되는 점은 2004년을 기점으로 관광객 수가 폭탄 테러 이전으로 회복되었다는 점이다. 당시 총관광객 수는 약 145만 명으로 이전 해인 2003년 99만 명에 비해 46.85%의 성장을 보였다(Bali Goverment Tourism Office, BPTO).

관광객 수 회복과 함께 주목되는 점은 관광 형태의 변화다. 이전에는 호주, 유럽, 미국 등 서구인이 주요 관광객이었다면, 2004년을 기점으로 아시아 국가인 일본, 대만, 한국, 싱가포르, 말레이시아 관광객이 증가했다. 이러한 변화는 폭탄 테러 이후 침체된 발리 경제 회복을 위해 관광 당국과 업체 등이 저렴한 패키지 관광 상품을 출시했기 때문이다. 결국 상대적으로 근거리에 위치하고, 저렴한 패키지 관광 그리고 단체관광을 선호하는 아시아 출신 관광객이 주요한 프로모션 대상이 되었다(Picard 2008: 167).

발리 지역 관광객 수가 2002년 폭탄 테러 이전으로 회복했지만, 비극적이게도 2005년 10월 1일 이 지역에 또다시 폭탄 테러가 발생한다. 테러가 일어난 10월부터 12월은 이전 해 같은 시기보다 절반 수준으로 관광객이 감소했지만, 2005년 전체 관광객은 약 138만 명으로 이

과정에서 이들이 겪는 다양한 문제, 특히 어려움을 극복하는 방법으로 THK를 내세운다. 즉, 관광발전 과정에서 필연적으로 야기되는 환경 지속성, 사회정의 그리고 경제성장에서 비롯된 문제 해결을 위해 THK를 철학적 기초로 활용한다(Peters and Wardana 2013). 개개인 역시 THK를 일상에서 실천하려고 노력한다. 예를 들어 마을 의례나 가족 의례에 적극적으로 참여하는 것을 개인과 공동체 구성원으로서 삶의 균형과 조화를 찾는 과정이라고 여긴다. 더욱이 이러한 균형과 조화를 유지하는 삶이 지속적인 행복을 추구하는 데 가장 중요하다고 믿는다.

전 해에 비해 4.93% 감소하는 데 그쳤다.

아시아 출신 단체 관광객의 급증과 아젝 발리 캠페인 과정에서 일어났던 발리 종족 정체성 강화 움직임은 특히 우붓 지역의 관광 양상을 변화시키는 주요한 요인이 되었다. 이를 확인하기 위해 두 가지 지점에 대한 논의가 필요하다. 우선 논의할 점은 폭탄 테러 이후 서구 출신 관광객이 왜 발리 남부 지역을 벗어나 다른 지역으로 이동했는지에 대한 것이다. 이를 위해 급격하게 늘어난 아시아 출신 단체 관광객의 주요 관광대상지를 살펴볼 필요가 있다.

당시 아시아 출신 단체 관광객의 주요 관광지는 대규모 숙박시설이 있는 발리 남부 지역이었다. 저자가 현지조사를 진행한 2014년에도 우붓 지역에는 100개 이상의 객실을 보유한 대형 호텔이나 리조트가 없었다. 대개 소규모로 운영되는 개인 호텔과 지역 기업의 호텔이었다. 세계적인 유명 호텔 기업이 운영하는 고급 리조트가 있지만, 남부 지역 리조트에서 500실 이상을 운영하는 것과 달리 우붓 지역에서는 소규모로 호텔을 운영했다. 결국 아시아 출신 단체 관광객은 최근까지도 대부분 발리 남부 지역에서 숙식을 해결하고 우붓 지역에서는 당일 관광을 하는 형태를 보인다.

이러한 상황에서 관광 업체는 수익 극대화를 위해 단체 관광객 여행 일정 대부분을 발리 남부 지역으로 국한시킨다. 결국 서구 출신 여행객과 거주외국인이 머물렀던 남부 지역은 주로 아시아 출신 관광객이 머무르는 여행지가 되었다. 당시 서구 출신 거주외국인과 가족 단위 여행객은 혼잡한 데다 폭탄 테러가 일어났던 남부 지역을 떠나 우붓 지역을 주요한 관광대상지화했다.

다음으로 발리 남부 지역을 떠난 서구의 관광객이 왜 우붓 지역으로 이동했는지에 대한 논의다. 이를 위해 크발리안과 아젝 발리 캠페인의 구체적 실천 양상을 살펴볼 필요가 있다. 발리 주민에게 아젝 발리 캠페인 실천 과정은 관광과 농촌 혹은 농업 사이의 균형을 유지하는 데 있다. 이는 아젝 발리 캠페인 시작의 원인을 어디에서 찾든 결국 과거 농촌사회의 전통적인 가치관의 붕괴로 귀결되기 때문이다. 즉 농촌 공동체 파괴와 농업 인구 감소의 원인과 결과는 THK라는 철학 사조에 대한 실천의 미흡함과 외국인에 의한 발리 땅 귀속이라는 결과에서 비롯된다. 아젝 발리 캠페인은 발리인에게 실천 사항을 제시함으로써 담론 실현을 촉구한다.

행정 체계의 직접적인 변화는 아니지만, 일상의 실천으로 관습법적인 마을(*desa adat/desa pakraman*)을 기존의 수하르토 집권 시기 우선시했던 행정 마을(*desa dinas*)보다 더 중요하게 여기고 마을 구별에 있어 우선적으로 활용한다. 무슬림의 인사말 대신 발리식 인사말인 "옴 스와스띠 아스뚜(*Om Swasti Astu*)"를 공식/비공식 행사에서 사용하자는 제안도 있다(Pedersen 2007, 조윤미 2011: 8 재인용).[2]

하지만 발리 주민의 일상 실천 담론과 함께 관광발전 과정에서 주목되는 점은 반자르에 대한 재인식이다. 더불어 반자르 의례 변화와 전통의 재인식 그리고 빠짤랑으로 대표되는 마을 주민 집단과 거주외국인 상호 교류 과정 역시 주목된다. 다만 거주외국인의 우붓 지역 이동과 우붓 주민들의 전통에 대한 실천 과정의 선후 관계를 명확히 구별

2 아젝 발리 캠페인이 내포하는 공동체 이념형이 결국 지역 토호 세력의 지배권 확장의 측면이라는 주장도 있다. 국가 주도, 특히 수하르토 집권 시기 행정 마을 체계인 '데사 디나스'에서 관습법적 체계인 '데사 파끄라만'으로 변경한 것은 발리힌두교 전통의 강조와 연결된다. 발리 정치 지도자들은 무슬림에 의해 주도된 인도네시아 정치, 사회 구조 체계에서 발리의 종교와 전통의 중요성을 재인식할 필요성이 있고, 이 과정에서 관습법적인 행정 체계의 필요성을 역설했다. 결국 아젝 발리 캠페인은 문화 재생 운동으로 밖으로부터 제기된 통합의 논리에 대항하는 시도이자(Picard 2008: 169) 개혁시대 지역 패권 동학의 한 축으로 이해될 수 있다(조윤미 2011: 9).

하기 어렵다.

대중관광지로 확고하게 인식되는 2000년대에도 우붓은 발리 전통 문화를 경험할 수 있는 지역으로 인식된다. 분명한 점은 역사적으로 네덜란드 식민지 시기, 인도네시아 공화국 수립과 경제발전 단계 그리고 최근까지도 서구인은 '진짜 발리'에 대한 이미지를 우붓 지역이 표상한다고 믿고 있다. 결국 이상의 요인과 함께 아젝 발리 캠페인은 주민 집단에게 발리 전통문화에 대한 재인식의 시발점이 되었고, 이는 거주 외국인과 단기 관광객이 우붓 지역을 방문하거나 거주하는 요인이다.

2) 마을 발전과 종족 정체성의 강화

시기적으로 아젝 발리 캠페인은 2002년 폭탄 테러가 주요한 변곡점이 되었다. 하지만 아젝 발리 캠페인의 실질적인 원동력은 발리 사회 내부에 잠재된 불안과 불만 요소들이 폭탄 테러라는 '사건'을 기점으로 기화된 것으로 이해된다. 즉 관광발전과 경제 성장의 이면에 나타난 빈부 격차, 전통문화의 훼손과 파괴 등의 다층적 요인이 원인이다. 아젝 발리 캠페인에 대한 뉴꾸닝 마을 주민의 인식과 실천을 살펴보기 위해, 우선 논의할 점은 2002년 폭탄 테러에 대한 주민의 기억이다. 마을 주민에게 폭탄 테러의 기억은 두려움과 당혹감으로 요약된다.

> 폭탄 테러가 일어난 지 벌써 10년이 넘었는데 그래도 워낙 큰 사건이고 발리 사회가 그때를 기준으로 많이 변한 것 같아. 나야 태어날 때부터 뉴꾸닝에 살았고 꾸따 쪽으로 갈 일이 없으니 나와는 상관 없는 일 같기도 해. 하지만 너무 무서운 것도 사실이야. 당시 고등학생이었는데 수백 명이 죽었다고 하니. 졸업 후에 일을 하지 못할까 봐 걱정되었고.
>
> 남붕(Nambung, 빠짤랑), 남성, 30대, 2013. 10. 18.

폭탄 테러 당시 상황에 대한 뉴꾸닝 마을 주민의 대체적인 인식은 자신과 직접적인 관련은 없지만, 끔찍한 기억으로 회상한다. 조사 당시에도 여전히 마을 주민은 폭탄 테러가 일어났던 꾸따 등 발리 남부 지역으로 갈 일이 거의 없고, 폭탄 테러 발생 장소 역시 그들의 삶과는 무관한 곳이기 때문이다. 따라서 남붕의 진술처럼 마을 주민 대다수는 당시를 끔찍한 상황으로 기억하지만, 그들에게 직접적인 피해를 줄 것으로 여기지는 않았다.

폭탄 테러에 대한 이러한 인식과 별개로 마을 주민은 마을의 주 소득원인 관광 산업이 위축될 것을 염려했다. 당시 우붓 지역과 뉴꾸닝 마을에 관광객이 얼마나 감소했는지 구체적인 수를 파악할 수는 없지만, 발리 관광의 유형을 통해 부분적으로 추정할 수 있다. 발리 관광이 공항 인근인 꾸따나 누사두아에서 시작하고 여행 막바지에 우붓 지역을 방문한다는 점을 주목할 필요가 있다. 결국 폭탄 테러 이후 꾸따나 누사두아의 관광객의 수가 급격하게 줄었다는 점에서, 우붓 지역 역시 관광객이 감소했다는 것은 자명하다.

발리 방문자 수는 감소했지만, 폭탄 테러 이후 발리 관광의 양상이 변화하는 지점은 주목된다. 한국과 중국 등 아시아 관광객이 저렴한 패키지 관광으로 발리를 방문하면서, 기존의 서구 관광객은 우붓 지역으로 이동한 양상을 보인다. 더하여 폭탄 테러가 발생한 꾸따나 르기안 지역의 잠재적 불안 요소는 서구 관광객이 우붓으로 이동하는 요인이 되었다.

폭탄 테러는 발리 관광에 부정적인 요소를 미쳤지만, 우붓 지역으로 범위를 한정하면 이 지역 관광발전에 새로운 계기가 되었다. 특히 서구권 국가의 관광객의 높은 소비 성향과 장기거주 형태의 관광(Picard 2008: 167)은 우붓 중심가뿐만 아니라 뉴꾸닝과 같은 인근 지역 관광발전의 주요 동력이 되었다.

폭탄 테러 이후 관광객 감소에 따른 경제적 어려움은 아젝 발리 캠페인으로 대표되는 문화 재생 운동을 활발하게 논의할 수 있는 장을 마련했다. 미디어를 중심으로 아젝 발리 캠페인이 활발하게 홍보되었고, 뉴꾸닝 같은 반자르 단위에서 이의 실천을 위해 다양한 논의가 진행되었다. 아젝 발리 캠페인과 관련하여 뉴꾸닝 마을에서 일어났던 변화 중 하나는 마을 자경단체인 빼짤랑의 설치와 운영이다.

일종의 종교경찰이자 마을 지킴이로 이해되는 빼짤랑은 의례 진행 과정을 비롯한 일상의 질서를 유지하는 역할을 수행한다. 빼짤랑의 역할은 마을별로 상이하고 그들의 권한 역시 각 개인이 가진 정치적 권한과 반자르 상황에 따라 다르게 부여된다.

빼짤랑은 공식적으로 폭탄 테러 이후 불안한 치안을 유지하고, 발리적 가치 수호를 위해 2001년 관습법상 전통 마을에 관한 발리지방자치조례 2001년 3호[3]에 근거하여 설치 및 운영된다. 하지만 공동체에서 열외였던 외지인들, 특히 무슬림에 대한 가혹한 대우가 사회문제로 비화되기도 했다. 빼짤랑의 활동은 마을 주민에게 민간 치안 유지 담당자로서, 외지인에겐 적대적인 '에쓰닉 갱(ethnic gang)'으로 간주된다(조윤미 2011: 10-13).

뉴꾸닝 주민이 마을에 거주하는 외지인, 즉 거주관광객과 자바인을 어떻게 인식하고 있을까? 나아가 이들과 뉴꾸닝 마을이라는 공간에서 어떤 방식으로 살아가고 있을까? 이에 대한 의문을 해소하기 위해 일상에서 벌어지는 사례와 특정 사건에 대한 주민 담론을 통해 살펴본다. 뉴꾸닝 마을은 매일 아침마다 자기 집 앞을 청소하고 일주일에 한 번씩 마을 대청소를 한다. 아젝 발리 캠페인이 시작되기 이전 마을 청

3 Peraturan Daerah Propinsi Bali Nomor 3 Tahun 2001.

소는 개인의 필요에 따라 진행되었지만, 캠페인이 시작된 시점에서 마을 청소는 구성원 전체의 일상적 실천이 되었다. 특히 마을이 관광지로 발전하는 과정에서 청소의 필요성이 더욱 강조되었다.

청소는 아침 6시경에 시작된다. 강제 사항은 아니지만 뉴꾸닝 마을의 일상이 아침 6시 전후로 시작되기에 집 앞 청소와 화분 물주기로 하루를 시작하는 주민이 대다수다. 여성들은 새벽시장에 가기에 아침 청소와 물주기는 주로 남성들이 한다. 이에 반해 매 주말에 이루어지는 '마을 주말 대청소'는 여성자치조직인 페까까(Pembina Kesejahteraan Keluarga, 이하 PKK)[4]가 중심이 된다. 하지만 손님으로 간주되는 외국인은 청소에 참가하지 않는다. 마을에 6개월 남짓 거주했던 한 외국인은 마을 청소가 정기적으로 이루어진다는 사실조차 인지하지 못했다. 뉴꾸닝 주민 역시 외국인에게 아침 청소를 알리거나 동참을 호소하지 않는다.

그렇다면 뉴꾸닝에서 대체적으로 하층 노동자로 살아가는 자바인은 마을 청소를 어떤 방식으로 받아들이고 실천할까? 자바 출신 노동자들 역시 청소에 참가하지 않는다. 자바인이 청소에 참가하지 않은 이유는 무엇보다 현실적인 제약이 있다. 우선 자바인은 집을 마련할 돈이 없기에, 자신이 일을 하는 곳에서 제공한 숙소에 머무르거나 작은 방 하나를 임대하여 다른 노동자들과 함께 거주한다. 따라서 담당할 청소 구역이 존재하지 않는다.

다음으로 자바인은 마을의 어떠한 사회조직에도 소속되지 않는다. 마을 거주 사실을 주민 모임과 경찰에 신고하지만, 그렇다고 자바인이 반자르의 주민으로 인정받지 못한다. 이들 노동자가 거주 사실을 신고하는 것은 마을 주민세를 징수하고 혹시 발생할지 모를 일탈 상황을

4 가족복지협의회로 번역할 수 있다. 발리를 비롯한 인도네시아 전역에 마을별로 조직되어 운영된다.

예방하는 차원이다. 자라의 언설은 이들이 마을에서 어떤 존재로 인식되는지를 단적으로 보여준다.

> 마을에서 우리는 그림자 같은 존재지. 마을에 거주한 지 벌써 꽤 되었지만 사람들이 나를 마을 사람으로 인정하지는 않아. 같이 일하는 친구(마을 주민)하고는 매일 만나서 밥도 먹고 저녁에 가끔씩 술도 한 잔씩 하는데. 그렇다고 내가 마을 주민이 되었다고 생각되지는 않아. 엄청 커다란 장벽이 있는 것 같아. 같은 인도네시아 사람이어도 종교와 종족이 다르니 어쩔 수 없는 것 같아. 그렇다고 내가 엄청난 부자여서 마을 행사에 기부금을 낼 수 있는 형편도 아니고.
>
> 자라(Zara, 자바인 노동자), 남성, 30대, 2013. 10. 10.

자라의 사례처럼 발리인의 외지인에 대한 배타적인 인식은 발리 마을 공동체가 가진 특수한 문화적 관습에서 비롯된다. 발리 마을은 종교와 종족에서 비롯된 공동체로서 성격을 지닌다. 또한 발리힌두교를 믿고 발리인이란 정체성 역시 강조된다. 형식적으로 반자르 주민은 마을에 땅과 집을 소유해야만 구성원으로 등록된다.

이상과 같이 여러 요건이 충족되어야만 반자르 구성원으로 인정받고, 의례와 마을 행사 등에 참여해 다양한 역할을 수행한다. 따라서 자바 출신 노동자들이 마을에 몇 년을 거주해도, 거주외국인이 마을 행사와 의례에 열성적으로 참석하고 기부금을 납부해도 "진정한" 반자르 구성원으로 인정받지 못한다.

외지인에 대한 부당한 사회적 낙인 역시 마을 주민의 정체성을 재형성하는 하나의 방편이다. '사회적 낙인'은 '손상된 사회적 정체성'으로부터 파생된다. 따라서 낙인찍힌 개인은 온전한 사람이 아니라 결함이 있는 사람으로 간주된다. 이러한 사회적 낙인은 세 가지 형태로 구성된다. 첫째, 기형이나 장애와 같은 '혐오스러운 신체'에 대한 낙인이다. 둘째, 정신장애나 중독, 실업과 같은 '개인의 결함'에 대한 낙인이다. 셋째, 인종, 성별 그리고 종교 등의 차이에서 비롯된 '종족적 정체성'에 대한 낙인이다(Goffman 1963, 강병철 2011: 385 재인용).

2002년에 폭탄 테러를 일으킨 단체는 제마 이슬라미아(Jemaah Islamiah)로, 동부 자바 출신의 극단적 이슬람 신자였던 테러범들은 발리인에게 사회적 낙인의 대상이 누군지를 직시하게 한다. 따라서 뉴꾸닝 마을에서 절도, 강도 등 불미스러운 일이 발생하면 증거 유무와 관계없이 일차적으로 자바 출신의 노동자들이 의심의 대상이 된다. 의심의 근거는 아주 단순한 논리로 성립된다.

우선 자바 출신 노동자는 마을 주민을 비롯한 발리인이나 외국인보다 가난하기에 절도 사건을 일으킬 가능성이 있다. 다음으로 마을 주민은 평생 마을에 살았고, 앞으로도 마을에 거주하기에 절도 사건을 일으키는 범주로 분류하지 않는다. 이에 반하여 자바인은 발리에 돈을 벌기 위해 왔고, 이들 대부분은 언제든지 충분한 돈이 모이면 마을을 떠나기에 절도를 일으킬 수 있는 개연성이 있다. 마지막으로 발리힌두교는 인간과 환경 그리고 신과의 조화로운 삶을 유지하는 것을 기본으로 한다. 따라서 발리인이 절도와 같이 이러한 삶의 조화를 깨뜨리는 행위를 할 이유가 없다는 것이다.

뉴꾸닝 주민이 제시한 이상의 근거는 결국 자바인에 대한 사회적 낙인이 얼마나 조작적으로 구성되었는지 설명해준다. 자바인에 대한 이러한 낙인은 때로는 거주외국인에게도 불필요한 오해와 인식을 유발한다. 결국 자바 출신 노동자들은 마을의 이방인으로 머무는 방식으로 문제 발생 소지를 없애고 있다. 아젝 발리 캠페인이 내세우는 정신은 발리인의 정체성을 되찾는 과정의 일환이다. 즉 '나'인 발리인과 '타자'로 대표되는 거주외국인과 자바인과의 구별을 전제로 한다.

하지만 뉴꾸닝의 아젝 발리 캠페인은 구별과 배제의 대상 범위가 확장된 측면 역시 엿보인다. 외국인이 우붓 지역에서 오랫동안 거주하는 데 가장 필요한 시설은 의료 기관이다. 덴파사르 지역을 비롯한 발리 남부 지역에는 종합병원과 간단한 치료를 할 수 있는 클리닉(*klinik medical*)이 여러 개 존재한다. 발리 주민이 다니는 의료시설이 있고, 호주, 싱가포르 등 인근의 선진국 자본으로 운영되는 의료시설이 별개로 존재한다.

우붓 지역에도 클리닉 수준의 병원이 존재하고, 응급 상황이 생기거나 큰 병이 들면 인근 마을인 마스 지역의 병원으로 간다. 거주외국인에게 있어 마을 내부에 병원이 위치한 것은 응급 상황을 신속하게 처리할 수 있음을 의미한다. 관광발달 초기 단계에 뉴꾸닝 마을이 외국인에게 각광받은 이유 중 하나도 마을에 위치한 의료 시설 때문이다. 부미 세핫(Yayasan Bumi Sehat)이라 불리는 이 병원은 야야산(*yayasan*)이라는 의미에서 알 수 있듯이 비영리 법인이다. 부미(*bumi*)는 어머니인 대지(earth-mother)라는 의미이며, 세핫(*sehat*)은 건강을 의미한다. 이름에서 유추할 수 있듯이 산부인과와 소아과 진료를 전문으로 한다.

부미 세핫이 뉴꾸닝 마을에서 진료를 시작한 때는 2005년이다. 부미 세핫은 마을 주민을 포함하여 인도네시아인에게 무료 진료를 원칙으로 한다. 외국인들 역시 병원을 이용할 수 있는데, 외국인은 진료 종류에 따라 5만 루피아(IDR)[5]에서 10만 루피아 정도의 비용을 받는다. 우붓 중심 지역에 있는 일반 사설 클리닉의 초기 진찰비용이 10만 루피아에서 20만 루피아이니 상대적으로 저렴한 편이다.

부미 세핫은 임산부와 아이들이 주로 이용하지만 때때로 감기나

5 1만 루피아는 원화로 약 1,000원이다.

〈사진 3-1〉 부미 세핫

간단한 상처 치료를 위해 방문하는 외국인 환자도 있다. 주야간 24시간 운영되지만 특별한 경우가 아니면 의사는 주간에만 진료를 하고, 간호사와 산파(*perawat wanita hamil*)가 주로 상주한다. 부미 세핫이 뉴꾸닝에 위치하지만 주민 모임과는 별개로 운영된다. 병원 건립과 운영에 있어 마을 예산이 투입되지 않았고 주민 일부만이 병원에서 근무한다. 부미 세핫은 마을 의례 등의 행사가 진행될 때 기부금이나 기부물품 등을 제공함으로써 뉴꾸닝 마을에 위치한다는 소속감을 드러낸다. 마을의 거주외국인 역시 대부분 진료비를 지불하지만 오랫동안 거주한 경우 무료로 진료를 받기도 한다.

부미 세핫 이용과 관련하여 흥미로운 점은 뉴꾸닝 주민이 다른 마을 주민에게 부미 세핫을 뉴꾸닝 마을의 시설로 간주하는 점이다. 결국 부미 세핫 이용과 관련하여 뉴꾸닝 공동체의 정체성을 재확인하고, 구별과 배제의 대상의 범위를 넓히는 수단으로 활용한다.

부미 세핫을 이용하는 다른 마을 사람들이 늘어나자 마을 주민이 이를 좋지 않게 본 거예요. 그래서 빼짤랑들이 마을에 출입하는, 특히 병원을 갈 것 같은 사람에게 어디 가냐고, 무슨 일 때문에 마을에 왔냐고 계속 물어보면서 귀찮게 한 거지요. 부미 세핫은 우리 마을 소유니까 마음대로 이용하지 말라는 거지요. 혹시라도 이용하고 싶으면 우리 마을 사람과 달리 비용을 지불하고 이용하라는 거예요.

김하늘(교민), 남성, 40대, 2012. 10. 5.

현지조사 과정 중에 부미 세핫을 방문하는 인근 마을 주민을 어렵지 않게 발견할 수 있었다. 임산부가 검진을 위해 부미 세핫을 주로 방문하고 출산도 이곳에서 이루어졌다. 신생아와 유아의 백신 접종 역시 이곳에서 이루어졌다. 다만 일반 진료를 받기 위해 방문한 환자는 상대적으로 만나기가 쉽지 않았다. 이는 의료보험이 없는 대부분의 발리인이 사소한 질병으로 병원을 방문하지 않는 것이 주요 이유지만, 심각한 질병 발생 시 대부분 좀 더 큰 도시인 마스나 덴파사르에 있는 종합병원으로 가기 때문이다. 뉴꾸닝 인근 마을인 싱아꺼르따에 거주하는 야닉(Yanik)은 부미 세핫 이용과 관련하여 다음과 같이 진술한다.

부미 세핫 이용이 쉽지 않은 것은 사실이야. 발리 사람끼리는 암묵적인 '규칙'이 있다고 해야 하나. 부미 세핫이 뉴꾸닝 마을에 있으니 뉴꾸닝 마을의 시설로 인정해야지. 주민이 마을을 깨끗하고 안전하게 유지시켜 주니까 그 병원도 큰 문제없이 운영할 수 있는 거고. 근데 병원 가서 돈을 안 받는다는 의사에게 돈을 억지로 주고 올 수도 없고. 그나마 다행인 것은 발리인은 부미 세핫이 좋은 병원이라고 생각하지 않아. 혹시 많이 아프면 마스에 있는 큰 병원으로 가지.

야닉(Yanik, 싱아꺼르따 주민), 여성, 30대, 2013. 11. 14.

부미 세핫을 이용한 것은 우리 마을 시설을 이용하는 것으로 간주해야 해. 병원에 오는 사람들이 병원만 방문하는 것이 아닌, 우리 마을도 방문하는 거니까. 마을 주민이 매일 청소하고 주차 단속하고 치안 유지하는 노고도 다른 마을 사람이 알아야 하고. 다른 마을 사람들은 우리 마을에 아무런 도움을 주지 않잖아. 부미 세핫 의사들이 다른 마을 사람에게 돈을 조금이라도 받으면 좋겠어. 그래야 부랑자나 자바인이 마을에 자꾸 드나들지 않지. 발리 사람들은 그래도 염치가 있어서 잘 오지 않는데.

무드라(Mudra, 뉴꾸닝 빼짤랑), 남성, 40대, 2013. 12. 11.

뉴꾸닝 마을에 부미 세핫이 위치함으로써 거주외국인에게 마을의 위상과 평판을 제고한다. 부미 세핫 이용과 관련한 마을 주민의 인식과 행동은 마을 정체성을 재확립하는 수단으로 이해된다. 마을 정체성을 재구성하는 수단으로 활용하는 것이 마을이라는 공간의 범주, 즉 영토성(territoriality)의 활용이다. 영토성은 특정 지리적 영역에 대해 영향력을 발휘하거나 사람 사이의 관계를 통제하는 행위를 말한다(Sack 1983).

아젝 발리 캠페인이 발리섬이라는 특정 공간에서 타 종족인 자바인에 대한 영향력과 배타적인 행위를 통해 실천된다. 부미 세핫 이용과 관련하여 뉴꾸닝 주민의 인식과 행위는 아젝 발리 캠페인의 확장된 형태로 이해된다. 특히 뉴꾸닝 마을에 거주하는 거주관광객에게 부미 세핫의 이용 원칙, 즉 현지 주민에게 무료 진료, 외국인에게 비용 청구라는 원칙을 반하는 행위 과정에서 영토성은 더욱 뚜렷하게 발현된다.

뉴꾸닝 주민에게 아젝 발리 캠페인은 뉴꾸닝 공동체를 재구성하는 과정이자, 문화 부흥 운동의 일환이다. 지역사회의 자주권과 자기결정권의 실천 과정으로 이해된다. 따라서 지역사회의 자주적 행위에 위반되는 다양한 요소에 대해 통제하고 영향력을 행사한다. 뉴꾸닝 마을 주민 이외의 외지인에 대한 이러한 통제는 주민 범주에 포함시키지 않는 무시와 소외의 전략이다. 때로는 사회적 낙인을 통해 '나'와 '타자'

를 구별한다.

관광을 통한 마을 발전 과정에서 우리 마을이 다른 마을보다 더 나은 곳임을 관광객에게 알리는 것은 관광발전의 중요한 지점이다. 부미 세핫 이용과 관련하여 다른 마을 주민에 대한 배타적 행위들은 아젝 발리 캠페인이 가지는 영토성이 실천되는 과정이지만, 관광과 발전이라는 담론이 이러한 실천 담론의 범주를 확대시켰다는 측면 역시 존재한다. 결국 뉴꾸닝 주민은 발리인, 발리힌두교 그리고 뉴꾸닝 주민(마을에 소속된 일부 외국인)이라는 '고유성'의 발현을 통해 타자와 나를 구별하는 하나의 체계로 활용한다.

2. 거주관광객과 마을 주민

1) 거주관광객

관광객의 유형을 분류한 코헨(Cohen 1972)은 관광객을 제도화된 관광객(institutionalized tourist)과 비제도화된 관광객(non-institutionalized tourist)으로 분류했다. 이러한 분류 기준은 관광객이 현지 사회와 얼마나 밀접하게 접촉하느냐에 따라 구별했다. 최근 들어 비제도화된 관광객은 경제적 영향뿐만 아니라 사회문화적·교육적·모험적 차원에서 '주류 관광객(mainstream tourism)'과 확연히 구별되는 특징을 지닌다(지선진 2006: 369). 이런 측면에서 우붓이나 뉴꾸닝 마을에 거주하는 장기거주외국인은 비제도화된 관광객의 유형으로 분류할 수 있다.

우붓 중심가는 관광의 발전에 따라 식당, 카페 등 관광객을 위한 편의시설이 급속하게 늘어났다. 서비스업을 기반으로 하는 이러한 산업 형태는 상점을 어떤 방식으로 관광객에게 홍보하느냐가 사업의 성

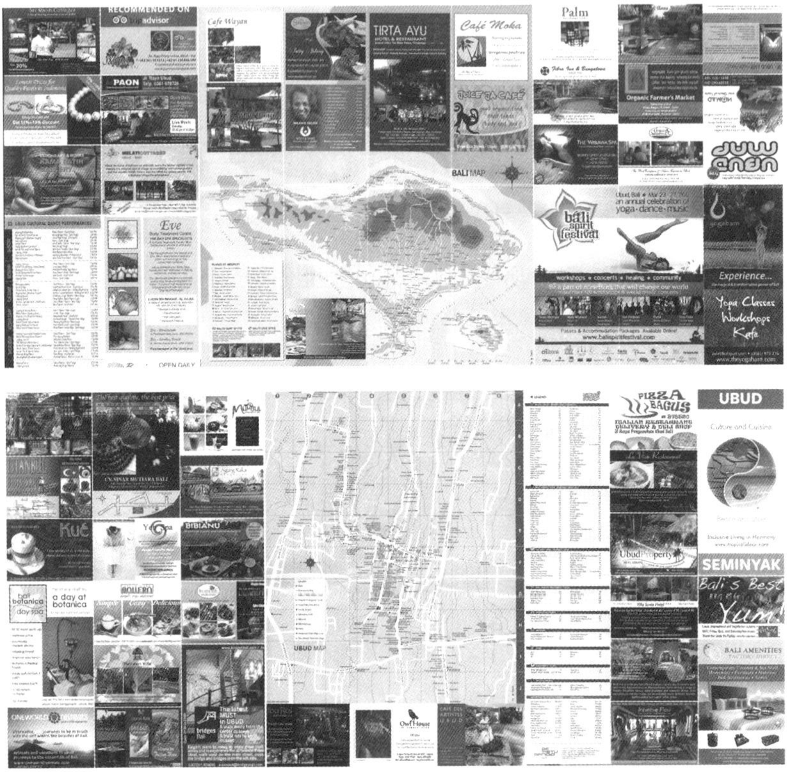

〈사진 3-2〉 우붓 맵

패를 가른다. 따라서 우붓과 인근의 마을에서 서비스업을 하는 대부분의 업주는 상점을 알리기 위해 다양한 방법을 모색한다.

가장 손쉽고 '신뢰할 수 있는' 정보라는 믿음을 주는 홍보 수단은 관련 책자와 지도다. 실제 발리 공항의 입국장부터 우붓 곳곳의 식당이나 카페에서 지도와 여행 정보를 제공하는 책자를 발견할 수 있다. '우붓 맵(Ubud Map)', 『우붓 커뮤니티(Ubud Community)』, 『우붓 라이프(Ubud Life)』, 『아피마거진(アピマガジン)』 등 무료 책자를 관광객이 손쉽게 구할 수 있다. 대형식당, 요가학원 그리고 호텔의 후원으로 제작된

이러한 관광 안내물은 대부분 비제도화된 관광객이 대상 독자다.

일례로 영어로 제작된 '우붓 맵'의 앞면에는 발리 지도, 뒷면에는 우붓 중심가의 지도가 그려져 있다(〈사진 3-2〉 참조). 발리 전도가 그려진 앞면에는 27개의 광고가 실려 있고, 뒷면에는 25개의 광고가 실려 있다. 광고 중 일부 식당이나 마사지샵을 제외하면 대부분 우붓 지역에서 중·장기로 거주하는 외국인, 즉 거주관광객이 관심 있게 볼 법한 업종이 소개되어 있다. 예를 들어 우붓에 거주하는 요가인(yoginis)을 위한 요가 관련된 학원(Yoga Barn, Intuitive Flow), 요가 관련 축제(Bali Spirit Festival) 그리고 요가와 비슷한 맥락에서 이해되는 자연주의 관련된 시장(Organic Farmer's Market)이나 식당(Juice Ja Cafe)에 대한 광고다. 거주관광객을 위한 부동산 관련(Ubud Property) 업종 역시 소개된다. 지면의 대부분을 차지하는 식당, 카페, 마사지샵 역시 단체 관광객보다는 거주관광객을 대상으로 하는 식당이 주로 소개된다. 결국 우붓의 관광 관련 각종 시설과 서비스가 거주관광객을 대상으로 이루어지는 점은 주목된다.

뉴꾸닝 마을에는 50명에서 70명의 외국인이 장기간 거주한다. 우붓 사회에서 이들을 '우붓디안(Ubudian)'으로 통칭한다. 하지만 우붓디안의 개념과 어떤 집단을 상정하는지는 명확하게 논의되지 않는다. 거주외국인이 우붓 지역에 급격하게 늘어난 것은 대략 2000년대 전후다. 이는 우붓 지역이 '예술인 마을'로 표상되고, 우붓 지역이 꾸따로 대표되는 남쪽 휴양지보다 상대적으로 기온이 낮고 복잡하지 않은 교통과 분위기 때문으로 이해된다. 또한 2002년과 2005년 남부 지역에서 일어났던 폭탄 테러로 인해 기존의 남쪽 지역에 거주한 서구 관광객이 우붓 지역으로 이주하게 되었다.

우붓과 뉴꾸닝에 거주하는 거주관광객을 분류하면 대체로 세 가지 유형이 있다. 첫째 유형은 요가와 자연주의를 실천하기 위한 요가인이다. 우붓 인근에는 외국인이 중심이 되어 운영하는 요가학원이 3개 있다. 그 외 개인이 운영하는 필라테스 학원과, 비슷한 범주로 분류되는 관련 학원이 다수 존재한다. 뉴꾸닝 마을에도 마을 주민이 운영하거나 외국인이 운영하는 요가학원이 있다. 요가인은 짧게는 일주일, 길게는 1년씩 우붓에 머물면서 요가를 한다. 매년 두세 차례 진행되는 요가 티쳐스 트레이닝(*Yoga Teacher's Trainings*)이 열릴 때는 전 세계에서 100여 명의 요가인이 우붓에 와서 두세 달씩 거주한다.

둘째 유형은 우붓의 쾌적한 환경, 신선한 음식 그리고 따뜻한 날씨를 즐기기 위해 중장기로 머무르는 은퇴 이민자다. 발리 전 지역에 호주 출신 은퇴 이민자가 약 만 명 거주하고, 이 중 약 10%가 우붓 지역에 거주한다. 은퇴 이민자 일부는 아이와 함께 이주하는데, 아이는 국제학교인 '그린 스쿨(Green School)'과 '쁠랑이 학교(Pelangi School)' 등에서 국제적으로 공인된 교육을 받는다. 은퇴 이민자들은 혼자서 이주해 온 경우도 있지만, 대부분 가족과 이주한다. 발리 생활 초창기에는 대체로 지리적 낯섦으로 우붓 중심부에 거주하지만, 생활이 안정되고 지역 사정을 알게 되면서 우붓 인근 마을로 이사한다. 아무래도 단기 관광객이 많은 우붓 중심부보다 인근의 마을이 자연환경이 훨씬 뛰어나고 비슷한 가격대에 좀 더 훌륭한 시설의 빌라를 임대할 수 있기 때문이다.

셋째 유형은 발리 남성과 결혼한 일본 여성이다. 발리 남성과 결혼했지만 일본 국적을 포기하지 않았다는 점에서 거주관광객으로 분류할 수 있다. 더욱이 이들 일본 여성은 우붓 지역에서 커뮤니티를 구성하여 그들이 가진 언어적 능력과 문화적 친근함을 내세워 일본과 관련된 관광산업에 종사한다. 이런 측면에서 이들은 발리인으로 완전하게 인식되기보다 경계인으로 인식된다.

야마시타(Yamashita 2003: 94)가 1990년대 진행한 연구에 따르면 발리 전역에서 공식적으로 발리 남성과 결혼한 일본 여성은 200여 명이고 비공식으로는 400여 명에 이른다고 한다. 저자가 2014년에 일본인 모임 참가자와 진행한 인터뷰에 따르면 200여 명이 있음을 확인할 수 있다. 야마시타가 1990년대 조사한 일본 여성들이 대체로 1960년대에 태어났다면, 저자가 인터뷰한 여성들은 1980년대생이 대다수였다. 최근 추세는 발리인과 결혼한 일본 여성은 줄어들고 이혼 후 일본으로 돌아가는 여성이 점차 증가하고 있다고 한다.

이상의 세 가지 유형으로 분류된 거주관광객은 국가나 언어권에 따라 커뮤니티를 구성해 우붓에 거주한다. 서구권 국가의 사람들이 영어를 기반으로 커뮤니티를 구성하고, 상대적으로 많은 일본인 여성이 커뮤니티 구성의 다른 한 축이 된다.

같은 언어의 사용이 커뮤니티 구성의 일차적 원인이지만, 커뮤니티 활성화는 자연주의 상품 판매를 통한 사람들의 관심으로 이뤄진다. 이는 우붓에 거주하는 외국인이 추구하는 가치가 도시와는 다른 삶을 추구하고 자연주의를 실천하는 데 있는 경우가 많기 때문이다. 서구인이 중심이 되어 만든 커뮤니티는 우붓 오가닉 파머스 마켓(Ubud Organic Farmer's Market, 이하 우붓 오가닉 마켓)으로 2006년 12월 뺑오세깐 거리(Jl. Pengosekan)의 한 피자 식당에서 시작되었다. 현재까지도 같은 위치에서 매주 토요일 오전에 시장이 열린다. 2016년 우붓 오가닉 마켓에는 총 16개의 식당과 농장이 판매처로 등록되어 있다. 현지조사를 진행했던 2014년에 총 13개의 판매처가 있었고, 대략 매년 한두 개의 새로운 판매처가 등록을 한다.

우붓 오가닉 마켓은 자연주의 식품을 생산하고 소비하는 생산자와 소비자를 연결하는 데 설립 목적을 둔다. 구체적으로 세 가지 이념에서 마켓을 운영한다. 그 이념은 다음과 같다. 첫째, 지역 커뮤니티를 돕기 위해 운영한다. 둘째, 자연주의 식품이나 농산물을 판매해 생산자들의 경제적 독립을 돕기 위해 운영한다. 셋째, 소규모 사업자와 소비

〈사진 3-3〉 우붓 오가닉 마켓

자를 연결하기 위해 운영한다. 판매되는 상품은 대체로 유기농 과일, 채소, 코코아, 빵, 잼, 발리 커피, 쌀, 밀가루 등이다. 유기농 제품인 천연 약품이나 천연 모기기피제 등도 판매된다.

우붓 오가닉 마켓이 열리는 아침의 풍경은 소규모 시장의 모습을 띤다. 이곳을 이용하는 사람들은 주로 우붓 인근에 거주하는 외국인으로, 이들은 오토바이, 도보, 차량 등을 이용하여 시장을 방문한다. 서구인이 주요 소비자고, 아주 소수의 일본인과 한국인이 때때로 이곳을 방문한다. 발리 현지 주민은 물건을 판매하는 상인만 존재하고, 물건을 사러 오는 현지 주민은 거의 없다. 시장이 열리는 장소가 우붓에서 유명한 이탈리안 식당이기에 일부 관광객이 지나가면서 구경하고 잼과 과일 등을 구매한다. 시장이 열리는 시간은 공식적으로 오전 9시부터 오후 2시까지지만 실제로 정오를 전후로 마감된다.

거주외국인의 다양한 활동이 이루어지는 공동체 모임은 일본인

〈사진 3-4〉 일본인 시장

중심의 오가닉 마켓(이하, 일본인 시장)이다. 매주 일요일 뉴꾸닝 대로에 위치한 식당에서 운영되는 일본인 시장은 한 일본인 부부가 시작했다. 부부가 운영하는 식당 뒤편에 대나무로 지은 2층 건물 10여 평에서 시장이 열린다.

앞서 논의한 우붓 오가닉 마켓이 유기농 상품을 판매하는 상업적 성격이 강한 데 반해 일본인 시장은 커뮤니티 구축이 일차 목적이고 시장을 만남의 수단으로 활용하는 측면이 강하다. 일본인 시장은 2009년도에 시작되었고, 운영 초기에는 일본인 중심으로 운영되었지만, 점차 여러 국적의 거주외국인이 방문했다. 일본인 시장의 운영자 아이리(Airi)는 시장의 시작과 운영 과정을 이렇게 설명한다.

> 처음 시장을 시작할 때 시장은 사람들을 끌어모으기 위한 수단에 불과했어요. 일본인 여성들이 우붓 지역에 많이 거주하는데 이들 상호간에 모

임 같은 게 거의 없었어요. 일부 친한 사람들끼리 아는 정도였으니. 일본인의 성격인 것 같기도 한데 별로 크지 않은 우붓에 살면서도 친한 친구 집 방문을 꺼리기도 하고요. 당시 제가 새로운 가게를 시작한 시점이었고, 가게 뒤편을 활용하자는 생각이 떠올랐죠. 지금도 그렇지만 시장을 처음 시작할 때 매주 일요일 새벽에 남편인 기무라(Kimura)가 여기서 한 시간 넘게 걸리는 브두굴(Bedugul)에 가서 유기농 채소와 과일을 사왔어요. 명색이 시장이고 특히 유기농 시장을 표방하니까 관련 제품이 필요해서요. 그래도 올해까지 3년 하니까 인근에 거주하는 일본인들이 빵, 두부, 두유 등을 직접 만들어서 가져오고, 한국인들도 김치를 만들어서 판매하고요. 매주 수요일과 금요일에는 1세부터 3세의 어린이들이 놀 수 있는 놀이방도 운영해요. 일본 어린이집에서 근무한 경력이 있는 선생님이 일본어로 노래와 춤 등을 가르치는 곳이에요. 소정의 비용만 지불하면 누구나 참여 가능한데 대부분 발리인과 결혼한 일본인 여성의 아이들이에요.

아이리(Airi, 일본 출신 거주외국인), 여성, 40대, 2012. 10. 3.

시장을 매개로 시작된 일본인 커뮤니티는 다양한 활동을 펼치고 있다. 특히 2014년을 전후로 아이리의 식당이 큰 규모의 자연주의 식당과 유기농 제품 판매처로 확장되면서 그 위상은 더욱 높아졌다. 일본인 시장의 성공에는 아이리와 기무라의 개인적 노력과 함께 어린이 놀이방, 인도네시아어와 영어 강의, 요가 강의 등이 이루어지면서 거주외국인의 관심을 불러일으켰다는 데 있다.

이와 더불어 거주외국인으로 살면서 겪은 문화적 차이에 따른 어려움이 일본인 시장의 성공으로 이어졌다는 점이 주목된다. 즉 반자르 구성원으로 인정받기 어려운 현실에서 같은 언어를 사용하는 사람들과의 교류, 외국인이라는 사회적 지위에 대한 동질감 형성이 일본인 시장 성공의 중요한 요소로 생각된다.

2) 새로운 유형의 삶의 방식과 마을 발전의 동력

> '우붓 시내에는 넓적한 옷을 입고 헬멧을 착용한 채 어깨에 디제리두(didgeridoos)[6]나 요가 매트를 매고 오토바이를 타고 다니는 젊은 외국인이 많다. 한때 유행이라고 치부하기에는 수천 명이 요가 관련 축제인 '발리 스피릿 페스티벌(Bali Spirit Festival)'에 참가하고 수백 명이 주 단위, 월 단위 심지어 1년 단위로 우붓에 머무른다. 우붓에서 외국인과 지역 커뮤니티 사이 관계에 또 다른 변화도 보인다. 우붓에 오는 사람들이 다양한 이유로 이 지역에 머무르지만, 대체로 살기 좋은 장소로 인식한 데서 그 이유를 찾을 수 있다. 즉 자카르타나 뉴욕과 같은 대도시보다 유순한 날씨(benign climate), 덜 복잡한 교통, 적당한 수준의 생활비 등은 큰 장점이다. 이들 장기거주외국인이 발리에 온 이유는 당연히 발리를 사랑하기 때문이다. 그들은 논을 사고 그곳에 빌라를 짓는다. 수영장이 필요해서 옆에 있는 논을 또 매입한다. 자신들의 수영하는 모습이 혹시 다른 사람에게 보일까 걱정이 되어 빌라와 수영장 주변에 높은 담(*tembok*)을 쌓는다. 문제는 옆에 또 다른 빌라가 건설 중이기 때문에 옆 빌라에서 자신의 빌라가 보이지 않게 담은 점점 더 높아진다(Macrae 2014b).

뉴불란 길의 양 측면에는 주택군 형태로 지어진 발리 전통가옥(*karang*)이 줄지어 있다. 길게는 50년 정도 된 전통가옥들은 가족 규모에 따라 증개축 과정을 겪지만 대부분 예전 모습을 간직했다. 현지 주

6 호주 원주민의 목관악기로, 긴 피리 모양이다.

민이 거주하는 전통가옥 사이 2013년 자카르타 출신의 자바인이 주변부 땅을 매입했고, 이듬해 전통가옥의 형태와는 다른 A빌라가 완공되었다.

빌라의 출입구는 뉴불란 길에 접해 있고, 세로 방향으로 두 채의 이층 빌라가 건설되었다. 빌라 사이에는 수영장이 만들어졌고, 다른 지역에 위치한 고급 빌라와 같이 높은 담이 설치되어 있다. 집 내부에는 수영장, 값비싼 가구 그리고 냉장고와 티브이 같은 전자제품이 완벽하게 구비된 고급 빌라였다. 우붓 중심부에 위치한 마트와 서점 인근의 광고판(*papan iklan*)에, 수영장과 가구가 완비된(fully-furnished) 이러한 고급 빌라는 위치와 크기에 따라 차이가 있지만 대략 1,000달러에서 1,500달러의 월세로 임대가 가능하다고 홍보된다.

하지만 A빌라가 건립된 후 한동안 임차인을 구하지 못했다. 뉴꾸닝 마을의 중심에 위치하고, 월세 1,000달러를 요구했지만, 몇 달이 지나서도 임차인을 구하지 못했다. 월세를 800달러로 인하해도 임차인을 구하지 못했다. 당시 빌라 임대비용을 감안하면 월세 1,000달러가 지나친 요구는 아니었다. 전통가옥과는 다른 형태에 수영장과 가구와 전자제품이 완비된 집은 거주관광객이 충분히 관심을 가질 만했다. 그럼에도 빌라가 완공된 후 대략 반년 정도 지나서야 임대되었으며, 이 역시 단기 임대였고 1년 단위의 장기 계약은 잘 이루어지지 않았다.

저자가 현지조사 기간 동안 뉴꾸닝 마을에서 빌라나 작은 규모의 주택을 구하는 것은 쉽지 않았다. 매매나 임대할 수 있는 집은 한정되고 거주 수요는 많았기 때문이다. 그럼에도 A빌라는 시장 상황과 정반대의 상황에 처하게 되었다. 임대 수요가 없는 A빌라의 상황과 관련하여 마을의 빼짤랑인 아렉(Arek)의 진술은 거주관광객과 마을 주민의 관계를 보여준다.

A빌라가 비록 우리 마을에 있지만, 이 집은 우리 마을의 집이 아니야. 그냥 위치만 뉴꾸닝에 있는 빌라야. 빌라 주인도 자카르타 사람이라고 하고, 관리하는 사람도 우리 마을 사람이 아닌 다른 동네 사람이고. 빌라 건설할 때도 마을 사람들이 전혀 개입을 안 했으니. 한마디로 A빌라는 잘 알지 못하는 곳이야. 그러니까 우리 마을에 거주하고 싶어 하는 외국인들에게 A빌라를 굳이 소개하지 않지. 혹시 광고를 보고 찾아와도 별로 좋게 말해줄 필요도 없고.

아렉(Arek, 뉴꾸닝 빼짤랑), 남성, 40대, 2013. 8. 30.

아렉의 진술처럼 A빌라는 비록 뉴꾸닝 마을에 위치하지만, 빌라 소유자와 관리자가 마을 주민이 아니고 더욱이 빌라 건설과 관련하여 마을에 전혀 이바지하지 않았다는 점은 주목된다. 즉 상징적 질서에 의해 유지되던 마을 사람들과 외지인의 관계를 살피지 않은 외국인이 마을 주민과 호혜적 관계를 형성하지 않은 상태에서 A빌라를 짓고 운영했다. 더욱이 높은 담이라는 물리적이고 가시적인 경계가 생기면서 주민과 외지인이 상호 교류할 기회가 점점 더 축소되었다.

A빌라의 사례처럼 현지 주민과 외부인의 경계를 상징하는 높은 담은 발리 사회에 부다야 뗌복(*budaya tembok*)이라는 신조어를 만들었다. 부다야 뗌복은 벽이나 담벼락을 의미하는 뗌복에 문화를 의미하는 부다야를 합친 단어다. 장기거주외국인과 마을 주민 사이의 관계에 대한 은유적 표현이다(Macrae 2014b). 부계 혈통과 대가족 제도에서 비롯된 발리 사회의 가족구조에서 가옥은 하나의 주택군(*pekarangan*)에 모든 가족이 거주하는 특징을 가진다. 즉 하나의 주택군에 가족 세대 수에 맞는 건축물(*meten*, sleeping pavillon)이 있고, 그 외 부엌(*paon*), 곡식창고(*lumbung & jineng*, granary)[7] 그리고 가족 사원(*sanggah*)과 의례용 건축물(*bale dangin*, ceremonial pavilion) 등이 위치한다.

〈사진 3-5〉 전통가옥의 담벼락

〈사진 3-6〉 빌라의 담벼락

각 주택군은 옆집과의 구별을 위해 높이가 낮은 담이 설치된다. 담의 높이는 대체로 1미터 내외라 주택군의 경계를 표시하지만 주변 공간과 완벽한 차단을 의미하지는 않는다. 결국 담은 실질적으로 땅에 대한 재산상 권리를 주장할 수 있는 경계를 의미한다. 동시에 발리힌두교의 세계관을 담지한다. 즉 담 안에 세워진 다양한 건축물, 특히 상가라 불리는 가족 사원을 위시하여 하나의 소우주를 담의 경계로 실현하는 것이다.

이와 반대로 '최신식' 혹은 '현대식'으로 건설된 빌라는 전통가옥의 주택군이 아닌 하나의 단독주택 형태다. 하나의 주택 안에 침실, 욕실, 거실, 화장실, 주방까지 모여 있고, 수영장이나 바비큐 시설 등이 설치된 곳도 있다. 빌라와 빌라 혹은 빌라와 전통 가옥의 경계를 나누기 위해 2미터 내외의 높은 담이 설치되어 주변 공간과 완벽한 분리를 가능하게 한다.

기존의 현지 주민이 거주하는 주택군의 낮은 담은 이웃과 교류하는 데 전혀 지장을 주지 않았다면, 새롭게 건립된 빌라의 높은 담은 '게이티드 커뮤니티(gated communities)'와 같은 특징(Barker 1999, Blakely & Snyder 1999, Kim 2002, Leisch 2002)을 보인 채 사회·공간적으로 분리된 형태로 유지된다.

인도네시아 자바 지역 마을 입구에 세워진 차단시설, 일종의 마을 지킴이인 론다(*Ronda*), 주민 간의 상호부조를 뜻하는 고똥 로용(Gotong Royong)[8]은 에르웨(Rukun Warga, 이하 RW)[9]와 에르떼(Rukun Tetangga, 이하 RT)[10] 간의 경계와 분리를 상징한다. 하지만 차단시설, 론다의 역할, 고똥 로용 정신은 '게이티드 커뮤니티'가 가진 분리를 통한 보안적 성격

7 룸붕(*lunbung*)과 지능(*jineng*)은 모두 곡식창고를 의미하지만, 룸붕은 6개의 기둥으로 건축물이 세워지고, 지능은 4개의 기둥으로 세워진다.

을 지닌다(Barker 1999, Kim 2002). 미국 사회에서 '게이티드 커뮤니티의 확산 역시 인종적·계급적 차이에 따른 구별 짓기의 일종이지만, 실용적인 측면에서는 보안적 기능을 위한 분리 기제의 일환이다(Blakely & Snyder 1999).

하지만 경제적 중상위 계층이 더 부유해짐에 따라 개발업자들은 이들을 주된 고객으로 여겼다. 개발업자는 기존의 보안적 기능을 가진 커뮤니티를 구축했고, 이에 더해 위계와 생활 방식에서 비롯된 다양한 형태의 커뮤니티를 만들기 시작했다(Leisch 2002). 뉴꾸닝 마을에 건립된 고급 빌라들 역시 '게이티드 커뮤니티'의 특징인 보안, 위계 그리고 생활 방식의 차별화를 중점적으로 강조하면서 분양과 임대가 이루어진다.

앞에서 논의한 장기거주외국인의 모임은 발리 주민에게 어떻게 받아들여질까? 현지 주민은 외국인들의 모임을 인식하고 때로는 유기농 시장에서 물건을 매매할까? 이상의 의문점은 '게이티드 커뮤니티'의 특성을 지닌 고급 빌라처럼 현지 주민과 장기거주외국인이 어떤 사회·문화적 관계를 맺고 있는지를 알 수 있는 사례로 제시된다. 이에 대한 논의를 진전시키기 위해 일본인이 운영하는 유기농 시장 이용과 관련한 상반된 사례를 제시한다. 구체적으로 뉴꾸닝에 거주하지만 유기농 시장을 한 번도 이용한 적 없는 현지인 와르시(Warsi)와 유기농 시장

8 일반적으로 호혜성에 기초한 협동의 의미로 사용되며, 자바인이 지향하는 가치 중 하나인 슬라뭇(*slamet*)과 긴밀히 연결된다. 즉, 자바인이 행동의 이상형으로 간주하는 알루스(*alus*: 세련된, 우아한, 품위 있는, 예의 바른)와 함께 고똥 로용은 일상의 갈등을 최소화하기 위한 수단이다(김형준 1999: 54).

9 루꾼 와르가(Rukun Warga)의 약자로 통 단위 행정구역이자, 통 단위 마을 운영회를 지칭한다.

10 루꾼 떼땅가(Rukun Tetangga)의 약자로 반 단위 행정구역이자, 반 단위 마을 운영회를 지칭한다.

에서 물건을 구매하고 판매도 하는 한국인 김하늘의 사례를 제시한다.

와르시는 발리 동쪽에 위치한 까랑아썸(Kabupaten Karangasem) 출신으로 31세(2014년 기준) 여성이다. 고향에서 고등학교를 졸업한 후 꾸따, 사누르 지역에서 관광 관련된 일에 종사하다가 스무 살에 뉴꾸닝 마을의 한 공예품 상점에 취직하면서 마을에 거주하게 된다. 이후 마을 청년인 남붕을 만났고, 이듬해에 결혼을 하면서 뉴꾸닝 공동체의 일원이 되었다.

남붕이 집안의 막내아들이기에 시부모님을 모셔야 했고, 남붕 역시 마을의 호텔에서 일을 하기에 뉴꾸닝 마을을 떠나지 않고 쭉 살고 있다. 남붕과 와르시는 3명의 아이를 낳았는데, 첫째 아들인 아리는 아홉 살, 둘째 까덱은 여덟 살 그리고 셋째 수리는 한 살이다. 수리를 임신한 상태에서 와르시는 배 속의 아이를 남붕의 형인 마데에게 입양 보내기로 약속을 했다. 마데는 남붕보다 일찍 결혼했지만, 아이를 갖지 못한 데다 뇌출혈로 거동마저 불편해졌다.

와르시는 결혼 후에 공예품 상점의 점원을 그만두었고, 한동안 출산과 양육에 전념했다. 아이들이 젖을 떼고 난 후부터는 비정규적으로 일을 했다. 예를 들어 외국인이 거주하는 빌라에 가서 집안 살림을 돕거나(*pembantu*), 아이를 돌보거나(*pramusiwi*), 때로는 공사 현장 노동자(*buruh*)로 일했다. 일은 대체로 오전 9시 전후에 시작해서 오후 4시 전후에 끝났고, 일의 성격에 따라 임금 차이가 있었지만 한 달에 100만 루피아 정도를 벌었다.

가정마다 차이는 있지만 발리 사회에서 아침 식사는 식탁 위에 음식을 차려놓고 자유롭게 음식을 가져다 먹는 방식이다. 아침 7시 전후로 학교에 가야 하는 아이들을 위해 와르시는 늦어도 아침 6시 30분까지는 아침 식사를 준비한다. 아침 식사 준비를 위해 와르시는 새벽 5시에 일어나 마을 인근에 있는 싱아꺼르따 새벽시장을 방문한다. 오토바이를 타고 5분이면 도착할 수 있는 이곳은 닭고기, 돼지고기 등 육류와 구라미(*gurami*)를 포함한 생선, 채소와 과일 그리고 의례를 위한 제수용품 등을 판매한다.

싱아꺼르따 새벽시장은 새벽 4시 전후로 상인들이 좌판을 열고, 8시 전후면 장이 마감된다. 매일 새벽에만 열리는 상설시장이어서 주로 인근의 뉴꾸닝, 싱아꺼르따 그리고 사얀(Sayan) 지역의 주민이 이곳을 이용한다. 와르시 역시 싱아꺼르따 새벽시장에서 그날 먹을 음식 대부분을 구매하지만, 가끔씩 구입하지 못한 물품 구매를 위해 우붓 새벽시장을 방문한다. 와르시는 새벽시장에서 하루나 이틀치 식재료를 구매한다. 식재료를 대량으로 구매하여 냉장고에 보관하지 않고, 필요한 식재료를 매일 구매하는 방식을 택한다. 마을 의례나 집안에 특별한 행사가 없는 평소 하루치 식재료 구매비용은 2만 루피아에서 3만 루피아다.

> 식료품은 새벽시장을 주로 이용하고, 아이들 먹일 우유, 간식 등은 주로 마을에 있는 슈퍼마켓을 이용해.【우붓 시내에 있는 빈땅 슈퍼나 큰 마트에 가면 물건도 더 많고 가격도 좀 더 저렴한데 거기는 안 가요?】큰 슈퍼까지 가서 살 만큼 많이 필요하지 않아. 가면 아무래도 돈도 더 많이 쓰게 되고.【뉴꾸닝 거리에 있는 와룽 소파(Warung Sopa) 알죠? 우붓 시내에서 우회전하면 바로 보이는 식당 있잖아요. 거기에 일요일마다 일본인들이 운영하는 시장 같은 게 있는데. 유기농 채소나 두부 같은 것도 판매하고. 거기는 가봤어요?】아니. 그런 게 있는지 처음 들었는데.【그곳에 시장이 생긴 지 몇 년 되었는데. 들어본 적도 없어요?】잘 몰라. 들어본 적도 없고. 원래 외국인들끼리 하는 건 생각보다 여기 사람들이 잘 몰라.【우리 가족도 거기 시장에서 유기농 토마토나 채소 같은 것 사 먹는데, 일반 슈퍼보다 훨씬 저렴해요. 한번 가봐요. 유기농 토마토가 1킬로그램에 1만 루피아 정도 해요.】토마토가 1만 루피아나 해? 시장에 가서 토마토 사면

1킬로그램에 3,000루피아 정도인데. 【그럼 마트는 엄청 비싸게 파는 거네요. 외국 사람들은 거기 일본인 시장이 슈퍼나 마트보다 훨씬 저렴하다고 많이 구매하는데.】 원래 발리가 그래. 외국인 물가하고 현지인 물가가 완전히 다르니. 아마도 거기서 물건 구매하는 현지인은 없을 거야. 혹시 있다고 해도, 발리 사람이 아니라 자카르타 사람일 거야.

와르시(Warsi, 뉴꾸닝 주민), 여성, 30대, 2014. 4. 6.

일본인 시장은 뉴꾸닝과 인근 마을에 장기간 거주하는 외국인뿐만 아니라 홍보 책자나 인터넷 등을 보고 방문하는 단기 관광객이 있을 정도로 활발하게 운영되는 곳이다. 그럼에도 와르시처럼 뉴꾸닝 마을 주민 대부분은 유기농 시장의 존재를 알지 못하고, 알아도 이곳에서 물건을 구매하지 않는다. 일본인 시장이 마을에서 조금 벗어난 지역에 있지만, 와르시가 매일 방문하는 싱아꺼르따 새벽시장처럼 오토바이를 이용하면 5분 내외로 도착할 수 있는 거리다. 뉴꾸닝 주민이 일본인 시장을 알지 못하거나 이용하지 않는 것은 일본인 시장이 현지 주민의 삶의 방식과 맞지 않기 때문이다.

뉴꾸닝 주민에게 유기농 채소와 같은 유기농 제품은 어떻게 인식될까? 유기농 제품은 합성 농약과 화학 비료 등 현대의 합성 물질들을 수반하지 않는 농법으로 생산한 식품과 물품 등을 말한다. 발리 지역에서 '그린 발리'에 대한 담론이 형성되고 생태관광에 대한 논의가 진행 중이지만, 와르시를 비롯한 마을 주민이 처한 현실과의 괴리는 크다. 와르시와 같이 하루에 5만 루피아 전후로 돈을 벌고, 전 가족의 하루 식비로 3만 루피아 정도를 지출할 수 있는 가정에서 유기농 식품을 선별하여 구매하는 것은 비현실적이다.

그렇다면 와르시와 같이 경제적으로 중하층에 속한 사례가 아닌, 경제적으로 상층에 속한 주민의 경우는 어떨까? 그들은 일본인 시장에 관심을 가지고 그곳에서 마트보다 상대적으로 저렴하게 판매되는 유기농 제품을 구매할까? 조사를 진행하는 과정에서 인터뷰를 했던 대다수의 뉴꾸닝 주민은 일본인 시장을 이용하지 않을 것 같다고 응답했다. 무엇보다 유기농 제품의 이용이 건강에 좋고 삶의 질을 향상시킬 수 있다는 정보와 믿음이 없었다. 다른 한편으로 뉴꾸닝 주민은 외국인의 삶의 형태를 추구하는 것을 엄청난 비용이 드는 행위로 간주했고, 개인의 삶의 조화를 무너뜨릴 것으로 여기기도 했다.

그렇다면 일본인 시장에서 물건을 구매하고, 이곳에서 다양한 국적의 외국인과 교류하는 김하늘의 사례를 살펴보자. 김하늘은 아내 그리고 두 명의 아이와 함께 뉴꾸닝 옆 마을인 싱아꺼르따에 거주한다. 김하늘은 한국에서 발리로 처음 이주했을 때 뉴꾸닝 마을에서 집을 임대하여 2년을 거주했다. 뉴꾸닝 마을이 깨끗하고 안전해서 이곳에 집을 지은 후 계속 거주하고 싶었지만, 마을의 토지 비용에 부담을 느껴 옆 마을인 싱아꺼르따에 거주하고 있다. 김하늘은 일본인 시장을 초기부터 방문한 이용자다.

> 거의 매주 일본인 시장을 방문해요. 유기농 채소가 마트보다 좀 더 저렴하고, 특히 두부를 구매하기 위해 매주 방문하지요. 발리 현지 두부가 약간 시큼한 냄새가 나는데, 여기서 일본인들이 판매하는 두부는 한국식 두부와 거의 비슷해서 두부 사기 위해서라도 일요일마다 오는 것 같아요. 일본인들이 가정에서 수제로 만든 도너츠 같은 빵도 맛도 좋고 저렴하고요.
>
> 김하늘(교민), 남성, 40대, 2012. 9. 27.

초창기에는 가족 모두 일요일 아침에 산책 겸 방문했지만, 나중에는 김하늘 혼자 방문하여 필요한 물품을 구매하고 안면이 있는 사람들과 인사하면서 생활 정보를 공유했다. 김하늘은 김치를 일본인 시장에서 판매하기도 했는데, 일본인들이 김치를 좋아하는 데다 시장 운영자인 기무라가 김치를 적극적으로 홍보하고 판매에 도움을 주기도 했다. 김하늘은 김치를 집에서 담가 500그램당 5만 루피아에 팔았다. 김치에 들어가는 재료비와 인건비를 감안하면 큰돈은 벌지 못하지만, 김하늘은 일본인 시장이 좀 더 활성화되어 더 많은 사람이 이곳을 방문했으면 하는 바람이 있다고 한다.

김하늘의 일본인 시장 이용은 물품을 구매하기 위한 실질적인 필요에 의한 경우다. 초창기 다른 한국인이 이곳을 방문하지 않을 때 가족과 함께 방문했고, 낯선 나라에서 문화가 '비슷한' 일본인과의 만남이 적응에 도움이 되었다. 김하늘은 유기농 시장이 우붓 시내에 위치한 마트보다 채소와 과일 등이 훨씬 신선하고 값도 저렴하다고 여긴다.

하지만 김하늘은 뉴꾸닝 주민인 와르시가 매일 가는 새벽시장은 거의 방문하지 않는다. 싱아꺼르따 새벽시장이 집 근처에 있어 호기심에서 몇 번 방문했지만, 물건 구매가 쉽지 않아 이후로는 잘 가지 않는다. 저자 역시 현지조사 과정에서 새벽시장에 방문해 식재료를 구매하려고 시도했다. 하지만 상품의 정확한 가격을 표시하지 않는 시장의 특성상 외국인이 현지 주민처럼 능숙하게 물건을 구매하고 적절한 금액을 지불하는 것은 쉽지 않았다. 더욱이 현지 음식에 들어가는 양념, 채소 등이 한국 음식에 들어가는 재료와 달라, 필요한 재료를 모두 구비하기 위해서는 마트에서 다시 물건을 구매해야 했다.

발리 전통가옥 구조와 달리 높은 담과 현지인이 거의 방문하지 않은 일본인 시장은 발리 현지 문화와 동화되지 않은 폐쇄적인 외국인 집단을 보여주는 사례다. 높게 쌓인 담으로 폐쇄적인 형태를 가진 빌라는 인근의 전통가옥과 비교하여 이질감을 보인다. 발리의 따뜻한 날씨와 풍요로운 자연환경은 이곳을 방문하는 관광객이 장기간 거주하게 만드는 원동력이 된다. 하지만 이들은 여전히 '서구적'이고 '현대적'인 삶에 익숙하다. 발리 전통가옥과 새벽시장은 관광객에게 깨끗하지 않은 느낌과 불편함을 줄 수도 있다.

교류 장소로 활용하려는 의도에서 만들어진 일본인 시장과 같은 외국인 커뮤니티는, 현지 주민과 외국인의 삶의 방식이 다름을 더욱 극명하게 보여주는 장소다. 하지만 우붓 오가닉 마켓과 일본인 시장에서 유기농 상품을 판매함으로써 이 지역이 '자연주의' 관련 담론을 실천하는 데 도움이 되고 나아가 시장 자체가 관광 상품으로 활용된다. 결국 뉴꾸닝 마을을 상징하는 '안전하고 깨끗한, 자연 친화적인 삶을 누릴 수 있는 공간'이라는 표상은 현지 주민의 삶과 괴리된 거주외국인이 만들었다고 볼 수도 있다.

제4장

수박과 생태관광

1. 생태관광담론과 수박

왠지 우붓에 오면 마음에 평온이 느껴져요. 지난번 여행에서 꾸따에 계속 있다가 우붓에 한번 왔는데 너무 좋았어요. 새로운 '무엇'을 발견한 것 같아요. 그래서 이번에는 꾸따에 안 가고 바로 우붓으로 왔어요.

제시(Jessi, 요가 수련생), 여성, 20대, 2014. 10. 10.

나야 오토바이로 데려다주고, 데리고 오기만 하면 되니까. 고정적으로 돈도 벌고 좋지. 남자애들은 오토바이를 잘 타는데, 아무래도 여자들은 오토바이 타는 것을 무서워하니까. (제시를 가리키면서) 한 일주일은 여기 머물 것 같은데. 보통 그래. 집에 데려다주는 길에 있는 논 보면서 감탄하고, 뭐가 좋은지.

끼림(Kirim, 오토바이 운전사), 남성, 40대, 2014. 10. 10.

관광객은 지역에 대한 기대와 상상을 통해 관광지를 선택하고, 관광 경험을 통해 지역을 인식한다. 나아가 관광객은 관광을 통해 그들의 세상을 평가하고, 그 과정에서 자신의 정체성을 정의한다(Shelagh 1994, 조아라 2011: 114 재인용). 관광객에게 관광은 새로운 세상을 만나는 수단이자, 자신을 되돌아보는 기회를 부여함으로써 정체성을 재인식하는 수단이 된다.

그렇다면 관광객이 아닌 관광지에 거주하는 지역 주민에게 관광과 관광객은 어떤 의미일까? 관광은 전 세계적으로 국가 또는 지역의 비전을 위한 핵심적인 영역이자(조아라 2011: 114) 보편적인 지역개발 수단으로 지역 주민의 정체성에 영향을 주는 것일까? 이와 반대로 베네치아의 사례처럼 관광지로서 지역의 발전이 여러 문제를 야기하고, 지역 주민은 발전에 대한 피해를 고스란히 받는 존재로만 머무는(Becker 2013: 115) 것일까?

제시는 우붓에서 새로운 '무엇'을 경험했고, 이를 요가, 트레킹(trekking)[1] 등 우붓에서 체험할 수 있는 다양한 활동을 통해서 찾고 있었다. 우붓에서 태어나 마을에서 '여러 가지' 일을 하는 끼림의 경우 제시가 찾는 '무엇'에 대해서 별로 궁금하지 않다. 단지 끼림은 제시가 계속 자신의 오토바이를 이용하고, 더불어 자신을 통해 호텔 찾기, 교통수단 예약 등을 하기를 원한다.

제시와 끼림의 사이는 '여행'을 통해 긴밀하게 연계되어 있는 것처럼 보인다. 그럼에도 두 사람을 가르는 명확한 경계가 있다. 즉 관광객인 제시에게 여행은 본인의 생애에서 특별한 경험이자 자아 정체성을 재확인하는 과정일 수도 있지만, 현지 주민인 끼림에게 여행은 돈벌이를 위한 수단이고 일상의 경험이다. 여행을 통해서 표출되는 이러한 경계는 그동안 현지 주민을 수동적인 존재로 인식하는 결과로 나타났다. 물론 관광인류학에서 가장 빈번하게 사용되는 문화접변이라는 개념은 관광이 현지 주민의 사회·문화적인 변화를 유발한다는 전제에 있지만, 그러한 변화 역시 관광객이 상수로 전제된다.

1 전문적인 등산 기술과 지식 없이도 즐길 수 있는 산악 자연 답사 여행.

이 장에서는 크게 두 가지 논점을 통해서 관광발달과 전통의 재구성 측면을 논의한다. 첫째, 관광발달 과정에서 나타나는 마을 발전 담론이 어떻게 마을 구성원에게 영향을 미치고, 구성원들은 어떠한 방식으로 이에 대응하는지에 대한 논의다. 특히 1990년대 이후 발리 지역의 주요한 담론인 '그린 발리' 담론이 어떻게 형성되고, 이러한 담론의 연장선에서 논의가 가능한 생태관광이 우붓 지역에서 어떤 방식으로 실천되고 있는지를 살펴본다. 둘째, 발리 생태관광의 주요한 관광매개물이자 전통문화의 일부인 수박의 지속과 변화의 과정을 논의한다. 수박은 생태관광의 상품화 과정을 단적으로 보여주는 사례다. 관광객의 수박에 대한 관심 증가는 결국 땅의 문제와 긴밀하게 연결되고 필연적으로 마을 공동체의 변화를 수반한다.

1) '그린 발리(Green Bali)' 담론 형성과 생태관광

풍요로운 자연을 경험하는 것은 가장 이른 시기에 시작된 관광의 형태다. 하지만 문화관광에 대한 관심 증가와 관광지화 과정에서 벌어지는 환경파괴는 "경이로운" 자연환경 경험이라는 관광 영역이 줄어드는 결과로 이어졌다. 발리 지역 관광 역시 비슷한 역사적 과정을 겪었다. 코바루비아스의 비유처럼 아름다운 가슴을 가진 갈색 피부의 소녀, 팜나무 그리고 출렁이는 바다와 같은 이미지는 이 지역을 남쪽 바다의 '천국의 섬'으로 표상화했다(Covarrubias 〔1937〕1973). 이후 발리의 빼어난 자연환경에 주목하던 서구인들의 관광 형태는 점차 발리 전통문화에 대한 관심으로 확대되었고, 결국 문화관광이 이 지역의 주요한 관광 유형이 되었다.

고대와 중세에 소수의 특권 계층만 향유하던 관광은 점차 중산층으로 확대되었다. 전 국민이 여행을 여가 선용과 자기개발 활동으로 받아들이면서 '대중관광' 시대에 들어서게 되었다. '대중관광'이라는 용어를 명확하게 정의 내리기에는 연구 성과에 따라 다양한 이견이 있다. 확실한 것은 지난 40년간 여행의 발달이 관광객의 휴양지, 호텔 개발의 체인화, 관광객 유치를 위해 개발된 명소의 증가 그리고 항공 교통의 확대와 관광 기반시설의 확장 등으로 표현될 수 있다는 것은 상식적인 통념이다(류주현 2008: 68).

결국 한 지역에 대규모 관광객이 들어오면서 환경파괴, 수자원 고갈 그리고 전통문화의 훼손 등 부작용이 나타나자, 관광산업에 새로운 유형의 여행 상품 개발 필요성이 대두되었다. 관광객 역시 단순히 여가와 즐거움을 추구하는 데서 벗어나, 관광 경험을 통해 새로운 가치와 의미를 찾고자 했다. 결국 관광산업 분야에서 관광객의 이러한 욕망을 구체적으로 실현하는 과정에서 모색된 영역이 전통문화에서 비롯된 문화체험의 영역이다.

문화관광의 실천 과정에서 발리 전통문화의 향유는 문화관광객의 요구를 충족시키는 데 최적이었다. 비근한 예로 2차 세계대전 이후 새롭게 건설된 인도네시아 공화국 정부는 발리 지역의 관광 재도약을 위해 1930년대 소위 '발리 르네상스' 시대의 문화 재부흥을 추진했다. '발리 르네상스' 시대에 재구성된 음악(가믈란), 무용(레공, 바롱, 께짝), 예능(라마야나 발레이) 등은 문화관광을 위한 주요한 관광 상품으로 활용된다.

특히 발리는 1970년대 전후 관광에 새로운 정책적 변화를 맞이한다. 인도네시아 정부는 관광을 경제개발정책의 주요한 성장 동력으로 활용해, 1969년 외국인 관광객의 발리 방문 자율화 조치가 이루어졌다. 발리 주정부 역시 1971년 지역 발전의 방안으로 관광을 통한 경제성장 정책을 내세웠다. 특히 '문화관광'을 발리 관광발전의 핵심 개념으로 제시했다. 이후 발리 방문 관광객은 기하급수적으로 늘어서 1970년에 약 3만 명에서 1994년에는 150만 명에 이르렀다(Picard 1997: 181-182). 결국 발리 지역에서 전통문화에 기인한 다양한 관광 상품은 발리를 세계적인 관광지로 자리매김하는 데 일정한 역할을 했다.

하지만 급격하게 늘어난 관광객과 무분별한 개발 계획에 따른 여러 부작용이 대두되었다. 우선 대규모 관광객 유입으로 환경오염과 수자원 고갈 문제가 발생했다. 단적으로 우기인 10월부터 이듬해 4월까지 꾸따 해안은 각종 쓰레기가 모이는 공간이 되었고, 쓰레기로 가득 찬 하수도는 약한 비에도 물이 역류했다. 지역 주민의 낮은 환경 의식과 정책의 미비점 역시 오염을 더욱 악화시켰다.

발리 지역에서 쓰레기 분리수거는 정책적으로 강제되지 않고, 대형마트와 식당인 와룽(*warung*)에서 일회용 비닐이 무분별하게 사용된다. 도심 중심부와 번화가를 제외하고 대다수 현지 주민은 여전히 생활 쓰레기를 집의 공터나 마을 공터에서 태우고 있다. 뉴꾸닝 마을도 생활 쓰레기의 분리수거는 거의 이루어지지 않고 강제하지도 않는다. 더욱이 매일 오전 쓰레기차가 생활 쓰레기를 수거하는데도 대다수 주민은 집이나 마을의 공터에서 쓰레기를 태워, 해 질 무렵 마을 곳곳에는 매캐한 냄새와 연기로 자욱하다.

이러한 현실에서 발리 주정부, 시민사회단체 그리고 거주외국인을 중심으로 '그린 발리'로 대표되는 환경 담론이 공통의 관심사로 떠올랐다. '그린 발리'의 담론 형성 계기는 무엇보다 환경오염으로부터 주민의 건강을 지켜내야 하는 '건강권'의 차원에서 대두된다. 21세기는 그간의 환경파괴적 산업화를 극복하고 쾌적한 자연환경을 후손에게 물려줘야 한다는 주장이 공감을 얻어가는 '환경'의 시대임이 인정되고 있다(이영민·허남혁 2001: 18).

지난 20세기 말 실질적인 민주화와 지방자치의 근간을 세운 인도네시아에서 그간의 국가 주도 경제개발, 중앙집권적 정책 그리고 권위주의적 군사정부는 경제성장을 최우선 정책 담론으로 제시했다. 즉 경제성장이 시대의 지배적인 담론으로 제시됨으로써 환경보호와 주민의 생존권 등의 가치들은 애써 무시되거나 문제 제기에 대해 일방적 거부만이 있었다.

하지만 민주화와 지방자치 제도의 정착은 지역의 환경오염에 대한 문제의식을 고취시켰다. 특히 환경오염이 지역민의 건강권을 위협한다는 근본적인 인과관계는 환경오염 문제에 대한 주민의 인식을 환기시켰다. 물론 발리 지역에서 '그린 발리' 담론의 확산은 환경오염의 문제가 발리 관광발전과 긴밀하게 연결되기 때문이다.

> 요즈음 누가 꾸따에서 서핑을 해요. 처음 배우는 사람 아니면 발리에 처음 온 서퍼들이나 꾸따에서 서핑하죠. 꾸따의 파도가 별로 좋지도 않지만, 무엇보다 쓰레기가 많아서 별로 타고 싶지도 않아요. 운 없으면 깡통이나 유리병 같은 쓰레기에 다치기도 하고요.
>
> 제이(Jay, 서퍼), 남성, 20대, 2012. 4. 2.

발리는 호주, 싱가포르 등 인근 국가의 젊은이들이 저렴한 가격에 방문하는 휴양지다. 제이의 진술은 환경오염이 서퍼들을 새로운 서핑 스팟(surfing spot)으로 이동케 하는 주요한 원인임을 설명한다. 역사적으로 발리가 관광지로 성장한 계기 중 하나는 유명한 서핑 스팟이 있었기 때문이다. 하지만 꾸따와 울루와뚜(Wuluwatu) 등 기존 서핑 스팟의 오염은 서퍼들이 그 지역을 떠나는 요인이 되었다. 이런 상황에서 서퍼들을 통해 경제적 이윤을 획득하던 기존의 서핑 스팟 지역 주민은 환경오염 문제가 경제적 측면과 관련이 있음을 경험적으로 습득하게 된다.

울루와뚜 서핑 지역의 비영리 단체인 '프로젝트 클린 울루와뚜(Project Clean Uluwatu, 이하 PCU)'는 환경오염 문제 해결을 위한 주민과 거주외국인의 협력 사례로 제시될 수 있다. 울루와뚜 서핑 지역은 1971년 〈지구의 아침(Morning of The Earth)〉이라는 영화에 소개되면서 세계적인 서핑 명소로 각광받았다. 이후 40년 동안 해안가 주변 지역은 서퍼들을 위한 레스토랑, 호텔 등이 생겨났고, 대부분의 시설 운영에 환경에 대한 특별한 문제의식이 없었다.

생활 오폐수가 특별한 여과 장치 없이 강이나 바다로 유입되었고, 각종 생활 쓰레기 역시 분리배출 없이 버려졌다. 이런 상황에서 바다를 이용하는 서퍼들이 환경오염에 대한 문제의식을 제기했다. 생활 쓰레기 때문에 서퍼들이 다치는 일이 자주 발생했을뿐더러 해안 생태계가 파괴되는 과정에서 조류 등의 변화가 일어나면서 서핑 지역으로 유지할 수 있을지에 대한 근본적인 문제 제기가 있었다. 이에 따라 2011년 서퍼, 지역 주민 그리고 거주외국인이 중심이 되어 비영리 단체인 PCU가 설립되었다.

PCU는 쓰레기 수거, 생활 오폐수 수집을 위한 정화통 제작 지원, 쓰레기 분리수거 실시, 지역 주민에 대한 환경 교육 사업 등을 실시했다. PCU 설립과 활동에서 주목할 점은 환경오염 문제가 일부 서퍼들을 위한 깨끗한 서핑 환경 제공에 머무르지 않는다는 점이다. 지역 주민과 거주외국인의 적극적인 설립 의지와 참여 과정에서 알 수 있듯이 환경오염 문제 해결을 지역의 지속적인 발전의 일부로 간주한다. 즉 깨끗한 환경의 유지와 지역 경제의 발전을 밀접하게 여긴다는 것을 확인할 수 있다.

> 우붓에서 조금만 벗어나면 저렇게 멋있는 논이 보이고, 가끔씩 개구리도 울고 정말 멋지지 않아? 근데 요즈음 우붓에서 조금만 벗어나서는 안 될 것 같아. 조금 많이 벗어나야 해. 우붓도 요즈음 점점 더 커지고, 논도 사라지고, 논 주위에는 왜 이렇게 비닐이 많은지. 옆집 사는 마데도 농사일

마치고 집에 돌아오는 모습을 보면, 오토바이에 비닐봉지를 산더미처럼 가지고 오더라고.

존(John, 뉴꾸닝 거주외국인), 남성, 60대, 2013. 8. 23.

우붓 곳곳에서 어렵지 않게 발견할 수 있는 '발리를 깨끗하게(keep bali dean)', '한 달에 발리에서 플라스틱 병이 3,000만 개 사용(30 million plastic bottles used in bali per month')', '쓰레기 태우는 것 금지(*stop bakar sampah*)'와 같은 문구가 쓰인 환경오염 예방과 관련된 상품과 포스터는 거주외국인인 존의 인식과 같은 범주에서 이해된다.

장기거주외국인 존은 단기 여행객과 비교하여 이 지역 환경에 대한 인식의 수준이 근본적으로 다르다. 존이 우붓 지역에 거주하게 된 계기는 이 지역의 "탁월하고", "편안한" 자연환경이다. 열대우림과 수

〈사진 4-1〉 환경오염 예방 관련 제품과 포스터

박과 같은 자연, 문화적 환경은 존과 같은 거주외국인이 우붓 지역에 장기간 머무르게 하는 요인이다. 그러므로 개발 과정에서 열대우림이나 논의 훼손은 거주외국인이 이 지역에 계속 거주하게 하는 근본적인 원인을 제거하는 것이다. 우붓 지역 식당과 상점에서 볼 수 있는 친환경 제품과 사용을 독려하는 문구, 현지 주민을 대상으로 열리는 환경 문제의식 고취 관련 교육 등은 결국 환경 문제에 대한 담론이 이 지역의 주된 담론임을 재확인시키는 사례다.

결국 발리 지역에서 환경 문제에 대한 주민과 거주외국인의 관심은 최근 국제사회에서 지배적인 담론으로 부상한 '지속가능한 발전(sustainable development)' 개념과 연관된다. 지속가능한 발전 개념은 세계환경개발위원회(World Commission on Environment and Development, WCED)가 "우리 공동의 미래"라는 제목의 보고서를 발표한 이래 세계적으로 확산되어 왔다. 그럼에도 여전히 이 개념의 추상성과 구체성의 결여는 지적되어 왔다(윤순진 2009: 226-227).

개념 정의와 이의 실천을 위한 다양한 의견이 존재하지만, 명백하게 지속가능한 발전의 개념이 발전의 새로운 패러다임으로 제시되는 것은 자명하다. 특히 1990년대 접어들어 주류 환경담론이 지속가능한 발전으로 치환되면서, 국가의 자연 자원에 대한 통제권을 행사하는 방식 역시 달라지고 있다. 즉 국가의 공익 및 정당성 담론[2]이 지속가능한

2 정당성(legitimacy)은 사회에서 구성된 가치, 규범, 신념, 정의에 적절한가 혹은 바람직한가에 대한 사회적 인식 혹은 평가다(Suchman 1995: 574). 자연 자원의 활용과 관련하여 정당성 확보의 개념은 국가와 지역 간의 비용과 편익 분배의 공정성을 정당하게 수행하느냐의 문제다. 즉 국가가 자연 자원의 보존 혹은 개발 과정에서 지역 주민의 일방적인 사회적 비용(환경파괴의 영향 혹은 환경보전에 따른 기대수익의 감소) 지불에 대한 합의가 적절하게 논의되었느냐의 문제다(이영민·허남혁 2001: 22).

발전 담론과 결합되면서, 지역 환경을 보전하는 것이 바로 돈이 된다는 점을 인식하기 시작한 것이다(이영민·허남혁 2001: 22).

발리의 정책 당국과 주민 역시 지속가능한 발전 담론과 지역 환경 보존에 대한 문제의식은 경험적으로 습득한 측면이 있다. 우붓 지역의 경우 생태관광을 체험하는 거주외국인이 지역사회에 여러 이점을 제공하는 것을 체험했다. 생태관광의 부정적 측면, 특히 경제적 측면에 대한 강조에서 나타나는 생태관광의 가치 왜곡 문제에 대한 근본적 문제의식은 '지속가능한 관광'이라는 개념으로 극복한다.

지속가능한 관광은 여러 가지 의미로 정의되지만, 여기서는 이 개념이 가지는 특징을 중심으로 논의한다. 지속가능한 관광은 양질의 자연 및 인적 자원의 장기적 생존능력을 의미하는 개념으로 확장되었다(Bramwell & Lane 1993, 고동완 2009: 412 재인용). 더하여 자연 및 사회적 자본의 소중한 이용에 대한 삶의 질을 포함하는 개념으로 이해된다(Bramwell & Lane 1993, 고계성 2011: 44 재인용).

우붓 지역에서 현재까지 가장 많이 소비되는 관광 상품은 공연, 문화체험 프로그램 등 문화관광 상품이다. 하지만 기존의 문화관광 상품은 대중관광의 일종으로 치환되면서 결국 일부 직업군과 계층의 주도로 이루어졌다. 특히 문화관광이 일부 계층에 귀속되면서 필연적으로 관광발전에 따른 경제적 수혜를 획득하지 못한 집단이 발생했다.

이와 반대로 최근 몇 년 동안 '지속가능한' 담론의 개념에서 생태관광을 추진한 우붓은 개인소득 증대와 마을 공동체의 경제적 발전 과정에서 소위 '부유한 마을'이 생겨났다. 특히 생태관광의 요소와 기존 마을 주민이 공유한 전통문화가 결합하면서 지속가능한 관광으로 볼 수 있는 측면 역시 살펴볼 수 있다. 이는 생태적 환경과 지역 주민의 문화적 환경이 적절하게 조화되었고, 다른 한편으로는 생태관광이 마을 단위에서 주민 집단의 실천으로 운영되었기 때문이다.

〈사진 4-2〉 계단식 논과 수박 풍경

우붓은 발리 남부 지역과는 상이한 자연환경을 가졌다. 꾸따, 사누르, 누사두아 지역의 해안 중심의 환경과는 다른 자연환경을 보인다. 우붓의 북쪽 지역은 해발 2,000미터 이상의 화산이 여러 개 있고, 계곡과 협곡을 따라 현지 주민이 경작한 계단식 논이 있다. 더하여 목공예 상품, 회화 그리고 일상적으로 실천되는 종교 의례가 있어 자연환경과 문화상품을 함께 실천할 수 있는 지역으로 자리매김한다. 이는 발리 남부 지역과 비교하여 관광발전에 소외된 이 지역 주민이 경제적 이득을 얻고 전통문화에 대한 자존감을 재확인하는 계기가 되었다.

지역 주민에게 돌아가는 경제적 혜택과 무형의 자신감은 자연환경 보존 담론을 추동하는 근본적 원인이 되었다. 나아가 그동안 대중관광이나 문화관광은 실행 과정에서 발리 외부에서 들어오는 대자본의 투자가 필수적으로 여겨졌다. 호텔, 대형 리조트, 공항, 도로, 항만 등 사회기반시설에 대한 투자가 필요하고, 이의 효율적 활용 역시 필요하다. 이에 반해 생태관광은 상대적으로 소자본으로 운영할 수 있는 이점이 있다. 특히 우붓 지역은 뛰어난 자연환경과, 수박과 같은 전통문화 유산이 관광의 주요한 대상이다. 이러한 연결고리가 결국 현지 주민에게 마을 전통 보존과 상품화의 필요성을 고취시킨다.

2) 생태관광과 수박

우붓 가이드 시작한 지는 이젠 6개월 정도 되었나. 원래 마을에서 부모님 농사일도 돕고, 마을 일도 도우면서 살았지. 언제부터 시작했는지 잘 알지는 못하는데, 몇 년 전부터 외국인들과 함께 트레킹 다니는 여행 상품이 하나둘씩 생기기 시작했어. 그래서 나도 우붓 시내에 있는 여행사에서 주선한 외국인들을 우붓 인근으로 데리고 다니면서 가이드 생활을 했지. 거기서 일을 하다가, 우리 마을을 중심으로 트레킹을 진행하니 이제

> 는 회사에 소속되지 않고 프리랜서로 일을 해. 내 전화번호와 트레킹 관련 자료 등을 명함이나 전단지 형태로 만들어서 우붓 여행사랑 우붓 관광센터에 놓고 와. 그곳에서 손님들 연결해주면 한 사람당 20달러 받고, 5달러 정도 소개비로 주고, 기타 점심 비용이나 간식 비용 제외하고 10달러 정도는 남는 것 같아.
>
> 수이따(Suita, 마을 투어 가이드), 남성, 30대, 2012. 9. 27.

21세기 들어 우붓을 중심으로 '에코 투어리즘'이라 불리는 트레킹 상품이 활발하게 진행되고 있다. 여행 상품의 개발과 운영은 발리 현지 주민과 외국인이 동업하거나 마을 주민이 자체적으로 한다. 수이따처럼 개인이 혼자서 운영하는 경우도 있지만 그 수가 많지는 않다. 트레킹 상품을 운영하는 업체 수를 정확하게 파악하기는 힘들지만, 여행 상품을 판매하는 가판대나 관광센터에 가면 10여 개 업체가 우붓을 중심으로 관련 사업을 운영하는 것을 알 수 있다.

트레킹 상품은 대략 두 가지 형태로 진행되는데, 자전거 트레킹과

〈사진 4-3〉 트레킹 진행 사진과 팸플릿

도보 트레킹이다. 트레킹 상품의 운영 방식은 업체별로 다르다. 하지만 트레킹의 주요 관광대상물은 수박에 의해 만들어진 디양한 풍경이다. 예를 들어 우붓 중심부에서 북쪽으로 차로 20여 분을 이동하면 뜨갈랄랑(Tegalalang) 지역에 있는 발리의 전통적인 계단식 논이 있다. '라이스 테라스(rice terrace)'라고 불리는 계단식 논은 높은 언덕 위부터 산 아래 지역까지 농수로로 이어져 있고, 스펙터클한 광경을 연출한다. 트레킹을 운영하는 대부분의 업체가 뜨갈랄랑 지역과 유사한 계단식 논을 보여주는 프로그램을 운영한다.

자전거 트레킹과 도보 트레킹은 대략 〈표 4-1〉과 같은 방식으로 프로그램을 진행한다. 트레킹 프로그램은 오전 9시 전후로 바뚜르 정상에서 일정 소개, 아침 식사 그리고 화산 지대 관람 이후 시작된다. 자

〈표 4-1〉 트레킹 관련 상품 진행 일정

자전거 투어
1. 우붓, 사누르, 꾸따 등지에서 손님 픽업하여 차량으로 바뚜르 화산 등 출발 지점으로 이동(06:00~09:00) 2. 자전거를 타고 산에서 내려옴(09:00~12:00) 3. 섭외된 마을의 힌두 사원을 방문. 마을의 역사, 힌두 의례 방식에 대해서 설명(09:00~12:00) 4. 자전거를 타고 수박 풍경, 원시자연림 등 자연환경 감상(09:00~12:00) 5. 인솔자가 소속되었거나 섭외한 마을에 방문하여 점심 식사(12:00~14:00) 6. 마을의 종교 의례, 특히 힌두교 의례에서 행해지는 정화의식을 할 수 있는 사원으로 이동. 힌두 의례를 체험(14:00~16:00) 7. 숙소로 이동
도보 투어
1. 우붓, 사누르, 꾸따 등지에서 손님 픽업. 섭외된 마을에 도착(06:00~08:00) 2. 발리 전통 건축양식이 남아 있는 집을 방문, 집의 구조, 생활 방식 등에 대한 설명과 체험(08:00~09:00) 3. 마을과 인근의 길, 수박 풍경, 원시자연림 등 감상(09:00~11:00) 4. 발리 전통 음식 위주로 점심 식사(11:00~12:00) 5. 힌두교 의례 체험 또는 마을 인근 지역 트레킹(12:00~14:00) 6. 숙소로 이동

전거 트레킹을 하는 관광객은 다운힐(Down hill)을 하면서 바뚜르 화산을 내려온다. 도보 트레킹을 하는 관광객은 차를 타고 섭외된 마을의 힌두 사원을 방문하여 마을의 역사, 힌두 의례 방식에 대해서 설명을 듣는다. 때로는 수박과, 이와 관련된 신 데위 스리(Dewi Sri)에 대한 설명이 포함된다.

이후 관광객은 자전거나 차량을 이용하여 행사 진행자가 소속된 마을로 이동한다. 마을로 가는 길목에 위치한 다양한 계단식 논과 밀림 사이의 오솔길은 관광객의 감탄을 자아낸다. 오전 11시 전후 관광객은 마을의 초입에 있는 데와 사원(Pura Dewa)을 방문하여 힌두 문화의 장례식과 윤회사상에 대한 설명을 듣는다. 이후 마을의 중심부에 도착한 후 본격적으로 마을 탐방과 함께 발리 전통 마을의 구조와 방문한 마을에 대한 흥미로운 이야기 등을 접하게 된다. 마을 방문이 거의 끝날 때쯤 트레킹 참가자들은 발리 전통음식이 준비된 주민의 집에 방문하여 점심 식사를 한다. 식사 이후 관광객은 각자의 일정대로 호텔로 돌아가거나 마을과 주변의 수박을 둘러본다.

흥미로운 점은 트레킹 상품이 내세우는 홍보 지점이다. '진짜 발리 보기(See The Real Bali)', '우붓에서 당신을 위한 지역 여행(Your Local Travel in Ubud)', '발리, 길을 벗어난 도보여행(Bali, Off Course Guided Walking Tour)', '발리 자연 걷기(Bali Nature Walk)' 등과 계단식 논과 같은 풍광, 마을 힌두 사원 방문 등을 주요한 홍보 대상으로 한다. 홍보 문구와 함께 팸플릿에는 발리 자연환경이나 전통문화를 표상하는 다양한 사진이 인쇄되어 있다. 논길을 지나가는 외국인, 울창한 원시 자연이나 논을 배경으로 자전거 타는 외국인, 발리 전통음식 사진 그리고 종교의례 과정과 관련된 사진들이 홍보 문구와 함께 인쇄되어 있다.

우붓 지역에서 활발하게 펼쳐지는 트레킹은 우붓 지역이 겪는 다양한 변화를 상징적으로 보여준다. 트레킹이 벌어지는 장소, 트레킹이 추구하는 가치 그리고 트레킹을 주도하는 현지 주민과 이를 경험하는 관광객을 통해 변화의 과정을 살펴볼 수 있다. 장소는 물리적·지리적 위치라는 현상을 넘어 "인간의 실천(practice)"을 포괄하는 범위에서 이해되어야 한다는 것이 사회과학의 문제의식이었다(박동성 2013: 376, 정헌목 2013). 특히 장소성은 장소가 가지는 성격이 상당한 기간 동안 지속적으로 실천될 때, 즉 역사성을 가질 때 획득되는 것이다(박동성 2013: 376). 우붓 트레킹을 진행하는 과정에서 트레킹의 시작과 끝은 트레킹을 진행하는 안내자가 살고 있는 마을인 경우가 대부분이다.

> 아침에 우붓이나 사누르, 멀게는 꾸따까지 손님을 픽업한 후 우리 집으로 데리고 오거나, 일정이 늦어질 것 같으면 마을 입구에서 간단한 오리엔테이션을 하지. 뭐, 가끔씩은 꾸따에서 바로 산 정상으로 가기도 하는데 일정이 너무 늦지 않으면 가급적 마을에서 트레킹을 시작하려고 해. 손님을 픽업한 후 바로 산 정상으로 데리고 가면 손님들이 약간 당황해. 길이 워낙 험하거든. 그리고 처음 만나는 사람에게 나에 대해서 소개하고, 내가 사는 마을을 소개하면 친근감이랄까, 이런 게 생길 것 같아서.
>
> 아, 그리고 무엇보다 다른 마을에서 처음 만나는 손님들을 모아놓고 이런저런 설명을 하는 게 예의도 아니고. 다른 마을 주민에게 허락도 받아야 하고, 허락도 안 할 거야. 자전거 투어 하는 데 처음 내려오는 길에만 다른 마을에 가지. 거의 대부분 우리 마을에서 진행해. 마을 주민에게 이미 허락도 받았고. 무엇보다 내가 우리 마을을 가장 잘 아니까 설명해 줄 것도 많고.
>
> 파루스(Parus, 트레킹 가이드), 남성, 40대, 2013. 10. 5.

발리에서 한 인간은 개인이 가진 정체성을 외부인에게 표출하지만, 더 중요한 것은 개인이 어떤 집단에 소속되어 어떤 집단 정체성을 가지는가이다. 발리인인지 자바나 다른 종족의 사람인지, 발리인이면 어떤 반자르 출신이고 어떤 신분에 속하는지는 발리인이 외부인과의 관계 맺기에서 가장 중요한 수단이다. 한 개인의 정체성을 드러내는 중요한 수단인 '소속감'은 트레킹과 같이 마을을 중심으로 펼쳐지는 관광산업에서 더욱 중요하다. 관광을 주도하는 가이드의 거주 마을은 단순한 물리적·지리적 위치가 아니다. 트레킹 진행 과정에서 대부분의 프로그램은 마을을 중심으로 이루어진다. 즉 마을공동체의 문화적 토대 위에서 관련 프로그램이 진행되고, 관광객은 발리 문화를 자신이 경험한 특정 마을의 문화적 전통의 틀에서 이해한다.

결국 트레킹의 실천이 가이드가 거주하는 마을에서 이루어지기에, 관광객에게 발리의 마을은 그 자체로 생태관광과 전통문화를 표상한 지역이 된다. 나아가 생태 자원이자 문화 자원인 수박의 활용, 지역 주민의 주도적이고 실천적 역할 측면에서 '생태-문화관광'(Russell and Wallace 2004)의 범주에 속한다. 기존의 우붓 중심부와 비교하여 상대적으로 낙후되고, 관광과 관련 없던 지역이 트레킹이라는 관광 상품을 통해 생태관광과 전통문화라는 표상을 획득했다. 이러한 표상의 지속성은 새로운 유형의 관광 상품을 실천할 수 있는 공간으로 장소성을 획득하게 된다.

표상과 장소성의 획득은 마을 주민에게 마을과 마을 전통에 대한 자부심을 불러일으키고, 마을의 경제적 발전에도 일정하게 기여한다. 마을 주민으로 구성된 가이드들은 매달 얼마간의 수익금을 마을 기금으로 기부하고, 더하여 트레킹 진행 시 특정 지역이나 문화현상을 설명해주는 농민, 힌두교 사제에게 비공식적 답례를 한다. 그럼에도 마을의 경제 성장에 가장 큰 부분을 차지한 것은 지가와 임대료의 상승이다.

발리 사회에서는 땅을 다른 마을 사람이나 외국인에게 잘 팔지 않아. 거의 대부분 마을 단위로 공동체가 구성되고, 특정 땅이 누구누구의 소유가 아닌, 어떤 가족의 소유라는 개념이 강해. 즉 가족 땅인 거지. 그래서 땅을 매매하기보다는 임대를 많이 해. 20, 30, 40년 단위로 장기간 땅을 임대하지. 매매가 잘 안 이루어지니, 땅값을 정확하게 매기기가 힘들고. 옆집이 얼마에 팔았다, 아니면 옆 마을에 누가 얼마에 팔았다고 하면 비슷한 가격대에서 자신도 판매하는 거지. 땅값 상승에 가장 큰 영향을 미치는 것은 아무래도 외국인 관광객이 많이 오거나, 외국인에게 매매하는 땅이지. 재작년부터 우리 마을에 자카르타 사람이 제법 큰 리조트를 만든다고 한 거야. 아마 마을 사람 대부분이 너무 좋아할 거야. 그동안 우리 마을에 변변한 숙박시설이 없어서, 리조트가 만들어지면 아무래도 외국 사람이 더 많이 올 거니까. 어쩌면 땅값이나 임대료가 상승할 것이고. 하물며 식당도 지금보다는 잘 될 거야.

파루스(Parus, 트레킹 가이드), 남성, 40대, 2013. 10. 5.

파루스의 진술처럼 현재 우붓에서 마을의 가치, 특히 지가나 임대료를 빠르게 상승시키는 방법은 마을에 외국인이 거주하는 것이다. 문화적 차이에 따른 갈등과 이방인의 방문에 따른 위화감 등이 기존의 마을 질서를 깨트린다는 일부 주민의 의견도 있지만 대체로 외국인의 방문과 장기거주를 환영한다.

주목할 점은 표상과 장소성의 획득이 마을 주민뿐만이 아니라 관광객에게 영향을 준다는 것이다. 하지만 이러한 표상과 장소성의 획득이 우붓이라는 공간으로 확장되어 발현된다는 것이다. 트레킹 가이드인 파루스는 본인의 마을이 깨끗하고, 농촌 공동체가 유지되고, 발리 전통문화를 경험할 수 있는 공간으로 변화하기를 원한다. 이를 통해 경제적 이익 창출과 마을이 발전할 수 있는 유무형의 자산을 획득한다고 믿는다.

하지만 관광객은 대부분 이를 특정 마을, 즉 파루스의 마을 같은 특정 반자르가 아닌 우붓 지역이라는 확장된 영역으로 그 표상과 장소성을 인식한다. 결국 관광객이 발리 지역을 재방문하거나 거주지를 찾을 때 파루스의 반자르에서 얻은 표상과 장소성이 실질적으로 발현되지는 않는다. 인터뷰 당시 뉴꾸닝 마을에 거주한 얀센(Janssen)의 사례는 특정 반자르에 대한 표상과 장소성에 대한 거주외국인의 인식을 뚜렷하게 보여준다.

> 우리나라에서 은퇴한 후 외국에서 거주하면 매달 2,000달러 정도 생활비가 나와. 은퇴 후 덴마크보다 따뜻하고 기후가 좋은 나라에서 거주하기 위해 여러 나라를 가봤어. 그러다가 우붓에서 트레킹도 하고, 오토바이를 타면서 여기가 너무 마음에 든 거야. 그 후 덴마크 돌아갔다가 다시 우붓으로 왔지. 지난달에 말레이시아에 가서 1년짜리 거주비자를 받아서 일단 1년 동안 여기서 살 수 있을 것 같아.
>
> 얀센(Janssen, 덴마크 출신 거주외국인), 남성, 60대, 2013. 9. 13.

> 우붓에서 살기로 결정하고 덴마크로 돌아갔다가 다시 올 때, 지난번 여행 할 때 방문했던 마을이 너무 좋았는데 그 가이드를 못 찾겠더라고. 마을이 어디에 있었는지 기억도 잘 안 나고. 며칠 호텔에서 지내면서 찾으려고 했는데 호텔비도 만만치 않고. 현재 살고 있는 뉴꾸닝 마을이 우붓 중심지에서 멀지 않고, 외국인도 많이 있어 상대적으로 안전하고 생활도 편리한 것 같아. 그래서 여기서 일단 살려고 생각 중이야.
>
> 얀센(Janssen, 덴마크 출신 거주외국인), 남성, 60대, 2013. 10. 21.

파루스와 얀센의 사례에서 거주외국인이 획득한 표상과 장소성은 우붓 중심부와 가까운 지역에 위치한 마을로 소구되고 전이된다. 이러

〈사진 4-4〉 거주외국인 대상의 상품 안내 표지판

한 요인은 대략 네 가지로 정리될 수 있다. 첫째, 생태관광으로 생긴 우붓 지역이 가진 환경에 대한 호감은 이 지역에 장기간 거주하게 하는 요인이지만, 거주외국인이 모국에서의 생활 방식을 갑작스럽게 변경하는 것이 쉽지 않다. 따라서 생활의 편의성을 제공하는 마트, 은행, 식당 등이 모여 있는 우붓 중심지나 인근의 마을에 거주한다. 둘째, 우붓에는 하루에도 수십 대의 대형 버스가 수천 명의 관광객을 실어나르고 있다. 차량과 사람으로 혼잡도는 높지만 외국인 관광객이 많다는 점은 이 지역이 상대적으로 안전하다고 인식하는 요인이 된다. 셋째, 영어나 모국어를 사용할 수 있는 환경이고 현지 주민뿐만 아니라 다른 국적의 사람들과도 자유롭게 만날 수 있는 환경이 된다. 넷째, 실질적으로 집을 임대하거나 매매하는 과정에서 우붓 중심지가 아닌 외곽 지역의 정보는 얻기 어렵다.

이상의 네 가지 요인은 우붓 중심지가 가진 문제, 특히 높은 지가와 교통의 혼잡성에도, 이 지역 거주외국인의 밀집도를 더욱 높인다. 따라서 우붓 인근의 마을 주민이 트레킹을 비롯한 다양한 방법을 통해서 성취한 생태관광이 가능한 지역, 전통문화가 보존되고 유지된 지역이라는 표상과 장소성의 혜택은 우붓 중심부의 일부 사람만이 점유하게 된다. 결국 표상과 장소성 획득을 둘러싼 현지 주민과 관광객 사이의 간극, 마을 발전과 경제적 성과에 대한 불평등은 여러 갈등을 유발하는 요인이 된다.

2. 수박의 지속과 변화

1) 관광발달 과정에서 수박 조직

발리가 관광지화되기 이전부터 벼농사를 중심으로 하는 경제생산 체제에서 수리조합이자 관개수로를 일컫는 '수박'은 발리 전통 생산 체계를 구성하는 요소였다. 고고학자의 발굴과 사회-경제적 작동 방식, 즉 관개수로 시설 설립을 위한 정치권력과 청동기와 철을 사용한 것으로 보아 발리 지역에서 약 2,000년 전부터 관개를 통한 농경을 시작한 것으로 보인다(Pringle 2004: 33-35). 과거부터 현재까지 발리에서 농사를 위해 가장 중요한 일은 물의 효율적 관리다. 특히 발리와 같은 화산섬에서 농사의 성공 여부는 산 정산의 물이 산 아래 지역까지 얼마나 효율적이고 효과적으로 관리되느냐에 달려 있다.

더욱이 우기와 건기의 구분이 명확하고 2년 동안 4모작이 이루어지는 자연환경에서 물 관리는 농사에서 가장 중요한 요소다. 따라서 관개배수 시설의 신설과 보수 관리를 위해 주민 상호간의 협동이 필요하고, 이를 위해 수박이라는 조직이 구성되었다. 특히 물의 관리와 더불어 엄청난 노동력이 필요한 모내기와 추수 등 농업 생산 체계 전반의 효율적 관리를 위해 수박이 생성되었다.

〈그림 4-1〉의 수박 구조도처럼 발리 지역은 화산섬이라는 지역적

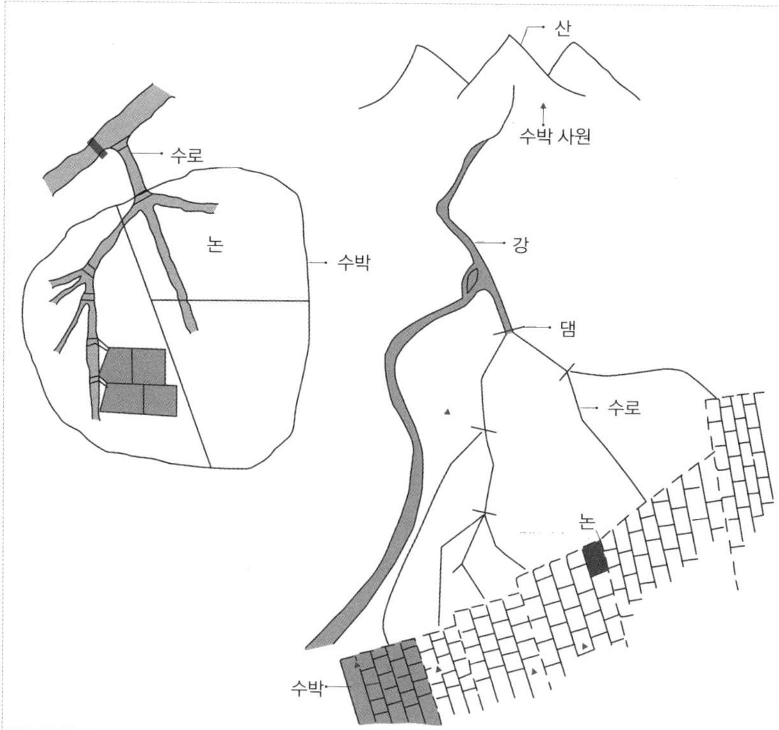

〈그림 4-1〉 수박 구조도(Hobart 외 1996: 94 재구성)

특수성으로 인하여, 산 정상에서 시작된 물줄기가 계곡과 강을 따라 산 아래 지역으로 그대로 흘러내려간다. 이러한 자연환경에서 발리인에게 계단식 논은 경사지를 개간하는 최선의 방법이자, 경관을 훼손하지 않는 범위에서 땅을 확보할 수 있는 방안이다.

그럼에도 계단식 논의 경작에는 평지에 위치한 논보다 상대적으로 더 많은 노동력이 필요하고, 특히 댐이나 저수지를 만들기 어려운 지형과 당시의 기술력은 자연히 땅 소유자를 중심으로 협동을 필요로 한다. 계단식 논을 중심으로 구성된 발리 지역 수박은 상대적으로 작은 규모의 농토를 중심으로 구성되고, 100여 명에서 200여 명의 조합원

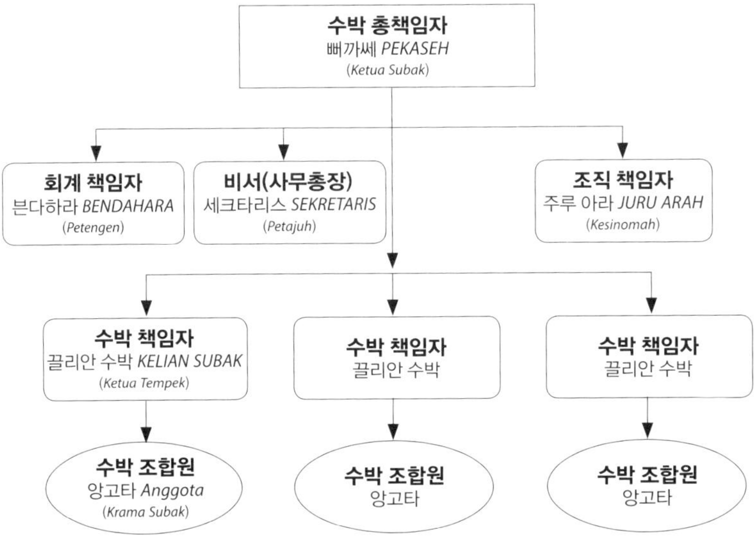

〈그림 4-2〉 수박 조직도

(*krama subak*)으로 구성된다.

수박 조직은 탑-다운 방식의 의사 결정 구조를 가진다. 수리조합의 대내외적 대표자인 빠까세는 수박 회의인 상끄빤(*sangkepan*)을 주관하는 책임자다. 상끄빤은 발리력[3]으로 35일마다 진행되는데, 최근 들어서는 1년에 두 차례 정도 개최된다. 상끄빤에서는 물의 분배와 관리, 세금 납부와 관련한 회계 그리고 수박 의례와 관련된 내용을 논의한다. 빠까세는 수박 구성원들의 투표로 선출되지만, 대부분 합의에 의해 선출된다. 빠까세는 수박의 회계 책임자 븐다하라, 비서이자 사무총장 세크타리스 그리고 빠까세의 지시를 받아 실질적으로 각 뗌뻭(*tempek*)의 수장과 협력하는 주루 아라가 있다.

3 발리 우쿠력(*wuka*). 210일을 1년으로 계산한다.

뗌뻭은 농사를 하는 토지를 지칭한다. 뗌뻭은 개울이나 강, 높은 나무 혹은 큰 돌 등 자연 표식물을 경계로 구분된다. 뗌뻭의 수장은 끌리안 수박이다. 끌리안 수박은 각 뗌뻭에 물의 입출입을 관리하는 수장으로, 보의 건설과 수로 조성 등 기술적인 부분을 담당한다. 끄라마 수박은 수박과 연결되는 토지를 소유한 가족이나 개인 구성원, 즉 앙고타를 의미한다. 수박 조직의 구성도는 반자르 조직의 구성과 유사하다. 반자르의 수장인 끌리안 반자르처럼 끌리안 수박이 있고, 반자르 구성원인 끄라마 반자르(*krama banjar*)와 같이 끄라마 수박이 있다. 이는 수박과 반자르의 운영 방식과 의사 결정 방식이 유사하기 때문에, 두 조직의 구성 방식이 대응 관계에 있는 것이다(Geertz 1980b: 79).

수박은 하나의 화산 호수에서 여러 수박 조직으로 파생되고, 계곡이나 강줄기를 따라 하나의 댐(*empelan*)이 수로(*telabah gde*)로 연결되는 방식이다. 따라서 한국을 비롯한 동북아시아 지역의 수리조합이 마을 구성원을 중심으로 모인다면, 발리 지역의 수리조합은 물줄기가 지나가는 농토를 중심으로 구성된다. 즉 농토 소유자를 중심으로 조합원이 구성되기에, 수박 조합원과 반자르 구성원이 다른 경우가 대부분이다.

또한 수리조합은 각각의 사원(*pura subak*, water temple)을 소유하는데, 쌀의 신이자 풍요를 상징하는 데위 스리를 위한 사원을 건립한다. 따라서 수박 사원은 지역에 따라 마을에 위치하거나 수박 인근에 세워진다. 연구 대상 지역인 뉴꾸닝 마을에는 뉴꾸닝 수박과 수박 사원이 존재한다.

수박 조직은 농업 생산, 조직 구성, 회계 관련 등의 규칙을 둔 수박 운영 규정집인 아윅-아윅(*awig-awig*)에 의해 운영된다. 수박 구성원은 농토의 면적과 개수에 관계없이 한 명의 구성원이 하나의 표(권리)를 행사하는 1인 1표제로 운영되기에, 동일한 권리를 가진다. 수박이 위치한 환경에 따라 규정집의 내용은 다르다. 대체로 농토 경작을 위해 구성원의 협동 일정, 구성원 상호간의 의무적 협력 방안에 대한 규정, 수박 사원에서 관련 의례 진행을 위한 규칙과 일정 등이 명기된다.

이상의 방식으로 운영되는 발리의 수박은 발리 지역이 관광지화되면서 급격히 변화한다. 이는 기존 농지가 관광 관련 시설로 변모되고, 수박 구성원의 절대적 수의 감소에 기인한다. 특히 기존의 수리조합이라는 의미를 지닌 '수박'은 '지속가능한 관광', '대안관광', '생태관광'이라는 대중관광의 부정적 영향을 극복하는 대상으로 지목되었다. 즉 생태관광 대상물로서 쌀이나 밭작물을 생산하던 계단식 논은 그 자체가 스펙터클한 풍경이 되고, 논에 물을 공급하기 위해 만들어진 댐이나 수로는 도보 여행을 위한 트레킹 코스로 활용되었다.

이러한 의미 확장이 가장 극적으로 나타나는 지역이 우붓 인근 농촌이다. 또한 이러한 변화는 마을 전통을 변화시키는 가장 큰 요인이자, 마을 발전을 위한 다양한 활동을 추동한다. 결국 수박이 가진 단어 자체의 의미 확장은 열대우림 지역이라는 자연적 환경, 생존과 경제적 성장을 위한 인간 활동, 새로운 유형의 관광 자원화와 이에 호응한 관광객의 유입 등이 맞물리는 사회·문화적 상호작용의 결과다.

생태관광에서 수박의 활용과 같은 새로운 유형의 관광 자원화 과정에서 발리섬의 여타 지역이 아닌 우붓과 인접 지역이 여행객의 주요 관광대상이 된 점은 주목된다. 특히 수박의 규모와 역사가 상대적으로 빈약한 우붓 지역이 생태관광에 있어 장소성을 획득한 과정에 대한 논의가 필요하다. 우붓 지역이 수박을 활용한 생태관광 지역으로 장소성을 획득한 이유는 세 가지로 요약된다.

첫째, 우붓 지역이 발리섬에서 문화관광의 중심지로 관광객에게 널리 알려져 있었기에, 관광객을 모객하기에 상대적으로 나은 조건이었다. 나아가 지속가능한 관광의 일부로 여겨지는 문화관광을 향유하는 관광객에게 트레킹과 같은 생태관광 역시 상대적으로 받아들이기

쉬웠다. 이는 우붓 지역의 생태관광을 체험하는 관광객 대부분이 기존의 문화관광을 향유하던 서구의 관광객이라는 점에서 확인 가능하다. 또한 트레킹과 같은 수박을 활용한 생태관광이 계단식 논을 체험하고 생태환경을 관찰하고 학습하는 단계에 머무르지 않고, 문화관광의 요소로 간주되는 종교 의례, 마을 전통 체험 등과 함께 운영되기 때문이다.

둘째, 우붓 지역에 거주하는 장기거주외국인의 역할 역시 주목된다. 우붓의 환상적인 강, 협곡, 울창한 숲 그리고 논은 관광객에게 충분히 호기심을 자극하는 대상물이지만(Mann 2013: 127), 이를 좀 더 관광자원화하고 체계적으로 구성한 사람은 영국인 메이슨(Nigel Mason)과 그의 발리인 아내 야니(Yanie)다. 메이슨은 그동안 풍경으로만 존재한 우붓 지역의 다양한 자연환경을 활용하기 위해 1989년 아융강(Sungai Ayung)에서 레프팅 사업을 시작했다. 사업의 성공은 다른 사업으로 확장되었고, 그는 우붓 인근의 자연과 문화환경을 적극적으로 활용했다.

특히 자전거를 타고 바뚜르(Batur) 호수와 화산, 열대우림과 곳곳에 숨겨진 계단식 논 구경하는 것을 비롯해, 전통 마을 체험과 지역 음식 체험 등은 우붓의 문화 상품이다. '우붓 트레킹(Ubud Trekking)'으로 명명된 이 프로그램의 시작은 발리 관광의 새로운 전기를 마련해주었다. 메이슨과 야니의 사례처럼 새로운 관광 유형을 끊임없이 개발하는 외국인과 현지 주민의 역할은 우붓 지역이 여타 지역과 비교하여 관광발전의 차이를 가져오는 지점이다. 즉 거주외국인과 현지 주민의 지속적인 교류 과정에서 기존의 자연환경과 사회·문화적 환경에 대한 새로운 인식과 활용의 결과다.

마지막으로 우붓 지역의 관광발전과 경제 성장을 목도한 현지 젊은 층의 역할 역시 주목된다. 사례로 제시된 파루스와 사리는 우붓 중심부가 아닌 인근 반자르에 거주한다. 학창 시절과 관광 관련 업종에 종사하는 과정에서 이들은 우붓 중심부의 발전 과정을 직접 경험했다. 특히 우붓 중심부의 땅값이 급격히 상승하면서 일부 주민이 큰 부를 획득하는 과정은 이들에게 상대적인 박탈감을 주었다. 더욱이 관광발전은 이 지역의 물가 역시 상승시켰고, 결국 임금상승률과의 큰 차이는 이들에게 깊은 좌절감을 주었다.

이러한 경험은 관광발전이 경제성장과 직결됨을 인지하게 되었고, 이를 위해서 무엇보다 자신의 반자르가 관광지로 변화해야 한다는 당위성을 깨달았다. 결국 마을이 가진 다양한 생태 자원과 사회·문화적 자원이 이들에게 주요한 자산이 되었고, 이를 활용한 관광 상품이 개발되고 실천되었다.

ㄱ) "땅 팝니다!"

> 이제는 중국인 관광객 없으면 우붓의 식당이나 카페는 다 문 닫아야 할 거예요. 2년 동안 임대료가 얼마나 올랐는데요. 우리 옆 식당은 현재 건물 주인이 운영하는데, 주인이 식당 그만하고 싶다고 임대를 내놓았어요. 임대료가 얼마인지 알아요? 1년에 무려 10억 루피아예요. 그럼 월세가 원화 1,000만 원이 넘는 금액이에요. 그 말도 안 되는 월세 가격을 협상하겠다고 호주 사람이 가격 조정하러 왔어요. 1년에 9억 루피아면 안 되겠냐고요. 주인은 안 된다고 했대요. 무조건 10억 루피아는 받아야 한다고요. 본인이 현재 식당 운영하고 있으니까 급할 것도 없다고요. (중국인을 가리키며) 중국인 관광객이 우붓 고유의 분위기를 망친다고 하지만, 우리같이 사업하는 사람은 중국인들 없으면 이곳에서 사업 그만해야지요.
>
> 박정진(현지 사업가), 남성, 30대, 2016. 6. 7.

누가 땅을 산다고? 뉴꾸닝 마을 사람들은 땅을 거의 팔지 않는데. 아주

급하게 돈이 필요하면 모를까. 아마 대부분 20년 단위로 임대만 할 거야. 마을 사람 대부분 여기서 태어나고 자랐기 때문에 다른 지역으로 가지도 못해. 더구나 대부분 땅이 개인 소유가 아니라 가족 소유라 팔려면 가족 동의가 있어야 해서, 쉬운 일이 아니야. 그나저나 땅은 누가 산다고?

수디까(Sudika, 븐데사), 남성, 50대, 2014. 3. 15.

데사는 영토적 의미에서 많은 의미가 함축되어 있다. 서구의 '빌리지(village)'는 성벽이나 울타리로 경계를 구분한 영역이거나 건물 밀집 지역과 공공 공간을 포함한 지역을 의미한다. 인도네시아 군도에서 다수의 마을 또는 하나의 마을이 데사로 칭해진다. 빌리지의 개념과 유사하게 벽이나 울타리로 경계를 삼은 가족 소유의 공간(*pakarangan*)이나 마을 사원이 세워진 지역을 데사 간의 경계로 삼는다. 빌리지 개념과는 달리, 데사는 법적 권리를 실천하는 협력 집단으로 마을 공동체가 점유한 지역을 의미한다(Hobart 외 1996: 89).

후자의 측면에서 마을에 소속된 현지 주민에게 데사와 반자르는 자신의 정체성을 확인하고 표출하는 공동체 기본 단위다. 반자르는 가족 집단의 영역이나 마을 사원이 위치한 지역이자 개인 혹은 가족 집단이 일상에서 종교적·사회적 의무를 실천하는 지역이다. 따라서 한 개인은 반자르에 소속되고, 반자르를 통해서 자신의 정체성을 발현한다. 결국 반자르 구성원이 아닌 발리인은 존재하지 않으며, 만약 반자르에 소속되어 있지 않다면 이방인이거나 "비정상적인" 사람으로 인식된다.

발리 전통사회에서 마을 구성원이 개인이나 가족 소유의 땅을 마을 주민 이외의 외부인에게 거래하는 것은 매우 드물다. 농촌사회에서 주요한 생업수단인 땅은 개인이나 가족 구성원의 생존권과 밀접하게 관련되기 때문이다. 더욱이 부계 혈통 중심의 발리 사회는 여러 세대의 가족이 같은 마을에 거주한다. 이에 마을 내의 다양한 사회·문화적 조직인 가믈란 연주단, 사원이나 마을 청소 집단, 빠짤랑 등의 구성원이 주민 집단에서 상호 교차하여 구성된다. 따라서 구성원에 결원이 있으면 상호부조와 공동 작업에 있어 여러 문제가 순차적으로 발생한다.

더욱이 땅을 매매가 아닌 임대하는 경우에도 단순히 땅을 외부인에게 임차하는 차원을 넘어 일시적이지만 외부인이 마을 공동체로 들어옴을 의미한다. 따라서 땅의 주인은 임대 기간 동안 외부인에 대한 신분상 보증을 해야 하고, 이는 외부인 역시 마을의 관습법에 따라 처벌 대상이 됨을 의미한다. 하지만 대부분의 마을에서 관습법 위반에 대한 처벌이 반자르 성원권 박탈과 같은 벌칙으로 진행되기에 외부인에게 실효적 측면은 부족하다. 결국 외부인에 대한 신분상 보증을 한 임대인에게 책임이 전가된다.

반자르 성원권 박탈은 가벼운 처벌이라고 생각할 수 있지만, 실제로 이는 발리에서 사형과 다름 없는 무거운 처벌이다. 반자르 성원으로 인정받지 못하면 발리인으로서 가장 중요한 정화를 행하기 위한 '성수'를 받을 수 없다. 갓난아기의 탄생, 성인식, 장례식 등 의례를 일절 할 수 없고, 발리인으로 생존하는 것이 사실상 불가능하다. 이슬람교를 발리인이 완고하게 거부한 원인도 여기에 있다(가종수 2010: 109). 이상과 같이 발리 사회에서 땅의 매매와 임대는 현대사회의 화폐 교환과 같은 경제적 활동의 개념과는 다르다.

하지만 1990년대를 전후로 우붓 지역에서는 땅을 판다는 인도네시아어인 '디 주알 따나(*Di Jual Tanah*)', 집이나 땅을 빌려준다는 의미의 '포 렌트(for rent)', '렌탈 하우스(rental house)', '룸 포 렌트(room for rent)'라는 광고를 곳곳에서 확인할 수 있다. 뉴꾸닝 마을에서도 유사한 광고가 2000년대 전후로 많이 발견되었다.

> 우리 마을(뉴꾸닝 마을)도 2000년을 전후로 땅의 매매와 임대가 활발하게 일어난 것 같아. 우붓 지역에 관광객의 수가 급증하면서 땅값이 많이 올랐거든. 우붓 땅값이 엄청나게 많이 오르니까. 몇 년 지나니 인근의 마을까지 함께 상승했어. 우리 마을도 생각해보면 외국인이 들어와 살기 시작하면서 땅값이 많이 상승한 것 같아.
>
> 수디까(Sudika, 븐데사), 남성, 50대, 2014. 3. 15.

우붓 지역과 뉴꾸닝 마을이 관광 지역으로 발전하면서 땅에 대한 주민의 인식이 달라졌다. 이러한 변화는 무엇보다 주민의 주된 생계수단이 농업에서 관광업으로 변했기 때문이다. 발리섬에 대중관광이 본격적으로 시작된 1960년대와 1970년대 우붓 주민 역시 관광업에 종사했지만, 이들 대부분은 우붓 지역이 아닌 발리의 남부 지역에서 바틱 사롱, 공예품, 회화 등의 상품을 판매했다. 우붓 지역에 관광객이 방문하기 시작하면서 이 지역 주민은 숙박, 음식 그리고 문화 자원에 비롯된 공연 등을 관광객에게 제공했다. 이 지역이 본격적으로 발전하기 시작한 1980년대 중반 우붓의 경제는 관광객에게 제공할 대규모 수입 상품과 외국 자본에 종속되기 시작했다(Macrae 1999: 138).

2000년대 들어 뉴꾸닝 마을은 전체 가구의 10% 정도만 농업 분야에 종사했다. 더욱이 이들 역시 전업농의 경우는 12명(2011년)에 불과하고, 대부분 관광 관련 산업인 홈스테이나 공예품 전시장 운영 등과 병행한다. 공간적 범위를 넓혀 우붓 지역은 1980년대 중반 관광산업이 급성장한 시기에 농업 종사자는 30%에서 10% 중반으로 감소했고, 관광 관련 종사자는 10%에서 30%로 성장했다. 1990년대 중반에 이르러 농업 분야 종사자는 10%에 그쳤다(Macrae 2014a: 47-48).

결국 농업에서 관광업으로 생업 수단이 변화하면서 농산물의 생산보다 땅의 활용을 통한 경제적 이익 달성이 더 중요한 가치가 되었

〈사진 4-5〉 부동산 거래 관련 광고

다. 더욱이 우붓 중심지를 비롯하여 인근 농촌에도 외국인 관광객이 거주하면서, 이들 집단에 대한 인식 역시 변화했다. 전통사회와 비교하여 땅의 주인이 임대 과정에서 외부인에 대한 신분상 보증을 하는 제도는 여전히 남아 있다. 하지만 과거와는 달리 그 책임감은 현저하게 낮아졌다. 예를 들어 외부인이 마을의 관습법 등을 어긴 경우 과거에는 임대를 해준 땅 주인에게 그 책임이 전가되었다면, 현재는 관습법을 어긴 당사자에게 책임을 묻는다.

물론 외부인이 관습법을 어겼다고 마을 차원에서 책임을 묻는 것이 여전히 실효적이지는 않지만, 임대 계약을 종료하거나 새로운 집을 못 구하게 하는 방법 등을 통해 그 책임을 묻는다. 과거와 달리 임대인에게 임차인의 잘못에 대한 책임을 지우지 않는 것은 현실적인 어려움 때문이다. 마을에 거주하는 외국인이 급증하여, 마을 사람 대부분이 직간접적으로 외국인에게 땅이나 집을 임대하는 상황이다. 뉴꾸닝 마을은 전체 167가구(2011년) 중 50여 가구가 외국인과 자바인에게 땅이나 집을 임대하고 있다. 전체 가구의 1/3이 외지인과 직접적으로 연결되는 데다 뉴꾸닝의 경우 현지 주민 대부분이 혈연과 혼인 관계로 연결되기에, 거의 모든 마을 주민이 외지인과 직간접적으로 연결되어 있다.

결국 땅이나 주택 거래에 대한 주민 집단의 인식 변화는 외부인이 마을에 정착할 수 있는 계기가 된다. 더욱이 과거 지인이나 주변 사람의 소개 등 비공식적으로 이루어지던 부동산 거래 역시 최근에는 신문 광고, 입간판 그리고 부동산 회사 등을 통해 이루어지고 있다.

단적인 예로 과거 꾸따, 스미냑 등 남부 지역의 토지나 빌라 등을 매매하던 대형 회사들이 2000년대를 전후로 우붓 지역 부동산을 함께 취급한다. 또한 우붓 곳곳에는 지역의 땅과 주택을 매매하는 부동산을 쉽게 발견할 수 있다.

주목할 점은 부동산 매매와 관련된 홍보는 대체로 대상 물건 주위에 인도네시아어로 표기되고, 임대 관련 홍보 문구는 대부분 영어나 일본어로 작성된다. 이와 관련해 부동산 취득과 관련한 법적·행정적 변화와 동시에 부동산에 대한 주민의 인식 변화를 논의할 수 있다. 인도네시아에서 외국인의 부동산 소유(*hak milik*)에 관한 관련법은 1996년 41호 정부령[4]을 기초로 2015년 103호 정부령[5]이 있다. 초창기에 개정된 부동산법은 외국인이 개인 자격으로 토지 및 주택을 구입하는 것을 엄격하게 금지하고 있다. 등기된 법인을 통해서만 구입이 가능하지만, 실제 법률의 미비와 허점을 이용하여 상당수의 외국인이 부동산을 취득한다.[6]

하지만 2015년 국가토지위원회(Badan Pertanahan Nasional, BPN) 결정에 따라 토지 소유 절차를 강화하고, 특히 외국인의 토지 소유에 대한 더욱 정밀한 심사 과정을 제안했다. 이에 따라 외국인의 부동산 취득은 좀 더 복잡한 법적·행정적 절차를 요구한다. 거주외국인의 부동산 취득과 관련한 2015년 법률과 규칙의 변화는 결국 부동산 취득 관련 법률적 절차의 강화다. 따라서 외견상 외국인의 부동산 취득 절차가 더 복잡해진 측면이 있지만, 한편으론 합법적인 거주 허가를 받은 외국인이 정당한 취득 사유[7]를 제시한 경우 부동산 취득을 허가했다는 점에서 진일보한 측면이 있다.

외국인의 부동산 소유의 법적·행정적 절차의 복잡성과 함께 반자르 주민의 땅에 대한 인식 변화도 주목된다. 관광발달 초기 땅값의 급

4 Peraturan Pemerintah Republik Indonesia Nomor 41, Tahun 1996.

5 Peraturan Pemerintah Republik Indonesia Nomor 103, Tahun 2015.

6 우붓에서 외국인의 부동산 취득은 일반적으로 변호사 혹은 부동산 중개인을 통해 진행된다. 이들은 인도네시아인을 대리로 내세우거나 위장 법인을 통해 외국인의 부동산 취득을 가능케 한다.

7 사업, 투자, 취업 그리고 인도네시아인과 혼인한 경우다.

격한 상승으로 이 지역의 토지는 외부인에게 높은 가격으로 판매되었다. 하지만 마을의 땅이 지속적으로 외부인 소유로 바뀌면서, 주민들은 마을 공동체 유지에 대한 문제의식을 공유하기 시작했다. 특히 문화가 다른 외국인이 땅을 구매함으로써 공동체 내의 갈등이 대두되었다.[8]

> 뉴꾸닝 마을의 경우 마을 중심부에 있는 땅을 외국인에게 팔지 않고, 예전 농사를 지었던 지역이나 숲이 있었던 지역의 땅을 외국인에게 팔았지. 마을이 아무래도 좁다 보니까 마을 중심부는 실제로 팔 수 있는 땅이 없었고. 더욱이 외국인들이 수박 인근이나 숲 같은 자연 풍경이 좋은 곳을 선호해서 그곳 땅이 많이 팔렸지. 마을을 둘러싼 주변 땅이 외국인 소유가 되니까 농사 짓는 사람들과 마찰 같은 게 있었어. 농사 짓는 과정에서 농약을 뿌리는 것이나, 닭이나 돼지 같은 짐승을 기르는 것에 대한 갈등이 많았지.
>
> 수디까(Sudika, 븐데사), 남성, 50대, 2014. 4. 10.

외부인에게 매매를 하지 않는 것과 관련하여 주목되는 점은 집값의 지속적 상승이다. 관광발달 초기 뉴꾸닝 마을 주민은 자신이 소유한 땅을 "상상도 할 수 없는", "평생 가도 만져보지 못할" 금액으로 매매했다. 하지만 위치에 따라 조금씩 차이가 나는 것을 감안하더라도, 당시의 매매 가격은 현재 매매 가격에 비하면 절반에도 미치지 못하고, 현재 임대 가격에도 미치지 못하는 경우가 대다수다.

8 저자 역시 연구 과정에서 가장 힘들었던 부분이 이른 새벽부터 울어대는 닭 소리로 인하여 잠을 설치는 것이었다. 현지조사라는 특수한 상황이었기에 주변 이웃에게 항의는 하지 않았지만, 대부분의 외국인은 이 문제에 신경질적인 반응을 보였다.

뉴꾸닝 마을에서 땅이나 빌라의 임대 방식은 다음과 같다. 땅의 경우는 과거 논밭 그리고 산의 일부를 임대하는 방식을 택한다. 과거 농사를 지었던 땅을 임대하는 것은 농사를 통한 소득보다 임대 수익이 훨씬 많기 때문이다. 예를 들어 현재 뉴꾸닝 마을에서 1아르(are)[9]의 땅을 임대하는 경우 대략 1년에 5,000만 루피아를 벌 수 있지만, 이곳에서 농작물을 재배해서는 1년 임대 수익의 1/10도 벌기 힘든 상황이다.

따라서 뉴꾸닝 마을 주민은 대략 10년이나 20년의 기간을 정하여 땅을 임대한다. 과거에 임대 대상은 호주나 미국 등 서구권 국가 출신의 거주외국인이지만, 최근 들어서 한국, 중국, 자카르타 출신 자바인에게 주로 뉴꾸닝 땅이 임대된다. 임대한 땅에는 주거용 빌라를 건립하거나 식당이나 카페 운영을 위한 상가 건물을 건립한다. 때로는 30년 이상 장기간 임대를 하지만, 최근 몇 년 동안 뉴꾸닝 마을의 땅값과 임대료가 급격하게 상승하면서, 임대인 대부분은 모두 20년 이내로 계약을 진행한다.

임대료는 계약 조건에 따라 조금씩 다르지만, 일반적으로 보증금 없이 임차료만 지불하는 방식을 택한다. 임대 계약 후 임대인 대부분은 건물을 건립하는데, 집의 설계도가 나온 이후 실제 건물을 건립하는 데 필요한 노동력은 마을 주민에 의해 충당된다. 임차인이 힌두교인이 아니어도 땅 주인은 임차인에게 양해를 구해 새롭게 건립될 건물에 사원이나 사당을 건립한다. 이런 방식으로 세워진 사원이나 사당은 임대인이 관리한다.

최근 들어 뉴꾸닝 마을에서 임대하는 땅을 구하기는 매우 힘들다. 10여 년 동안 활용되지 못했던 마을 땅 대부분을 외국인에게 임대했

9 1아르는 100제곱미터의 크기다.

고, 땅을 매매하거나 임대한다는 광고를 보기도 쉽지 않다. 이는 두 가지 이유 때문이다.

첫째, 마을 주민이 10여 년 동안 외국인에게 땅을 임대하는 과정에서 문화적 차이로 인한 갈등이 있었기에, 땅을 임대할 때 "믿을 만하거나" 혹은 "잘 아는" 사람과의 계약만 원하기 때문이다.

뉴꾸닝 마을에 약 4년간 거주한 김하늘의 사례와 현지조사 중이던 저자의 사례는 이를 반영한다. 김하늘은 발리 지역으로 이민 오면서 처음 살았던 마을이 뉴꾸닝이었다. 이 마을에서 4년간 거주하면서 주민과 원만한 관계를 유지했고, 주민 역시 김하늘에 대해 다른 외국인과 달리 좋은 평가를 내렸다. 김하늘은 이후 뉴꾸닝 마을에 완전히 정착하기 위해 집을 지을 땅을 임대하려고 했다. 마을 주민은 운동장 옆에 있는 땅을 김하늘에게 흔쾌히 소개해주었다.

저자 역시 현지조사 과정에서 가족과 함께했기에, 다른 외국인에 비하여 "믿을 수 있는", '현지 문화를 존중하는' 사람으로 주민에게 인식되었다. 더욱이 조사 당시 한국 문화에 대한 인도네시아인의 관심이 높은 시기였고, 한국인이 부유하다는 인식도 있었다. 조사 과정에서 인터뷰를 했던 주민은 저자에게 땅을 임대하여 집을 지을 것을 여러 번 제안하고, "믿을 수 있는" 한국인을 소개해달라는 제안도 수차례 했다. 조사 과정에서 한국인 여러 명이 저자의 소개로 뉴꾸닝 마을에 있는 땅을 보았고, 한동안 저자는 부동산 중개인처럼 땅을 소개하는 한국인 중개업자가 되어 있었다.

둘째, 빌라 건설과 관련된다. 과거에는 뉴꾸닝 마을 주민 대부분이 땅만 임대하여 수익을 얻었지만, 최근 들어서는 좀 더 수익이 높은 빌라를 직접 지어서 이를 임대하는 경우가 많다. 특히 뉴꾸닝 마을 주민은 땅 매매와 임대 과정에서 그동안 상당한 수익을 얻었기 때문에, 잉여 수익을 빌라 건축에 재투자하는 방식을 선호한다.

재투자 방식의 예로, 뚜까드 바뚜 하우스(Tukad Batu House)라는 2013년에 완공된 빌라와 뉴꾸닝 마을 남쪽에 위치한 발리문화센터(Bali Culture Centre, 이하 BCC) 인근에 건립 중인 빌라를 들 수 있다. 두 빌라 모두 뉴꾸닝 마을 주민이 건축했다. 뚜까드 바뚜 하우스는 대가족이 살고 있는 집의 뒤편에 위치한 여분의 땅에 지은 빌라다. 가족들이 부업의 개념으로 시작한 것으로 1층과 2층의 방을 임대한다. 한 달에 대략 1,000만 루피아의 임대료 수입을 올린다. 건축비는 3억 루피아 정도 들었다.

BCC 인근에 건립 중인 빌라의 경우 과거에는 땅을 외부인에게 임대하는 방식을 택했을 것이다. 하지만 주인은 좀 더 많은 수익을 올리고, 임대 기간이 끝난 후에 직접 거주할 목적으로 빌라를 건설 중이었다. 현재 빌라가 세워진 곳은 과거에는 마을의 중심에서 조금 떨어진 지역이어서 땅 활용에 어려움이 있었지만, 인근 지역에 이미 외국인을 대상으로 세워진 빌라가 여러 개 있어 빌라를 건축하게 되었다.

"땅 팝니다!"라는 뜻의 "주알 따나!(*Jual Tanah!*)"는 관광발전 과정에서 뉴꾸닝의 변화를 가장 잘 보여주는 상징이자, 땅에 대한 주민의 인식 변화를 확인할 수 있는 문장이다. 과거 농사가 주된 소득원이던 뉴꾸닝 마을은 현재 전체 가구의 약 10%만이 농업에 종사하지만, 이들 역시 전업농은 아니다. 대략 40세 전후 세대들은 어린 시절 농사 경험이 있지만, 대부분 이전 부모 세대와 달리 농업을 직업으로 선택하지 않았다. 우붓 지역에 관광 산업이 발전하면서 관광을 통한 수익이 농사를 통해 얻은 수익보다 월등히 높기 때문이다. 더욱이 부모 세대 역시 자식들이 농업보다는 다른 일에 종사하는 것을 원했다. 뚜까드 바뚜 하우스의 주인인 사리는 직업 선택과 관련하여 다음과 같이 이야기한다.

〈사진 4-6〉 뚜까드 바뚜 하우스

〈사진 4-7〉 BCC 인근의 빌라

고등학교 다닐 때, 부모님은 내가 농사가 아닌 다른 일을 했으면 했어. 아마 공무원이나 경찰을 하기 원했을 거야. 아니면 학교 선생님이나 일반 회사에 다니길 원했거나. 근데 부모님이 부자도 아니고, 나도 공부를 썩 잘하지도 못했어. 고등학교 졸업 이후 대학은 못 갔고 작은 호텔에서 일했어. 마을 일에도 적극 참여하고, 결혼하고, 아이 낳고. 아내도 호텔에서 만났어. 아내는 아직도 그 호텔에서 일을 하는데 나는 그만두고 나왔어. 호텔 일이 일만 힘들고 월급이 너무 적었어.

사리(Sari, 뉴꾸닝 주민), 남성, 40대, 2013. 10. 8.

사리의 이야기에서 확인할 수 있듯이 부모 세대의 주요한 경제 활동이었던 농업은 자식 세대에게 더는 권하지 않는 직업군이 되었다. 일은 힘들고 수익은 크지 않았기 때문이다. 물론 우붓에 위치한 호텔이나 식당 등에 근무하거나 관광 관련 업종에서 일하는 노동자 대부분이 높은 임금을 받는 것은 아니다. 고등학교 졸업 이후 취직을 하면 대부분 100만 루피아 전후 금액을 받고, 매니저 직급으로 승진하여도 300만 루피아 전후의 금액을 받는다. 호텔리어 대부분이 박봉에 시달렸고, 40대 전후면 일을 그만두고 관광 관련 개인 사업을 시작했다.

사리는 마을 발전에 따른 땅값 상승과 빌라 사업을 시작할 수 있는 여건이 조성되어 호텔 일을 그만둘 수 있었다. 하지만 뉴꾸닝 마을 같은 특수한 경우가 아닌 상황에서 기존의 일을 그만두고 새로운 사업을 시작하는 것이 쉬운 결정은 아니다. 더불어 뉴꾸닝 마을에서도 토지 소유 여부에 따라 마을 내 계층 분화가 일정하게 엿보인다.

3) 마을 경관 활용과 사회적 분화

수박이 서구 관광객에게 생태-문화관광의 주요한 관광대상물화가 되면서 가장 중요한 변화는 땅에 대한 주민의 새로운 인식이다. 앞선 논의처럼 발리 전통사회에서 땅은 경제적 이득 추구를 위한 매매 대상이 아닌 개인, 가족 그리고 마을 공동체의 정체성을 상징한다. 따라서 땅의 매매와 임대는 그동안 매우 제한적으로 이루어졌다.

하지만 발리 지역 관광발달 과정에 따른 땅의 경제적 가치 변화는 현지 주민에게 적극적인 매매와 임대 행위를 촉발시켰다. 더욱이 마을에 장기간 머무르는 외국인이 늘어나면서 땅에 대한 수요가 늘어나고, 이는 지가 상승과 매매 활성화로 이어졌다. 뉴꾸닝 마을은 거주외국인이 급격하게 늘어난 2000년대 이후 이러한 변화를 겪게 된다.

수박을 활용한 생태관광의 발달 과정에서 뉴꾸닝 마을은 관광발달과 지역 공동체 유지 사이의 상호 균형을 어떻게 유지하느냐의 문제에 직면했다. 즉 외국 관광객과 거주외국인이 우붓 지역에서 획득하는 경험, 예를 들어 깨끗한 자연환경과 전통문화에 기인한 문화적 다양성을 어떤 방식으로 유지하면서 동시에 경제적 성장을 달성하느냐다. 하지만 발리 관광발달 역사에서 이 지역의 관광지화는 환경파괴, 이주민 유입, 공동체 파괴와 전통의 훼손 그리고 궁극적으로 지역 발전을 이끄는 주도권을 상실하는 과정이다(Byczek 2011: 83-84).

두 가지 사례를 통해 이에 대한 논의를 확대한다. 첫 번째 제시한 사례는 관광지화 과정에서 반자르 간 격차에 대한 논의다. 우붓 중심부에서 차로 30분 정도 걸리는 스바뚜 마을(Desa Sebatu)에 거주하는 파루스는 관광지화된 지역에 거주하는 주민의 삶을 단적으로 보여준다. 더불어 관광발달 과정에서 반자르 사이의 경제적 격차를 확인할 수 있다.

파루스는 발리에 소재한 우다야나대학교의 영문과를 졸업했다. 현재 우붓에 위치한 외국계 호텔의 부매니저로 근무한다. 파루스의 고향인 스바뚜는 과거부터 목공예가 발달하고, 농토가 넓은 지역으로 인근의 마을과 비교하면 제법 부유한 마을이었다. 하지만 우붓 중심부와 지리적으로 멀고, 생활 편의 시설이 부족하여 거주외국인이 많은 지역은 아니다.

> 호텔 매니저로 일해도 월급이 높지는 않아요. 나랑 아내 그리고 두 아들이 있는데, 4인 가족이 살기에는 많이 어렵죠. 아내가 둘째 출산하기 전에는 우붓 시내에 있는 식당에서 일을 했지만, 둘째 출산 후에는 그 일도 그만두어서 현재는 혼자 돈을 벌고 있어요. 과거 같았으면 제 월급으로 충분히 4인 가족이 살 수 있는데, 요즈음 우붓 물가가 너무 올라서 감당을 할 수 없네요. 물가는 이미 외국인 관광객 수준에 맞춰 있는데, 현지 주민 월급은 그대로니.
>
> 파루스(Parus, 호텔리어), 남성, 40대, 2014. 1. 10.

우붓 지역이 관광지로 발전하면서 현지 주민에게 가장 힘든 부분은 우붓 시내의 식당이나 카페 심지어 일반 마트의 물건 가격이 일제히 상승했다는 점이다. 호주나 중국 등 외국에서 이 지역을 방문하는 관광객에게 발리의 물가는 여전히 자국보다 저렴하다. 따라서 관광지의 물가는 자연히 관광객이 감당할 수 있을 정도로 소구되고, 이는 현지 주민의 입장에서 엄청난 물가 상승으로 다가온다. 따라서 현지조사 기간 동안 우붓 시내에 있는 카페나 식당 등을 손님으로 방문하는 현지 주민을 만나기는 쉽지 않았다. 생필품 가격 역시 발리의 다른 지역에 비해 우붓은 상대적으로 비싸다.

현재 파루스는 호텔에서 일을 하지만 수년 전부터 관광 관련 사업을 구상했고, 실제로 사업을 시작했다.[10] 스바뚜 마을에 거주하는 주민과 함께 우붓 중심부에 관광객을 위한 식당을 개업하고 빌라 매니저로 일했다. 더불어 마을 내 생태 자원과 문화 자원을 활용하여 마을 트레킹 사업을 시작했다. 주목할 점은 마을 트레킹 사업이 수박의 변화와 함께 논의된다는 점이다.

뉴꾸닝 마을과 같이 스바뚜 마을에 거주하는 대부분의 마을 청년은 더 이상 농사일을 하지 않는다. 스바뚜 마을은 과거부터 넓은 농토를 가진 지역이기에 여전히 주민 다수는 농업에 종사하지만 이 역시 장년 세대가 중심을 이루고, 파루스와 같은 마을 청년 대부분은 수박 구성원이 아니다. 젊은이 대부분은 우붓 중심부의 호텔, 식당, 여행사 등에서 관광 관련 일에 종사함으로써 생계를 유지한다. 따라서 이 지역의 젊은 세대에게 관광을 통한 마을 발전은 매우 중요한 일이다. 이 과정에서 논의된 사업이 마을 트레킹 사업이다. 마을 청년들은 상대적으로 잘 보존된 마을 수박, 공예품 제작소, 열대우림, 마을 사원의 효율적 활용을 위한 방안으로 트레킹 사업을 시작했다.

하지만 젊은 세대 대부분은 수박이 언제까지 유지될지 의문을 제기한다. 비록 현재는 잘 보존된 수박과 전통문화가 관광 상품으로 관광객의 호기심을 자극하지만, 이들의 바람이 관광발달을 통한 경제적 성장에 있다면 이를 유지하는 데 많은 어려움이 있을 것이다.

더욱이 경제적 성장에 대한 욕망이 큰 젊은 세대는 수박의 경제적 가치를 극대화하기를 원할 것이며, 수박이 가진 생태적·문화적 가치는 크게 고려하지 않을 것이다. 결국 생태적 · 문화적 가치가 있는 관광 대상물을 어떠한 방식으로 인식하고 활용하느냐는 주민 공동체가 가진 근본적인 문제 인식이다.

두 번째 제시한 사례는 관광발달 과정에서 뉴꾸닝 마을 내부의 빈

10 파루스가 다른 사업을 하는 것에 대해 호텔 측 역시 문제 삼지 않는다. 오히려 관광업의 특성상 직원들의 부업 활동을 적극적으로 권장하기도 한다. 예를 들어 호텔 측은 트레킹이나 택시 영업을 하는 호텔리어에게 손님을 소개하기도 한다. 이는 호텔 입장에서 손님을 믿을 수 있는 외부업체에 소개하는 것이고, 호텔리어 입장에서도 부업을 안정적으로 유지하는 수단이 된다.

부 차이에 따른 사회적 분화에 대한 논의다. 현지조사 과정에서 저자의 아들은 보모였던 와르시의 도움을 받았다. 와르시는 보모를 하기 전 주로 살림을 하고 가끔씩 일용직 건설노동자로 일당을 받았다. 남편인 남붕은 마을에 위치한 호텔에서 일을 했다. 남붕은 뉴꾸닝 마을에서 태어나 지금까지 거주하지만 경제적으로 풍족한 삶을 살지는 못한다.

남붕이 경제적으로 풍족하지 못한 이유는 무엇보다 뉴꾸닝 마을이 관광지화되면서 땅값과 함께 생활비가 상승했기 때문이다. 남붕 집안은 남붕의 할아버지가 마을에 거주하면서 대를 이어 뉴꾸닝 주민이 되었다. 마을이 관광지화되기 전 땅값이 그다지 비싸지 않을 때 남붕의 형은 결혼을 했기에 뉴꾸닝에 계속 거주하는 데 문제가 없었다. 하지만 남붕은 결혼 당시 일정한 직업이 없었고 더욱이 뉴꾸닝의 땅값이 많이 상승하여 새로운 집을 마련하는 데 어려움이 있었다. 결국 남붕 부부는 결혼 후 부모님과 함께 거주하게 되었다. 현재 살고 있는 집은 마을이 관광지화되면서 남붕의 어린 시절보다 10배 정도 지가가 상승했다. 하지만 마을에 있는 대부분의 토지가 비슷하게 가격이 상승했기에, 남붕이 다른 지역으로 이동하기 전에는 현재 집을 팔아 새로운 집 두 채를 마련하기에는 어려움이 있다.

더욱이 남붕 부부가 현재 벌어들이는 수입으로 뉴꾸닝 마을의 토지를 구매하거나 더 넓은 집으로 옮기는 것은 현실적으로 어렵다. 남붕은 호텔 일을 하면서 매달 100만 루피아를 받고, 뻐짤랑 활동을 하면서 10만 루피아 내외의 돈을 받는다. 와르시 역시 일정치 않지만 50만에서 100만 루피아 내외의 수입이 있다. 마을 내 위치에 따라 조금씩 다르지만 건물을 제외하고 토지를 구매하는 데 1아르당 1억 루피아에서 2억 루피아가 필요하다. 더불어 시멘트와 석유 가격 등 건축비도 상승했다. 저자가 거주했던 집의 주인인 사리는 10년 전에 집을 지었다면 절반 가격으로 완성할 수 있었다고 아쉬움을 토로했다. 결국 남붕 부부가 현재 수입으로 뉴꾸닝에서 새로운 집을 얻는 것은 불가능에 가깝다.

더욱 큰 문제는 생활비 상승이다. 마을이 관광지화되기 이전, 가족 수입으로 대략 200만 루피아면 충분하지 않지만 살림을 유지할 수 있었다. 하지만 뉴꾸닝 마을이 관광지화되고 지가가 상승하는 과정에서 마을 내 생활비도 상승했다. 특히 마을에 외국인이 거주하면서 대부분의 생필품 가격이 외국인을 기준으로 조정되었다.

예를 들어 현재 뉴꾸닝 마을에는 10여 개의 식당이 있다. 이 중 마을 주민들이 실질적으로 이용할 수 있는 식당은 마을 입구에서 바비굴링(*babi guling*)[11]을 1만 루피아에 판매하는 곳뿐이다. 이외에는 아침이나 저녁 잠깐씩 좌판을 열어 반찬이나 밥을 3,000루피아에서 5,000루피아로 판매하는 곳이 있다. 그 외 대부분의 식당은 관광객과 거주외국인을 대상으로 운영된다. 외국인을 대상으로 하는 식당 대부분은 식사비용으로 1인당 3만 루피아에서 5만 루피아를 받는데, 이 식당들은 과거 현지 주민이 주로 이용하는 곳이었다.

식당 운영자는 마을 지가와 재료비의 상승으로 마을 주민을 위해 저렴하게 음식을 판매하는 데 한계를 느낀다고 한다. 결국 주민들은 식당을 외국인에게 넘기거나 리모델링을 해 외국인 대상의 식당으로 변경했다. 결국 식당에서 판매하는 음식 가격 상승은 마을 주민의 외식 횟수를 감소시켜 생활 수준을 하락시키고 이는 기본 식자재 가격 상승으로 이어진다. 더욱이 마을이 관광지화되면서 다른 마을보다 식수와 공산품 등이 상대적으로 비싸게 판매된다. 이와 같이 지가의 상승이 관광지와 관광지가 아닌 지역 격차를 초래하고, 관광지 내부에서도 땅의 소유주와 비소유주 간의 빈부 격차를 초래했다.

11 통돼지 구이.

예전에는 뉴꾸닝 마을이 어디에 있는지도 몰랐어. 기억해보면 마을 도로에 오물이 곳곳에 있었는데, 지금은 우붓에서 잘사는 마을로 소문이 났으니.

파루스(Parus, 호텔리어), 남성, 40대, 2014. 1. 10.

마을이 발전하면서 옆 마을보다 더 잘살게 되어서 자부심도 생기고, 과거 같이 무시당하지 않아서 좋아. 그래도 먹고살기는 더 힘들어진 것 같아. 마을 청소도 훨씬 자주 하고, 마을에 내야 할 세금도 다른 마을보다 더 많고. 빼짤랑 활동도 힘들지만 어쩔 수 없이 하는 거야. 돈이 없으니 일이라도 해야지.

남붕(Nambung, 뉴꾸닝 빼짤랑), 남성, 30대, 2013. 10. 15.

뉴꾸닝 마을의 과거를 말하면서 애써 이 지역에 대한 부정적 인식을 보여준 파루스와 "먹고살기 힘들다"는 남붕의 언설은 경제성장 과정에서 소외된 사람들의 인식을 보여준다. 이러한 인식은 마을 공동체 내부적으로 전통 사회의 공동체 의식을 저해하는 요인이 되고, 외부적으로 마을 이기주의로 표명되었다(제3장의 부미 세핫 사례 참조). 결국 땅에 대한 주민 집단의 인식 변화 과정은 마을 경관의 상품화와 긴밀하게 연결되고, 생태관광의 상품화에 따른 환경적·경제적·사회문화적 지속 가능성에 대한 회의적인 결과(Wall 1994)의 연장선에서 이해된다.

주지할 점은 상품을 제공하는 집단인 발리 주민이 상품의 가치에 상응하는 대가를 받는지 여부다. 즉 수박이라는 상품이 관광객에게 소비되어 주민에게 일정한 경제적 이득을 주지만, 이득의 불균형성과 이로 인한 공동체의 갈등과 분화가 상존한다. 결국 이상의 두 가지 관점에서 우붓과 뉴꾸닝 지역에서 수박으로 대표되는 생태관광의 상품화에 대한 논의가 진행된다.

3. 토지는 상품인가?

대중관광에 의해 관광 목적지 문화와 환경에 제기된 위협이 증가하자 이에 대한 대안으로서 인식되었던 생태관광의 초기 강조점은, 자연 생태계에 최소의 영향을 미치는 절제되고 조심성 있는 관광이었다(Wearing and Neil 2012: 1). 미에츠코브스키(Mieczkowski 1995: 495, Wearing & Neil 2012: 4 재인용)의 관광 유형 분류는 생태관광이 지닌 개념의 복잡성을 이해하고 우붓 지역의 생태관광을 분석하는 데 유용하다.

대중관광과 대비되는 개념으로 대안관광은 문화, 교육, 과학, 모험, 농업이 중심이 된 유형의 관광이다. 5개의 유형으로 분류된 대안관광은 그럼에도 각 유형이 가지는 관광 형태와 추구하는 가치에 따라 중복되고 교차된다. 앞서 전개한 바와 같이 우붓과 뉴꾸닝 지역에서 수박과 관련된 생태관광의 실천은 문화관광과 농업관광이 중복되어 실천되는 형태다. 특히 우붓에서 땅을 둘러싼 다양한 이해관계와 인식 변화 과정에서 수박은 다양한 형태로 보존되고, 변형됨으로써 하나의 상

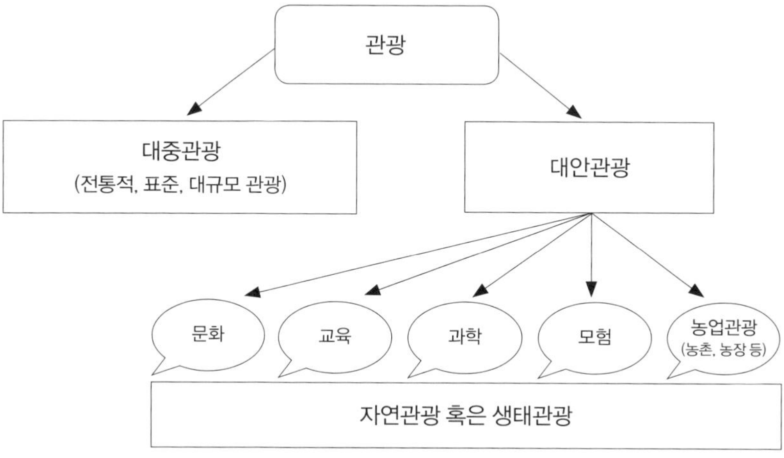

〈그림 4-3〉 관광 유형 분류(Wearing and Neil 2012: 4 재구성)

품으로 간주된다.

수박은 2012년 러시아에서 개최된 제36차 세계유산위원회에서 유네스코 세계유산으로 등재되는 과정에서 새롭게 주목받았다. 세계유산으로 등재되기 이전부터 수박은 우붓 지역에서 관광대상물로 다양하게 소비되었다. 특히 관개시설에 의해 만들어지는 계단식 논의 풍경과 수상 사원은 생태관광의 대상물로 인식되었다.

주목되는 점은 유네스코 세계유산 등재 과정에서 '발리 수박 관개시설(Cultural Landscape of Bali Province—the Subak System as a Manifestation of the Tri Hita Karana Philosophy, Subak Warisan Budaya Dunia)'을 단순한 자연경관이 아닌 문화경관으로 등재했다는 것이다. 인간이 만든 관개시설과 계단식 논의 풍경을, 화산섬에 조밀하게 모여 있는 인간들이 환경조건을 극복하는 수단이자 자연세계와 영적세계의 조화로운 관계를 이루는 의식 체계의 일부로 이해한 것이다.

발리 수박이 세계유산으로 지정되었지만 발리 관광에서 수박 관개시설이 관광 상품으로 극적인 변화를 맞이했다고 단정할 수 없다. 이는 두 가지 지점에서 논의되는데, 우선 발리 수박이 세계유산으로 지정되기 이전부터 생태관광 대상물로 활용되었다는 점이다. 다음으로 수박 관개시설이 여전히 가난한 농민들의 수입원인 농업 활동의 일부분이라는 점이다. 즉 수박 운영의 주체는 생태관광을 운영하는 관광 종사자가 아닌, 농민 집단이다. 농민에게 관광객은 손님이 아닌 농업 활동을 방해하거나 마을 '분위기'를 어지럽히는 존재다. 결국 이상의 두 가지 지점은 수박이 세계유산 지정과는 별개로 관광 상품화의 대상물로서 가진 한계다.

그럼에도 발리 수박이 관광 상품화되는 계기 역시 세계유산 지정과 일정하게 관련된다. 따바난 왕국이 있던 자띨루위(Jatiluwih) 지역이나 우붓 북쪽에 위치한 뜨갈랄랑 지역은 대중관광 시대 우붓 등 인근 지역보다 관광발전 속도가 더뎠다. 하지만 수박이 세계유산으로 지정되면서 세계적인 관광지로 성장하게 된다. 즉 세계유산으로 지정되기 이전 다른 관광대상물과 함께 관광객 유치를 위한 보조수단이었지만, 지정 이후 직접적인 관광대상물화가 되었다.

수박이 세계유산으로 지정됨으로써 일어난 가장 큰 변화는 마을 주민이 계단식 논을 관광 상품으로 인식한 점이다. 관광 상품화는 지리적 위치, 수박의 규모 그리고 관광객 수에 따라 다르게 나타난다. 뜨갈랄랑 지역의 경우 계단식 논을 방문하는 관광객에게 '통행세' 혹은 '주차비' 명목의 마을 기부금을 받는다. 나아가 계단식 논을 조망할 수 있는 위치에 카페나 식당 등을 운영하여 수익을 올린다. 대략 12세기부터 시작되었다고 추정된 수박 관개시설은 발리인의 삶의 터전이자 주요한 생계 수단이었다. 시대가 변화하면서 계단식 논의 풍경은 농업 이외의 소득을 현지 주민에게 창출시켜주었다.

수박의 상품화를 통한 경제적 이득과 관련하여 두 가지 점이 주목된다. 첫째, 발리 주민이 상품의 가치에 상응하는 대가를 받는지 여부다. 앞서 자띨루위와 뜨갈랄랑 지역의 계단식 논을 활용한 통행세 징수는 마을 소득 창출에 일정한 도움을 준다. 마을 주민 일부는 통행세를 징수하는 빼짤랑으로 본업을 변경하기도 했다. 발리 사회에서 계단식 논과 관련하여 통행세를 징수하는 마을이 이전보다 잘살게 되었다는 이야기는 마을 주민에게 분명한 이득이 있음을 증명한다. 계단식 논을 활용해 통행세와 체험비 등을 징수하는 마을이 상당한 경제적 이득을 얻고 있다는 것은 발리 사회에 잘 알려져 있다. 또한 이로 인한 경제적 이득이 일정하게 마을 주민의 삶의 질을 개선하는 데 이바지한다. 하지만 수박을 통한 가장 많은 경제적 이득을 획득한 집단은 개발 사업을 진행하는 부동산 업자다. 이들은 수박 인근의 땅을 농민에게 저렴한 가격에 구매해 카페, 식당, 빌라 등을 건설해 비싼 가격에 되파는 방식으로 더 많은 이득을 획득한다.

둘째, 경제적 이득과 분배의 공정성을 담보로 수박의 문화적 가치를 어떻게 평가하는지 여부다. 발리 사회에서 계단식 논과 관개시설은 단순히 농사를 하기 위해 땅을 개간하고 물길을 만들었던 실용적인 활용을 뛰어넘은 문화적 가치가 있다. 땅을 개간하고 물길을 만들 때, 필요한 인력을 조직하고 활용하는 규칙이 그것이다. 또한 농작물의 풍요로운 수확을 위하여 초자연적인 존재에게 기원하는 농경의례는 생활문화와 긴밀하게 연결된다.

수박이 상품화되는 과정에서 이를 통해 경제적 이득을 취하려는 집단은 수박과 관련된 다양한 사회·문화적 가치를 관광 상품에 포함시킨다. 때로는 관광객의 접근성 또는 땅의 가치를 높이기 위해 물길을 변경하거나 차단한다. 결국 상품화는 그동안 발리인이 믿었던 땅에 대한 가치, 영혼세계와 인간세계 그리고 자연의 조화와 균형을 추구하는 THK를 물질적인 것으로 치환하는 과정이다. 즉 주민의 사회적 욕망이 수박이라는 문화적 대상을 통해 투영되고 활용되는 것이다.

생태관광은 기존의 대중관광이 초래한 사회경제적 영향, 즉 사회적 불평등을 심화하는 점 등에 대한 우려에서 시작되었다. 관광 중개인이나 기업이 아닌 현지 주민에게 좀 더 많은 이익을 안겨주거나 지속가능한 개발의 일환으로 이를 바라보았다. 하지만 발리 수박의 사례처럼 생태관광이 대중관광의 요소인 상품화를 추구할 때 지가의 상승, 관광지와 비관광지 사이의 빈부 격차 그리고 공동체 의식 저해와 같은 다양한 사회·문화적 변화를 동반함을 확인할 수 있다.

이러한 부정적 영향에도, 수박을 활용한 생태관광의 가치가 완전히 상실된 것은 아니다. 땅에 대한 주민 집단의 인식 변화의 과정은 이주민 유입, 공동체 파괴와 전통의 훼손 그리고 궁극적으로 지역 발전 주도권 상실의 과정(Byczek 2011: 83-84)에 대한 주민 집단의 실천적 대응의 과정으로 보인다. 이는 뒤이어 전통에 대한 주민 집단의 재인식과 전통의 실천 과정과 함께 논의되어 관광발달의 부정적 영향을 극복하는 새로운 사례로 제시할 것이다.

제5장

반자르와 문화관광

1. 문화관광과 반자르에 대한 인식

문화관광은 1980년대 전후를 기점으로 다양하게 변화하고 있다. 과거 농촌 풍경의 동경에서 시작된 노스텔지어 관광(nostalgia tourism), 문화 유산의 의미와 가치를 재탐닉하는 유산관광(heritage tourism), 자연 자원을 경험하는 자연관광(green tourism), 그리고 테마파크와 같은 가상관광 관련 환경 경험(simulated tourism related environment) 등과 같이 다양한 유형의 탈근대관광이 대중관광의 대안으로 제시된다(Munt 1994, Richard 1996, Uriely 1997, 조광익 2006: 257).

발리섬에서 실천되는 문화관광은 현재 발리 지역에서 전통문화라고 여겨지는 관광대상물을 여행객이 경험하는 것이다. 힌두 사원에서 연행된 전통 의례가 예술 장르로 승화된 가믈란, 레공, 바롱, 께짝 등은 이 지역의 대표적인 문화관광 상품이다. 네덜란드 식민지 시기에 서구 미술가들이 정립한 회화와 관련 예술 상품 역시 문화관광의 대상으로 분류된다. 최근 들어서는 계단식 논, 수리시설의 풍광, 전통 마을 등을 체험하는 일련의 과정을 문화관광의 새로운 유형으로 분류한다.

발리섬이 세계적인 관광지로 발전하는 과정에서 문화관광은 이 지역을 여타 휴양지와 차별화된 관광대상물로 부각시켰다. 발리 관광의 다양성을 부여하는 전통문화의 일차적인 생산 장소이자 이를 유지하는 집단은 반자르와 반자르의 주민이다.

반자르는 크게 2개로 구별되는데 반자르 아닷(*banjar adat*)과 반자르 디나스(*banjar dinas*)가 있다. 반자르 아닷에서 아닷은 아라비아어로 '관습'을 의미하며, 반자르 아닷은 종교적인 활동을 공통으로 실천하는 집단이다. 반자르 디나스는 국가에 의해 구획된 행정 마을이라는 의미다. 반자르 아닷과 반자르 디나스의 책임자인 끌리안 아닷(*kelian adat*)과 끌리안 디나스(*kelian dinas*)는 각각 주민에 의해 선출한다. 일부 마을은 1명이 두 가지 임무를 수행하기도 한다. 발리에서 일부 지역을 제외하고 반자르 아닷과 반자르 디나스의 범위는 일치하고 전통 행사 등을 주관하는 끌리안 아닷과 행정적인 업무를 처리하는 끌리안 디나스를 구별하여 선출한다. 일부 마을은 두 가지 임무의 중복으로 1명의 끌리안을 선출하기도 한다.

발리 사회의 근간을 이루는 반자르는 다양한 문화관광의 원천이지만, 관광객과 더불어 주민 집단 역시 전통문화 생산지로서 반자르의 중요성을 인식하지 못한다. 반자르를 행정 단위나 생활 단위로 간주했고, 반자르 자체가 가진 다양한 자연풍광과 전통문화 등을 주요한 관광 대상물로 여기지 않았기 때문이다. 나아가 현지 주민의 '일상'과 관광객의 '특별한 여행'이 하나의 공간 안에서 괴리되어 표출되는 지점 역시 주목된다.

뉴꾸닝 주민이자 이제 스무 살이 된 다르시(Darsi)와 발리를 매년 한 차례씩 방문한다는 한국인 관광객 이진영의 사례를 살펴보자.

> 어린 시절부터 부모님은 마을이나 우붓 시내에서 본 관광객을 조심하라고 하셨어요. 그들이 먹는 것, 자는 곳, 가지고 다니는 물건 등은 우리 가족의 경제 수준에서 감당할 수 있는 것이 아니었기 때문일 거예요. 하룻밤에 1주따(juta)[1]가 넘는 호텔비, 값비싼 카메라나 휴대폰 그리고 심지어

매일 타고 다니는 오토바이 임대료는 제 아버지 월급과 비슷하니까요.

다르시(Darsi), 남성, 20대, 2013. 12. 2.

발리는 매년 한 차례씩 오는 것 같아요. 꾸따나 누사두아에서 주로 지내요. 우붓도 가봤는데 저랑은 안 맞는 것 같아요. 우붓은 비싼 호텔에도 벌레가 많아서 자주 놀라요. 아무래도 우붓에 있는 호텔 등이 자연주의를 표방하니까 그렇겠죠. 그래서 저는 누사두아에 있는 고급 호텔이 좋아요. 호텔 수영장과 비치에서 편하게 휴식하는 느낌이 좋아요. 가격은 조금 비싸지만 그래도 아이랑 남편도 편하게 휴식을 취하니까 그렇게 비싼 금액은 아닌 것 같아요.

이진영(관광객), 여성, 30대, 2016. 6. 9.

다르시와 이진영의 언설처럼 발리에서 일상을 영위하는 주민과 여행이라는 특별한 경험을 추구하는 관광객은 같은 공간에 있어도, 이를 이해하고 수용하는 지점은 상반된다. 특히 현지 주민과 관광객의 경제적 격차는 이를 더욱 뚜렷하게 한다. 다르시는 관광객이 이용하는 장소와 특정 행위를 관광객만 "경험"할 수 있는 것으로 간주한다.

하지만 뉴꾸닝의 경우 거주외국인이 마을 주민과 일상적으로 교류하면서, 외국인의 관광 경험은 일상의 경험으로 치환된다. 이 과정에서 그동안 다양한 문화관광 상품의 원천지로 역할을 수행하던 반자르가 전면에 등장하게 된다. 외국인이 장기간 거주하면서 마을의 종교 의례와 전통적인 생활 방식을 일상에서 경험하고 이에 주목한다. 더불어 반자르에서 주민의 삶과 자연환경 등 다양한 삶의 풍경 자체가 주목받

1 1주따는 원화로 대략 10만 원이다.

고 이를 관광 자원으로 여긴다.

이 장에서는 크게 두 가지 논점을 통해 관광발달과 전통의 재구성 측면을 논의한다. 첫째, 관광발달 과정에서 발리 전통문화에 대한 관광객의 재인식 과정에 대해 논의한다. 둘째, 대중관광 시대에 관광발전의 주변부에 머물러 있던 반자르가 어떻게 관광객의 관심을 유도했고, 거주외국인과 공존하게 되었는지 논의한다. 이로써 문화관광 실천 과정에서 반자르에 대한 재인식, 나아가 관광객과 주민 집단이 전통문화에 대해 새롭게 인식하는 과정을 논한다.

1) 관광객에게 인식되지 않는 반자르

발리섬에서 관광객이 마을 사원과 같은 건축물, 회화 작품, 목공예 등을 소비하는 대표적인 공간이 우붓 지역이다. 우붓에 위치한 다양한 문화예술 관련 시설과 매일 연행되는 공연과 의례 등은 관광객이 '진짜 발리' 이미지를 소비할 수 있는 공간으로 자리매김하는 데 일조했다. 하루에도 수천 명에서 수만 명의 관광객이 방문하는 우붓 중심부는 과거부터 현재까지 인근 지역 주민에게 상업중심지다. 우붓을 방문하는 관광객에게 우붓 왕궁과 인근에 위치한 파사르 스니 우붓(*Pasar Seni Ubud*, 이하 우붓 예술시장)[2]은 이 지역 여행의 대표적인 관광 목적지다.

2 우붓 지역이 예술인 마을로 표상되면서 기존의 우붓 시장이 우붓 예술시장으로 명칭을 변경했다. 현재 우붓 예술시장에는 기존의 인근 마을에서 가져온 다양한 회화와 공예작품이 아닌, 공장에서 대량으로 생산된 문화예술상품이 주로 판매된다. 이 책에서는 우붓 시장을 우붓 예술시장과 우붓 새벽시장으로 구분하여 명명한다. 실제로 두 시장은 공간적으로 하나의 장소지만, 이용 고객과 운영 시간이 다르다. 따라서 상이한 명칭 사용을 통해 시장의 성격을 구분한다.

〈사진 5-1〉 우붓 새벽시장

〈사진 5-2〉 우붓 예술시장

우붓 예술시장은 대체로 아침 9시 전후에 개장한다. 이후 남쪽 지역에서 당일 여행을 위해 방문한 관광객이 우붓을 떠나는 오후 5시 전후로 폐장한다. 낮 시간에 우붓 예술시장은 주로 관광객을 대상으로 장사를 한다. 하지만 예술시장이 개장하기 이전 현지 주민을 위한 또 다른 시장인 파사르 우뭄 우붓(*Pasar Umum Ubud*, 이하 우붓 새벽시장)이 열린다. 최근 들어 발리 현지 주민의 일상 체험을 원하는 일부 관광객이 우붓 새벽시장을 방문하지만, 매우 극소수이고 시장의 원래 목적인 상품의 매매가 이루어지지 않거나 일회성에 그친다.

새벽 5시 전후로 개장하는 우붓 새벽시장은 대체로 오전 8시 전후로 폐장한다. 현지 주민이 일상에서 필요로 한 고기, 생선, 채소와 과일 등 먹을거리, 옷과 신발 등 생활용품 그리고 차낭과 차루 등 의례 관련 용품 등을 판매한다. 우붓 새벽시장은 현지 주민의 일상을 영위하기 위한 모든 상품을 판매한다고 해도 과언이 아니다. 뉴꾸닝 주민 역시 우붓 새벽시장에서 물건을 구매하지만, 일반적으로는 싱아꺼르따 새벽시장을 이용한다. 우붓 새벽시장이 싱아꺼르따 새벽시장보다 규모가 크기에 뉴꾸닝 주민은 싱아꺼르따 새벽시장에서 구매할 수 없는 물건을 찾을 때 우붓 새벽시장을 방문한다. 따라서 우붓은 이 지역의 관광·상업·행정 중심지로 역할을 한다.

만(Mann 2013)은 1970년대 후반 우붓에 도착할 때의 경험을 다음과 같이 묘사한다. 오늘날 우붓 중심부의 동쪽 끝에 위치한 아르주나 상물(Arjuna Monument)[3]부터 서쪽에 위치한 무르니스 와룽(Murni's Warung)까지 아스파트가 깔려 있는 가로수 길이 있다. 주변에는 단층

3 힌두교의 대서사인 『마하바라타』에 나온 영웅 중 1명이다. 아르주나는 산스크리트어로 '빛나는' 또는 '은빛'이라는 의미다. 우붓 중심부의 동쪽 끝에 위치한 아르주나 상물은 간디바(*gandiva*)라는 이름의 활을 쏘는 형상을 취한다.

집, 사원, 왕족 구성원들의 주택 그리고 왕궁과 시장이 위치한다(Mann 2013: 8). 우붓에 오랜 기간 거주한 만은 우붓이 회화, 공연예술, 문학, 의례 등 전통문화가 잘 전승된 지역임을 주장한다. 더욱이 전통문화에서 비롯된 우붓의 예술작품이 전 세계적으로 영적·신체적 건강함을 추구할 수 있는 지역 이미지를 부여한다고 소개한다.

미국 뉴욕 출신인 힐베리(Hibery 1980) 역시 우붓에서 살았던 경험을 일기 형식으로 기술했다. 그녀는 우붓에서 그림과 발리 전통 무용 등을 배웠고, 주민의 의례에 참석하여 이와 관련한 경험담을 소개했다. 만과 힐베리의 기술에는 이 지역이 행정 면과 전통 면으로 구분되고, 여러 개의 반자르로 구성되어 있음을 인지한 것이 드러난다. 하지만 이들은 우붓에서 만난 주민이나 경험한 사건은 대체로 반자르나 데사의 구분 없이 우붓 지역에서 있던 일로 기술한다.

예를 들어 우붓 지역에 위치한 무르니스 와룽의 소유자이자 예술품 수집가인 니 와얀 무르니(Ni Wayan Murni, 이하 무르니)에 대한 기술은 주목된다(Mann 2013: 112-117). 만은 무르니의 성공 과정을 우붓 지역의 사회·문화적 변화 과정과 함께 기술했다. 우붓 지역에 1978년 전기가 처음 들어왔고, 짬뿌한 지역에서 식당을 운영하던 그녀는 외국인에게 시원한 맥주를 판매하여 큰 수익을 얻었다는 경험 등이다.

만은 무르니가 우붓의 서쪽 지역에 위치한 마을인 빼네스딴안 반자르(*Banjar Penestanan*) 주민인 것은 밝히지 않는다. 이는 왜 그녀가 우붓 왕궁과 시장 등 당시 대다수의 관광객이 거주하는 곳에 식당을 개업하지 않고, 상대적으로 외진 곳인 짬뿌한 지역에 식당을 개업했는지에 대한 의문을 제기한다. 특히 무르니스 와룽이 실질적으로 우붓 지역에서 최초의 관광객 대상 식당인 점에서 짬뿌한 지역과 같은 외진 곳에 식당을 열었는지에 대한 설명이 필요하다. 이는 현지 주민의 가장 중요한 정체성의 근간인 반자르에 대한 이해의 부족이다. 당시 무르니는 당연하게 본인이 소속된 반자르에 식당을 열었고, 반자르가 가진 의미를 정확하게 인지하지 못한 외국인에게 무르니의 장소 선정이 의아하게 보였을 것이다.

힐베리의 사례 역시 주목된다. 힐베리의 책은 일기를 재구성한 것인데, 1971년 8월 21일 일기를 살펴본다. 그는 이날이 짬뿌한에 위치한 사원에서 기도 의례가 진행되는 날이라는 것과, 기도 의례의 진행 과정과 의미 등을 기술했다. 그날 저녁에는 자신이 거주하는 집의 가족 사원 의례에 참석했던 일에 대해 썼다. 마을 사제가 가족 사원(Pura Keluarga)을 방문하여 의례를 주관한 상황을 기술했다. 힐베리의 일기는 두 가지 의문점을 던진다.

첫째, 처음에 방문한 짬뿌한에 위치한 사원이 힐베리가 거주했던 지역의 마을 사원으로 오해할 여지를 준다. 힐베리는 자신이 어느 반자르에 거주하는지 밝히지 않았지만, 우붓 왕궁 인근에 거주한 것으로 보아 우붓 까자 마을(Br. Ubud Kaja)일 확률이 높다. 하지만 힐베리가 작성한 일기에서 사원의 위치가 짬뿌한에 있고, 2개의 강이 만나는 지점이라는 점에서 유추하면 구눙 르바 사원(Pura Gunung Lebah)으로 보인다. 구눙 르바 사원은 우붓 지역에서 규모, 역사 그리고 종교적 의미의 측면에서 이 지역을 대표한다. 수박 사원(Pura Ubud Subak)이자, 인근 여러 반자르[4]의 마을 사원이다(Reuter 2006: 91). 따라서 그날 구눙 르바 사원을 방문한 마을 사람들이 어느 마을의 주민인지에 대한 정확한 인식이 부족했다.

둘째, 그가 저녁에 방문한 가족 사원에서 의례를 주관한 마을 사

4 구눙 르바 사원은 우붓, 빠네스딴안, 끄데와딴(kedewaatan), 븐투융(bentuyung), 부누틴(bunutin), 스발리(sebali), 까틱란탕(katiklantang) 마을 주민의 사원이다.

제가 힐베리가 거주한 마을 사제인지 확신할 수 없다. 힐베리는 마을의 사제로 기술하여 독자들은 우붓 까자 마을의 사제로 여기거나 혹은 마을별로 사제가 있다고 오해할 수 있다. 하지만 이날 의례를 담당한 사제가 반드시 우붓 까자의 사제라고 단정할 수 없다. 만과 힐베리의 책에서 가지는 이런 의문점은 반자르를 사회·문화적 상황을 이해하기 위한 주요한 고려 대상으로 포함하지 않았기 때문이다. 특히 반자르보다 우붓 지역과 같이 좀 더 포괄적인 지리적 범위에서 발리 사회를 이해하고 있음을 확인시킨다.

결국 발리 주민 이외 사람들의 반자르에 대한 인식 부족은 두 가지 지점에서 논의된다. 첫째, 주민 스스로 외국인이 발리의 사회·문화적 상황에 대한 기본적인 지식이 부족할 것으로 간주한다. 따라서 외국인을 대하는 현지 주민이 출신 반자르를 정확하게 밝히지 않고, 외국인이 알 만한 상위의 행정 단위인 끄짜마딴이나 까부빠뗀 단위로 출신 지역을 소개한다. 이와 관련하여 저자가 겪은 일화를 제시한다.

> 【어디 출신이에요?】 뜨갈랄랑 출신입니다. 【뜨갈랄랑 지역이면 계단식 논이 있는 지역이네요.】 네. 그 지역은 맞는데, 우리 마을은 라이스 뷰(rice view)가 있는 지역보다 남쪽 지역인 우붓 쪽에 더 가까이 있습니다. 뜽아 뜨갈랄랑 마을(Br. Tengah Tegallalang)에 거주합니다.
>
> 아리아띠(Ariati), 여성, 30대, 2014. 1. 5.

> 【어디 출신이에요?】 까랑아썸 출신이야. 【엄청 멀리서 왔네요. 까랑아썸 한 세 시간 걸리죠?】 아니, 까랑아썸에서 동쪽으로 한 시간 더 가면 있는 디나르 끄자발룽 마을(Br. Dinar Kejabalung) 출신이야.
>
> 와르시(Warsi), 여성, 30대, 2013. 12. 13.

아리아띠는 본인의 출신지를 외국인에게 잘 알려진 뜨갈랄랑 끄짜마딴이라고 소개한다. 와르시 역시 고향을 소개할 때 외국인이 알 것 같은 까부빠뗀 중 하나인 까랑아썸 출신이라고 소개한다. 두 제보자처럼 대부분의 발리인은 외국인이 알 것으로 여기는 행정구역명으로 거주지를 소개한다. 특히 발리인에게 어느 반자르 출신이냐고 물어보면, 굉장히 기분 좋은 말투로 자신은 ○○ 지역에 있는 △△ 반자르 출신이라고 소개한다. 더욱이 저자를 소개할 때 우붓 지역이 아닌 뉴꾸닝 마을에 거주한다고 하면 저자를 좀 더 신뢰감 있는 사람으로 여기는 것 같았다.

둘째, 반자르 단위로 발리 사회를 이해하는 것이 여행객의 입장에서 뚜렷한 이점을 안겨주지 않기 때문이다. 특히 문화적 전통에 대한 인식 과정에서 반자르 간에 뚜렷한 차이가 있다면, 외국인들은 이에 호응하여 개별 반자르의 문화적 전통을 구분해서 이해할 것이다. 하지만 외국인을 대상으로 시연된 전통 의례와 외국인이 우연한 기회에 접하게 된 전통 의례 대부분은 유사한 형식으로 진행된다.

이는 과거부터 발리 전통문화라 여겨지는 많은 대상물이 실제로는 서구의 예술과 접목되면서 소비와 상품화가 진행되었기 때문이다. 더욱이 관광객을 대상으로 연행되는 춤과 음악 등이 도리어 반자르 의례 과정에서 시연된다. 이는 개별 반자르의 고유한 문화적 전통이 하나의 문화적 형식으로 귀결되는 결과로 나타난다. 결국 외국인 관광객이 보는 발리 전통문화의 재현은 관광 상품화의 과정에서 파생된 정형화된 문화 상품이다.

더불어 반자르 간에 미세한 차이점이 있어도, 이를 외국인 관광객이 정확히 구별하기는 매우 어렵다. 예를 들어 의례 과정이나 마을 행사에 시연되는 각 마을의 가믈란 악단은 마을 단위 경연이 진행될 정도로 반자르 협동과 우수성을 내세우는 수단이다. 따라서 가믈란 악단이 어떤 악기 구성과 음악을 선택하느냐에 따라 마을별 수준 차이가 있다. 하지만 이 역시 가믈란 음악에 이해가 부족한 외국인이 구별하기에 한계가 있다.

주지하듯이 우붓 지역은 회화, 조각, 무용 등 다양한 전통문화가 있는 지역이다(Mann 2013). 하지만 '예술인 마을'로 표상된 우붓 이미지의 구축은 전통문화 상품의 생산지가 아닌 소비지라는 특수성 때문이다. 즉 우붓 시장과 같이 이 일대의 물산(物産) 거래가 이루어지는 상업 지역이자 교통 중심지이기 때문이다. 우붓 지역의 이러한 특수성은 결국 문화 상품의 원생산지인 반자르에 대한 인식의 저하로 나타난다. 특히 관광발달 과정에서 외국인 관광객의 반자르에 대한 인식은 잘 알려진 일부 지역에 국한될 수 있다.

반자르는 다양한 전통문화가 연행되는 기초 행정 단위이자 관습법에 의해 운영되는 발리 전통 마을 조직이다. 특히 반자르는 각 마을의 특수성에 기대어 발리 전통문화의 다양성을 부여하는 일차적인 생산 장소이고, 이를 유지하는 주민 집단이 있다. 관광발달 과정에서 반자르에서 비롯된 다양한 의례는 흥미로운 관광 상품이지만, 대부분의 관광객은 이를 특정 반자르 혹은 반자르의 역사·문화적 산물로 인식하지 않는다.

2) 전통문화의 재인식

> 뉴꾸닝 옆 마을인 싱아꺼르따는 반자르만 해도 10개가 넘고 인구도 수천 명이나 있는 큰 마을이야. 그에 비해 뉴꾸닝 마을은 작은 마을이지. 하지만 뉴꾸닝 마을 주민 누구에게 물어봐도 마을에 대한 자부심은 넘쳐날 거야. 마을 주민이 잘사는 것도 있지만, 전통에 대한 자부심이 있다고 해야 할까? 싱아꺼르따 마을은 우리 마을 따라 하기 바빠. 외국인 상대하는

> 것도 그렇고, 의례 진행하는 것도 그렇고.
>
> 남붕(Nambung, 뉴꾸닝 빼짤랑), 남성, 30대, 2013. 10. 15.

우붓 지역의 다양한 관광 목적물과 전통 의례는 일부 우붓 왕궁 자체 행사를 제외하고 대부분 반자르 구성원이 관리하고 시연한다. 반자르에 위치한 문화관광 유산은 이를 소유한 반자르에게 경제적 이득의 실현 수단이자 반자르 내외부의 갈등 요인으로 작용한다. 우붓 중심부에 있는 원숭이 사원은 반자르 간의 갈등 관계를 보여주는 사례로 제시된다.

원숭이 사원은 빠당뜨갈 반자르(Br. Padangtegal)가 소유하고 관리하는 문화관광 유산이다. 원숭이 사원 방문객이 점차 증가하자, 마을 주민 대부분은 사원 관리 업무에 전념했다. 주민은 사원 청소와 유지, 주차관리, 매표 그리고 보안 업무 등을 담당했다. 빠당뜨갈 반자르와 뉴꾸닝 반자르의 갈등은 우붓 중심부와 뉴꾸닝을 연결하는 원숭이 사원 옆길 이용에 대한 통행세 징수를 두고 발생했다.

우붓 중심부와 뉴꾸닝 마을을 연결하는 이 길은 온전히 원숭이 사원의 동쪽 지역과 접해 있다. 따라서 빠당뜨갈 마을 주민은 관광객의 편의를 위해 이 길을 청소하고 파손된 도로를 정비한다. 2000년대 초반 원숭이 사원이 유명 관광지가 되기 이전 원숭이 사원의 입장료 수입은 빠당뜨갈 반자르 주민을 만족시키지 못했다. 이런 상황에서 원숭이 사원 옆길의 청소와 정비는 마을 주민의 주요 불만 요소였다.

> 지금도 마찬가지지만 (원숭이 사원 옆길을 가리키며) 이 길을 이용하면 뉴꾸닝이나 싱아꺼르따 사람들이 우붓으로 좀 더 수월하게 다닐 수 있지. 이 길을 이용 못 하면 돌아서 우붓으로 가야 하니까 오토바이 이용해도 10여 분은 더 걸려. 현재는 관광객이 너무 많아 주민의 불만이 없지만,

과거에는 마을 주민 일부는 관광객의 사원 출입을 금지시키자고 하는 등 불만이 많았어. 관광객이 점차 증가하면서 관광객에 의해 사원 일부가 파괴되기도 하고, 사롱 등을 입지 않고 반바지 차림으로 사원에 드나들기도 하고. 사원 옆길 문제는 이미 지나간 일인데, 당시 마을 사람들이 사원 청소나 관리를 자발적으로 했어. 근데 관광객이 많아지면서 힘만 들고 자신들은 아무런 보상을 못 받는 것 같은 생각이 들었겠지. 그러다가 그 길을 지나다니는 사람에게 통행세를 받으면 일정 정도 보상이 될 것으로 생각한 거지. 관광객이 급격하게 늘어나고 주민에게 수익금을 돌려주니까. 하지만 결국에는 흐지부지되었어.

수찌(Suci, 빠당뜨갈 뻐짤랑), 남성, 50대, 2013. 11. 23.

현재 이 길 이용과 관련하여 뉴꾸닝과 싱아꺼르따 등 인근 마을 주민과 별다른 갈등 관계는 발생하지 않는다. 이는 원숭이 사원이 우붓 지역의 대표적인 관광지가 되면서, 관광객의 수가 최근 몇 년 동안 크게 증가했기 때문이다. 어른은 4만 루피아의 입장료[5]를 받기에 유추해 보면 하루에 수천만 루피아의 입장료 수익을 얻는다. 따라서 주민 대부분이 원숭이 사원과 관련된 일을 하면서 경제적 이득을 취하고 있다.

빠당뜨갈 사례와 같이 반자르에 위치한 문화유산에 대한 대중의 관심 증가는 경제적 이익 실현으로 나타났다. 이는 관광객이 전통문화 유산을 현지 문화의 의미나 '고유성'을 발견하는 방안으로 간주하기 때문이다. 더욱이 관광객이 '새로운' 유산보다 '전통적인' 유산에 좀 더 심미적 가치와 축적된 상징성을 부여하는 지점과 맞닿아 있다(Richard 1996: 262).

5 우붓의 대표적인 관광지로 확고하게 자리매김한 원숭이 사원의 입장료는 점차 올라 2022년에는 8만 루피아에 이른다.

물론 뉴꾸닝 마을은 앞서 제시한 빠당뜨갈 마을과 같은 특별한 문화관광 유산은 없다. 하지만 뉴꾸닝 마을이 과거 농촌에서 관광마을로 변화하는 과정에서 전통담론은 마을 번영의 주요한 계기가 되었다. 여기서는 뉴꾸닝 마을의 전통 담론 활용이 관광발전과 어떤 관계를 맺고 있는지 검토한다. 또한 외국관광객의 마을 거주라는 새로운 유형의 관광이 이 지역의 생활·문화 자원에 대한 인식을 어떻게 변화시켰는지 살펴본다.

전통은 과거의 특정 역사를 의도적으로 불러낸 결과다. 특정 공동체가 자기 정체성과 관련하여 어떤 문제에 봉착했을 때, 대개는 과거의 기억을 불러낸다. 공동체는 과거와 현재에 내포된 시간적 간격을 메워 불멸성, 말하자면 과거로부터 끊이지 않고 지속되는 연속선상의 자아를 상상한다. 이처럼 과거의 기억에서 호출되어 나오는 다양한 문화적 요소 전반을 전통이라 할 수 있다(진경환 2010: 401).

'전통'을 복원하거나 찾자는 움직임은 결국 공동체가 어떤 문제에 봉착했음을 의미한다. 경제적 여유가 생기면 '뿌리'를 찾는다고들 하지만, 실은 자신이 처해 있는 현재 상황에 만족하지 못하기에 전통을 찾는다고 보는 것이 사회과학적인 시각에서 타당성을 가진다. 현재의 불만스러운 상황을 바꾸자는 욕망에서 '전통'에 대한 말들이 일기 시작하는데, 그 움직임은 단순히 과거로 돌아가자는 말을 하려는 것이 아니다. 이는 각자가 기억하는 과거 속에서 앞으로 만들어갈 새로운 사회의 모습을 끌어내고자 하는 행위 주체자의 적극적인 의도의 표현이다(조혜정 1994: 179).

뉴꾸닝 마을에서 전통 담론의 구체적 실천 양상은 뒤에서 논의하기로 하고, 여기서는 전통문화 논의가 일어나게 되는 역사·문화적 맥락을 검토한다. 뉴꾸닝 마을의 관광지화에 대해서는 우붓 지역이 관광지로 성장하는 과정에서 지속적으로 논의되었다. 마을 주민 대부분이 관광객 증가와 경제적 성장을 동일선상에서 바라보았고, 실제로 우붓 지역에서 성공한 사람들의 풍문은 꼬리에 꼬리를 물고 사방에 전파되었다.

> 예전 마을에서 밥을 얻어먹고 다녔던 거지가 어느 날 우붓 왕궁 근처에서 외국인을 대상으로 구걸을 한 거야. 몇 년을 그렇게 하더니 그 거지가 덴파사르에 집을 사고 아침저녁으로 차를 타고 출퇴근하면서 구걸을 한다는 거야. 지금은 아니지만 예전만 하더라도 우붓에서 구걸하는 사람 대부분 엄청 부자였다는 소문이 있었어.
>
> 아르나와(Arnawa, 택시 기사), 남성, 40대, 2014. 1. 22.

현재 우붓 중심가에 있는 대형 식당인 이부 라이 식당(Ibu Rai Restaurant)은 여러 여행 책자에 소개될 만큼 잘 알려진 식당이다. 주인인 라이 여사(Ibu Rai)는 1970년대부터 우붓 왕궁 인근에서 조그마한 손수레(*kaki lima*)[6]를 끌고 다니면서 간단한 음식과 음료를 판매했다. 가난한 길거리 상인에서 현재 식당과 미술관을 운영할 정도로 부를 축적한 라이 여사의 일화는 관광객에게 발리 음식에 대한 고유성을 담보하는 홍보 수단이다. 다른 한편으로 우붓 주민에게 라이 여사의 일화는 관광이 막대한 부와 연결되는 실증적 사례다.

하지만 관광발전 과정에서 뉴꾸닝 마을은 항상 발전의 주변부에 머물러 있었다. 뉴꾸닝 마을은 빠당뜨갈 마을과 같이 문화관광유산이 부재하고, 관광객을 이끌 만한 회화나 목공예 제품을 생산하는 지역도 아니다. 더욱이 우붓 중심부에 위치한 왕궁과 시장에서 뉴꾸닝까지 도

6 5개의 발이라는 의미로, 2개의 바퀴와 하나의 버팀목이 있는 손수레와 이를 미는 사람의 두 발을 합친 합성어다.

보로 이동하기는 힘들어서 관광지로 성장하는 데 어려움이 있다.

대중관광 시대에 관광 상품의 부재와 위치의 불리함은 뉴꾸닝이 관광지로 성장하는 데 한계로 작용했다. 하지만 관광 형태가 변화하는 1990년대 이후 이러한 한계가 긍정적인 측면으로 작용하게 된다. 특히 뉴꾸닝 주민의 '전통' 찾기 움직임이 변화의 시발점이 된다.

> 90년대에는 뉴꾸닝 주민 중 관광업에 종사하는 사람은 거의 없었어. 농업에 종사하거나 건물 짓는 건설 인력이 제법 있었고. 일부 주민이 호텔이나 식당에서 일했지. 관광객을 위해 게스트 하우스 운영하는 주민도 있고 사롱이나 목공예품 떼다가 파는 사람도 있었는데, 그 수가 많지는 않았어.
>
> 자야(Jaya, 뉴꾸닝 빼짤랑), 남성, 50대, 2013. 12. 22.

자야의 진술처럼 1990년대 이전 뉴꾸닝 마을은 관광지보다는 농촌이었고, 주민 일부가 관광업에 종사하는 정도였다. 하지만 1990년대 우붓 지역은 맥레이(Macrae 1999: 138)의 기술처럼 소수의 관광객이 우붓을 방문하고 지역 주민은 이들에게 숙박, 음식 그리고 다양한 문화 자원을 보여주었다. 관광 관련 시설인 호텔, 레스토랑, 상점이 증가했고, 시설을 이용하는 관광객의 자금이 우붓 지역으로 들어오면서 이 지역에 새로운 중산층이 형성되었다.

지리적 경계는 공간 내 다양한 요소의 상호작용으로 결정되는데, 관광지의 경계를 정하는 데 가장 중요한 요소는 관광객의 여행 범위다. 따라서 1990년대 관광지로서 우붓 지역은 대체로 라야 우붓 길(Jl. Raya Ubud)을 중심으로 남쪽으로는 원숭이 사원, 동쪽으로는 우붓 왕족들이 화장식을 거행하는 푸라 달렘 사원(Pura Dalem Puri), 서쪽으로는 짬뿌한 다리(Lembatan Campuhan), 북쪽으로는 우붓 왕궁(*Puri Saren Agung*)을 경계

〈사진 5-3〉 2000년대 우붓 지역 주요 관광 형태
(트레킹, 요가)

로 한다. 결국 현재와 달리 1990년대까지 뉴꾸닝 마을은 우붓의 관광지로 편입되지 않았고, 관광산업을 주된 생계 수단으로 이용하는 주민의 수 역시 적었다.

하지만 2000년대 전후 우붓 지역에 중국과 한국을 비롯한 동아시아 지역 출신의 대규모 관광객의 방문과 수박, 유기농 식품, 요가 등으로 대표되는 생태관광객이 증가하면서 새로운 전기를 맞이하게 되었다. 특징적인 것은 당시 발리 전통 건축양식을 따르는 식당과 호텔 등이 더욱 각광받게 되었고, 전통문화 상품을 판매하는 상점이 상업적으로 자리를 잡아갔다는 점이다. 특히 자연 친화적인 수박 관련 풍경이 각광받으면서, 대중관광 시대 우붓 중심지에서 이루어지던 관광의 범위가 뉴꾸닝 마을과 같은 주변 지역까지 확장되었다.

관광 형태의 변화 과정에서 주목되는 점은 관광객의 발리 전통문화에 대한 인식의 변화다. 현지 주민의 생활양식인 거주 공간, 수박 풍경, 현지 음식 그리고 종교 의례 등에 대한 관광객의 인식이 '불편함',

〈사진 5-4〉 수박 인근의 고급 빌라

'구식', '무관심', '위험한' 그리고 '신기한 광경'에서 '자연 친화적', '안전한', '보존해야 할 대상' 그리고 '함께 경험해야 할 문화적 양식'으로 달라졌다.

우붓을 중심으로 이러한 변화의 단상들은 이전 시대의 '전통 찾기'와 다른 양상을 보인다. 과거에는 발리 전통문화를 발굴하고 서구인의 시선으로 재창조하는 과정을 보였다면, 2000년대 전후로 발리 전통문화 자체를 존중하고 주민 스스로 이를 실용적으로 변모시킨다는 점이다. 관광객의 인식 변화의 양상을 좀 더 구체적인 사례로 제시한다.

첫 번째 인식 변화의 단초는 발리인의 거주 공간인 전통가옥과 그 주변을 둘러싸고 있는 수박 풍경에 대한 새로운 인식이다. 천장이 높고 필요한 부분만 벽으로 마감 처리되어 있는 발리 전통 양식의 가옥 구조와 논의 풍경은 특히 서구 관광객에게 매력적으로 비친다. 발리 지역에서 고급 식당, 빌라, 호텔 등은 대부분 논 풍경, 즉 라이스 필드 뷰(rice field view)를 배경으로 건설된다.

과거 찌짝(*cicak*)과 토껙(*tokek*)과 같은 도마뱀들이 출몰하거나 모기나 파리의 서식지였던 발리 전통가옥과 논 주위의 집들은 건강한 삶을 유지하기 위한 자연 친화적인 공간으로 인정받게 되었다. 논을 배경으로 음식이 차려진 식탁은 고급 음식점의 상징처럼 여겨지고, 대부분의 고급 빌라들은 논을 볼 수 있는 위치에 건설된다. 대중관광 시대에 농업을 통해 생계를 유지하기 힘들어서 논을 무분별하게 개간하던 것과 정반대의 상황이 도래한 것이다.

두 번째 인식 변화는 우붓에 장기간 거주하는 사람들의 특징과 결부해 이해할 수 있다. 우붓은 과거부터 현재까지 발리 관광의 시대적 조류에서 새롭고 대안적인 비전을 제시했던 지역이다. 발리 폭탄 테러 이후 급격하게 감소했던 관광객의 수는 2004년을 전후로 2002년 이전으로 돌아왔고, 특히 우붓에서 새로운 유형의 관광이 시작되었다. 발리 스피릿 페스티벌과 같이 '영적인' 관광을 추구하는 관광객이 급속하게 늘어났다.

영적 관광과 관련된 관광산업은 현재 우붓 관광의 가장 큰 영역을 차지한다. 수백 개의 스파와 요가센터 그리고 채식과 같은 가공되지 않은 음식(raw food) 등을 판매하는 식당들이 우붓 곳곳에 생겨났고, 이를 이용하는 관광 집단이 양산되었다. 예를 들어 2014년 발리 스피릿 페스티벌에는 6,000명이 넘는 관광객이 방문했고, 이들 대부분은 페스티벌을 전후로 몇 주나 몇 달씩 우붓에 머물렀다(Grame 2014).

장기거주외국인 대부분은 우붓에 머물면서 요가를 하고 유기농 음식을 먹는 등 영적 관광과 관련된 것을 추구한다. 이들에게 인공 화학 조미료를 많이 사용하는 음식으로 인식되던 '위험하고', '건강하지 않은' 인도네시아 음식은 현재 유기농 재료를 사용하고 채식 위주로 구성된 '안전한', '건강한' 발리 음식으로 인식된다.

세 번째 인식 변화 역시 급격하게 늘고 있는 거주외국인과 관련된

〈사진 5-5〉 주민들의 식사 장면

다. 호주를 비롯한 서구 일부 국가의 은퇴 이민자에 대한 특별 비자 프로그램이 1999년에 시행된 이후, 호주 은퇴 이민자를 중심으로 많은 외국인이 발리에 거주하게 되었다. 이들에게 발리의 날씨와 저렴한 생활비용 등은 이주를 결정하는 주요한 요인이 되었다. 당시 만여 명의 호주인이 발리로 이주했고, 그중 적어도 1,000여 명이 우붓과 인근 지역에 거주한다(Macrae 2014a: 10).

현지 주민의 일상이자 종교적 행위인 힌두 의례는 관광객에게 호기심의 대상이었다. 단기 관광객이 우연히 접한 마을 의례 등은 그들에게 '신기한' 종교 의례의 풍경이다. 때에 따라서 가이드를 통해 간단한 설명을 듣지만, 의례 진행 과정, 의미 등을 이해하기에는 여러 가지 제약이 있다. 하지만 거주외국인에게 마을 의례는 단기 관광객과 달리 다른 의미로 다가온다. 우붓 지역에서 사업을 하는 한국인 박정진은 종교 의례를 다음과 같이 이해한다.

〈사진 5-6〉 의례 참가 중인 거주외국인

우붓에서 발리인을 고용하여 사업을 하고 있으니 그들의 문화를 이해하려고 노력하고 있어요. 종교 의례 중 가장 흥미로운 것은 제가 운영하는 가게에 직원들이 차낭과 차루를 집에서 매일 준비하거나 지나다니는 차낭 파는 아주머니에게 구매해서 가게에 가져다 놓는 거예요. 저야 힌두교를 믿지 않고 제 가게니까 굳이 안 해도 되는데, 계속 가져다 놓는 거예요. 이유를 물어보니 발리인은 자신이 일하는 곳 역시 신의 보살핌과 악귀의 피해를 막아야 한다는 믿음이 있기에 차낭과 차루를 바치는 일을 매일 하는 거래요. 사업이 더 번창하라는 의미이니 그런 마음이 고맙죠. 요즈음 가게 운영비로 차낭하고 차루 준비하라고 한 달에 20만 루피아씩 주고 있어요.

박정진(현지 사업가), 남성, 30대, 2014. 3. 25.

위의 언설처럼 거주외국인과 같이 이 지역에 오랜 기간 머무는 것은 주민의 삶을 이해하고 동화되는 과정을 동반한다. 박정진의 사례처럼 발리 지역에 머물면서 현지 주민의 문화를 이해하고, 때로는 함께 실천하는 과정을 겪는다. 뉴꾸닝에 거주하는 장기거주외국인 역시 주민과 함께 마을 사원 의례에 참가하고, 그들의 문화를 존중하고 이해하기에 '네삐날(*Nyepi*)'에는 집 안에서 불도 켜지 않고 바깥출입을 하지 않는 수고를 감수한다. 결국 발리 사회에서 거주외국인의 증가는 관광객에게 단지 '신기하고', '낯선' 광경이었던 이들의 문화적 행위가 '함께 경험하고 느껴봐야 할 문화'로 변모하는 계기가 되었다.

발리 전통문화에 대한 관광객의 재인식 과정은 발리 지역에서 새로운 관광 유형과 관광객 집단의 출현을 이끌었다. 과거 대중관광과 문화관광 시대에 관광발전의 과정에서 소외된 지역이던 뉴꾸닝 마을은 새로운 관광 유형의 도입으로 주목받게 되었다. 주목할 점은 관광객의 전통에 대한 새로운 인식과 관광 유형의 도입이 현지 주민에게까지 영향을 미쳤다는 지점이다. 즉 주민이 발리 전통문화를 새롭게 살펴보는 계기가 되었고, 문화적 정체성의 강화기제로 활용했다는 지점이다.

2. 관광객과 함께 살아가기

1) 관광객이 '거주'하는 마을

과거 대중관광의 시대에 주목받지 못했던 반자르는 2000년대를 전후로 새롭게 각광받게 된다. 특히 새로운 유형의 관광객 집단인 거주외국인은 기존의 대중관광객과 달리 '장기간 거주'한다는 차별성이 있다. 이 장에서는 거주외국인이 뉴꾸닝 마을에 거주하게 된 과정과 이유를 검토한다.

코헨은 관광지에서 신기성(novelty)과 친숙성(familiarity)을 어느 정도 추구하느냐에 따라 관광객을 네 가지 유형으로 분류했다(이진형 2007: 41). 첫 번째 유형은 집단으로 여행하면서 조직화된 대중관광자(the organized mass tourist)다. 두 번째 유형은 집단으로 여행하지는 않지만 범주형 계획에 의존하는 개별 대량 관광자(the individual mass tourist)다. 세 번째 유형은 스스로 여행을 꾸려가되, 편한 숙소에 머물면서 좀 더 현지 문화에 접근하려는 탐사형 관광자(the explorer)다. 네 번째 유형은 관광제도권에서 멀리 벗어나서 현지 문화에 흠뻑 빠져드는 유람형 여행자(the drifter)로 분류했다(Matthews 2002: 34).

현재 발리에서 첫 번째 유형에 해당되는 관광객은 대형버스를 이용하여 우붓을 방문하는 관광객이다. 이들은 대부분 발리 남부 지역에 위치한 호텔이나 리조트에 머물고, 대형버스를 이용하여 우붓 지역을 방문한다. 오전 11시 전후로 우붓에 도착한 후 왕궁 관람, 쇼핑을 한 후 오후 4시경에 다시 버스를 타고 호텔로 돌아간다. 이들에게 우붓 관광은 '예술인 마을'로 표상된 우붓을 '방문'하는 데 목적이 있다. 우붓의 다양한 문화 시설이나 수박 등 농업문화를 경험할 시간적 여유가 주어지지 않는다. 대체로 중국인 관광객이 조직화된 대중관광자의 범주에 속한다. 문화 상품을 판매하는 상업시설이 없는 뉴꾸닝 마을에 이들이 방문하는 것은 극히 드물다.

두 번째 유형은 대중관광이 가진 '획일성'과 '집단성'에 대한 거부감을 가진 관광객이다. 우붓 관광에 있어 한국인 신혼부부가 대체로 두 번째 분류에 속한다. 신혼여행의 특성상 다른 여행객들과 함께 관광 일정이 진행되지 않는다. 하지만 현지 사정을 모르기에 발리인 가이드와 운전기사를 고용한다. 전체 일정에 따라 차이는 있지만, 대체로 두 가지 일정이 제안된다. 4박 6일의 기간 동안 마지막 일정을 우붓에 있는 호텔에서 머물거나 아니면 귀국 날 우붓 관광을 한다. 개별 대량 관광자 유형 역시 우붓에서 체류하는 시간이 부족하거나 지리에 익숙하지 않기 때문에 뉴꾸닝을 방문하는 것은 극히 드물다.

세 번째 유형의 관광객은 항공권 구매와 호텔 등 여행 관련 예약을 스스로 알아보고, 여행 정보를 인터넷이나 관련 서적을 통해 습득한다. 하지만 낯선 지역에 대한 두려움, 특히 '안전'에 대한 욕구가 상존하기에 대규모 호텔 체인이나 인터넷에서 예약이 가능한 숙소를 선호하는 경향이 있다. 대체로 발리 지역을 한 번 이상 방문한 관광객이 우붓의 좋았던 인상을 재경험하기 위해서 오거나, 우붓 관련 책이나 영화의 영향을 받은 방문자가 온다. '탐사형 관광자'는 우붓 지역에서 숙박을 하고 현지 문화를 경험할 수 있는 다양한 활동을 한다.

네 번째 유형의 관광객은 이들 집단을 정의하는 데 있어 특정 분류에 해당되지 않는다고 여길 것이다. 이들에게 우붓 여행은 특별한 목적의식이 없거나 때로는 여행보다 '임시 거주'의 개념으로 이해된다. 이들은 대학 시절 혹은 오랜 기간 발리 지역을 왕래하면서 서핑, 휴양 그리고 문화체험 등에 충분한 경험이 있다. 이들의 우붓 방문은 우붓이 목적지가 아닌, 그들의 여행 동기를 충족시키는 지역이 우붓이기 때문이다. 우붓과 뉴꾸닝에 거주하는 외국인은 짧게는 한 달 길게는 1년 정도 머문다. 호텔보다 현지인 집을 빌려 거주하는 경우가 많다.

저자는 뉴꾸닝 마을에 "여행" 온 사람들을 인터뷰하면서 이들이 코헨의 분류법에서 대체적으로 세 번째와 네 번째의 관광객과 유사한 관광 동기와 태도를 보임을 확인했다. 이들은 또한 '제도화되지 않은' 집단(Cohen 1972)에 속한 관광객이기도 하다. '제도화되지 않은' 관광객의 관광 동기와 태도에 대한 경험적 연구는, 관광객의 여행 경험을 통해 왜 뉴꾸닝 마을이 관광지화되었는지 논의하는 토대가 된다.

【우붓 인근 마을 중 왜 뉴꾸닝 마을에 거주하세요?】특별한 이유는 없어. 우리 딸이 올해 열다섯 살이야. 발리에서 국제학교를 보내야 하는데 뉴꾸닝 마을이 가깝고, 다른 마을보다 깨끗하고 안전한 것 같아서.【어디 학교인가요?】그린 스쿨(Green School).【그린 스쿨이면 그래도 마을에서 꽤 거리가 있는 곳인데. 차로 30분은 가야 하지 않나요?】오토바이 타고 20분이면 가. 그래도 뉴꾸닝 마을이 현실적으로 최선인 것 같아. 우붓 시내하고도 거리가 멀지 않아 생활하기도 편하고. 내가 발리에 살지만, 그래도 미국에서의 생활 방식을 완전히 바꿀 수는 없으니까. 마트도 가야 하고, 인터넷도 필요하고. 날씨가 좋아서 발리에 왔지만, 그래도 온수가 나와야 샤워도 할 수 있고. 서양인들이 많이 거주하지 않는 마을에 있는 집을 한 번 봤는데, 도저히 못 살겠더라고. 가격은 뉴꾸닝보다 훨씬 저렴한데, 현지 주민 집을 임대하는 거니까 살기가 힘들 것 같더라고. 완전히 현지 사람처럼 살면 몰라도 나처럼 도시의 삶을 완전히 버릴 수 없는 사람은 여기가 최선이야.【뉴꾸닝 마을에 살면서 마을 행사에 참여는 하세

요?】 마을 행사는 잘 몰라. 난 힌두교 신자가 아니야. 여기서 자주 만나는 사람들은 미국인이나 유럽 친구들이야. 가끔씩 맥주 마시거나 집에서 탁구 치는 정도지. 집주인에게는 일주일에 한 번씩 청소해주니까 고맙다고 인사하고, 집수리가 필요한 것이 있으면 부탁하는 정도야. 그래도 여기 마을 사람들이 다른 마을 사람들보다는 좀 더 안정된 것 같아. 관광지면 아무래도 다들 돈에 집착이 심한데, 여기 사람들은 다들 마을 의례에 정성을 다하고 마을 행사에 적극적으로 참여하니까. 우리 가족에게 좀 더 안정감을 주는 것 같아.

존(John, 미국 출신 거주외국인), 남성, 60대, 2013. 8. 25.

위에서 진술한 존은 발리에서 2년째 거주 중이다. 미국에서 이혼 후 딸과 함께 뉴꾸닝 마을에 살고 있다. 존에게는 날씨가 발리 거주의 가장 큰 이유다. 미국 시애틀에서 살던 그에게 발리의 화창하고 따뜻한 날씨는 건강을 유지하는 데 최선의 선택이었다. 하지만 존에게 발리 현지 주민과 그들의 문화는 관심의 대상이 아니다. 특히 의사소통의 문제는 존이 현지 사회에 동화되는 데 가장 큰 걸림돌로 작용한다.

존은 우붓 지역에서 뉴꾸닝 마을에 거주하는 이유로 우붓 중심부와 멀지 않은 위치, 편리한 생활 시설 그리고 안정성을 꼽는다. 미국에서 의사였고 도시에 거주했던 존은 건강 때문에 환경과 날씨가 좋은 시골에 거주하지만, 그가 도시 생활의 경험을 완전히 포기하고 살기에는 여러 불편함이 있다. 따라서 그는 우붓 중심부로 자유롭게 이동이 가능한 뉴꾸닝을 선택했다.

하지만 존이 외국에 거주하면서 가장 염려하는 부분은 안전성을 어떻게 담보하느냐다. 고등학생인 딸이 있기에 어쩌면 최우선적으로 고려해야 할 점이다. 존은 뉴꾸닝 마을 주민이 언제 종교 의례가 열리는지 마을 행사가 있는지 잘 알지 못한다. 가끔씩 집주인이 오늘은 어떤 마을 행사가 있는지 알려주지만 참석을 하지 않기에 큰 관심을 두지 않는다. 그는 의례나 마을 행사를 신기한 광경으로 보지만, 다른 측면에서 이를 통해 안전함을 느낀다. 결국 존이 수많은 반자르 중 뉴꾸닝 마을에 거주하는 이유는 생활의 편의성과 안전함 때문이다. 얀센이 뉴꾸닝 마을에 거주한 이유도 존과 비슷하다.

> 【우붓의 여러 마을 중에 어떻게 뉴꾸닝 마을에 거주하게 되었어?】 발리 지역에 온 이유는 우붓에 살고 싶어서 왔어. 인터넷과 책을 통해 우붓 지역이 어떤 곳인지는 알고 있었지. 은퇴 후에 장기간 거주하려고. 우붓 시내에 있는 호텔에 있으면서 집을 찾다가, 호텔 직원의 소개로 뉴꾸닝 마을을 방문하게 되었지. 호텔 직원이 외국 사람이 많이 거주하는 지역이라고 소개했어. 이 집이 내가 처음 생각한 것보다 비싸서 다른 집을 알아봤는데, 마땅한 대안이 없고, 새집이어서 깨끗하고, 온수도 나오고 주방도 있고. 그래서 일단 두 달만 계약해서 살고 있어. 다음 달에 은퇴 비자 나오면, 이 집 계약을 연장하든지 좀 더 저렴한 곳으로 옮길 예정이야.
>
> 얀센(Jansen, 덴마크 출신 거주외국인), 남성, 60대, 2013. 8. 15.

인터뷰 후 얀센은 비자 발급을 위해 싱가포르에 갔다. 얀센은 비자를 발급받고 다시 뉴꾸닝 마을에 거주했다. 이후 계약이 만료되자 친구의 소개로 좀 더 저렴한 집을 찾아서 다른 마을로 이사갔다.

> 우붓에서 당분간 지낼 거지? 지나가다가 만나면 인사하고 지내. 【내일 이사 잘해. 나도 앞으로 우붓에서 1년은 살아야 해서 가끔씩 볼 거야. 임대 연장은 왜 안 했어? 가격이 비싸서?】 이 방이 완전히 비싼 것은 아닌데, 좀 더 저렴한 곳을 찾아서. 150만 루피아는 저렴해. 1년이면 그게 얼마야. 그래도 이 집이 괜찮았어. 주인하고 약간 문제는 있었는데, 그거야 말이

안 통하니까 문제가 있었던 거지. 여기 사람들이 다 좋은 것 같아. 매일 아침저녁으로 내 방 앞에 향초 같은 것도 가져다 놓고. 뭐라고 기도도 해 주고. 좋은 경험이었어.

얀센(Jansen, 덴마크 출신 거주외국인), 남성, 60대, 2013. 10. 13.

몇 달 후 저자는 시내를 지나다가 오토바이를 타고 가는 얀센과 다시 만났다.

【얀센, 요즈음 어디에서 살아?】 이부 오카(ibu oka)[7] 북쪽 지역에 집을 구했어. 여전히 우붓 시내로 가려면 오토바이를 타야 하지만, 그래도 예전에 살던 집보다 저렴해서 괜찮아. 미스터 정은 여전히 그 집에서 살아? 【응, 뉴꾸닝 마을이 살기 편하니까. 여전히 살고 있지.[8] 뉴꾸닝 마을 조사도 해야 하고.】 현재 살고 있는 집은 미스터 정이 살고 있는 집과 시설은 비슷한데, 가격은 절반 정도야. 혹시 집 옮길 생각 있으면 나한테 연락해. 남은 방이 아직 있을 거야. 인터넷이 없어 메일 보낼 때 우붓 시내로 나와야 하는 게 조금 귀찮은데, 그것 빼고는 괜찮아.

얀센(Jansen, 덴마크 출신 거주외국인), 남성, 60대, 2014. 3. 19.

얀센은 덴마크의 차가운 날씨가 코 건강에 안 좋다는 의사의 조언에 따라 은퇴 후에 발리로 이주를 결심했다. 얀센은 연금을 매월 수령해 생활한다. 얀센에게 발리섬은 은퇴 후 건강을 돌볼 수 있는, 즉 따뜻

7 바비굴링을 판매하는 식당으로, 관광 안내 책자에 소개되고 우붓 왕궁 인근에 위치하기에 대부분의 거주외국인이 위치를 알고 있다.

8 저자와 얀센은 뜨가뜨 바뚜 하우스의 1층과 2층에서 살았다. 저자가 마을에 들어온 이후 얀센은 45일쯤 지나 마을을 떠났다.

한 날씨와 깨끗한 공기가 있는 지역이다. 그에게 발리 현지 문화는 이국적이고 호기심을 자극하지만, 얀센은 그들의 문화를 체득하려고 하지는 않는다.

얀센은 느긋하게 일어나서 아침밥을 먹고, 오후 나절에 우붓 시내에 나가 커피를 마시거나 비슷한 나이대의 외국인 친구를 초대하여 맥주를 마시는 게 일상이었다. 얀센은 주인 가족이 매일 아침과 저녁 자신의 방 근처에 놓아두었던 차낭과 차루의 의미를 정확히 알지 못했지만, 이러한 광경 자체를 매우 긍정적으로 기억했다. 임대한 방이 계약 기간 동안은 자신을 위한 배타적인 공간이라고 여기지만, 가끔씩 의례 과정에서 자신의 영역을 침해하는 주민과 큰 문제 없이 지낸 점은 주목된다. 즉 얀센 역시 현지 문화를 정확히 이해하지는 못하지만, 주민이 자신을 마을 공동체 일원으로 여기고 있음을 경험했다.

존과 비슷하게 얀센 역시 우붓 지역에 거주하는 이유는 본인의 건강 때문이고, 뉴꾸닝 마을에 거주한 이유는 생활의 편의성과 집을 구하는 과정에서 정보의 접근성 때문이다. 하지만 얀센이 뉴꾸닝 마을에서 짧은 기간 동안 거주하고 다른 마을로 이사를 간 사실에서 알 수 있듯이, 그에게 특정 마을보다는 예산 범위 내에 임대가 가능하고 생활 여건이 좋은 집의 상태가 주요한 고려 대상임을 확인할 수 있다.

반자르 주민에게 반자르는 자신의 정체성을 표출하는 가장 기본적인 사회 공동체다. 하지만 존과 얀센의 경우 그들이 원하는 조건이 충족되면 어떤 지역, 어떤 반자르에 거주하느냐는 집을 선택하는 데 중요한 고려 대상이 아니다. 발리 거주 기간이 상대적으로 짧았던 얀센의 경우 몇 달 뒤 인터뷰에서 자신이 처음 살았던 마을 이름이 뉴꾸닝이었는지도 정확하게 기억하지 못했다. 물론 자신이 사는 마을을 정확하게 밝힐 일이 없는 외국인이라는 특수성이 있다. 하지만 이보다도 현지 주민과 교류가 거의 없기에 마을의 지명과 문화를 이해하는 시간 역시

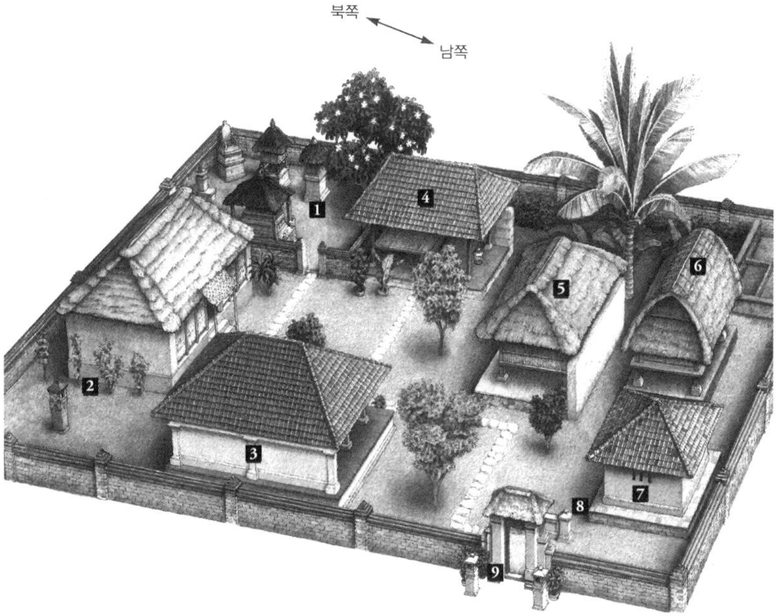

〈그림 5-1〉 발리 전통가옥 구조(Haer, Morillot, Toh. 1995: 100 재구성)

부족했던 것으로 생각된다.

환갑이 지난 존과 얀센은 건강에 대한 염려로 발리에 장기거주한다. 특히 우붓 지역 중 뉴꾸닝 마을에 거주하는 이유는 위치적 편리함과 생활의 편의성 때문이다. 이와 더불어 주목할 점은 이들이 뉴꾸닝에서 거주한 집이 이들의 생활 방식을 충족시켰기 때문이다.

〈그림 5-1〉은 발리의 전통적인 집 구조다. 우붓의 일부 상업 지구를 제외하고 4인 이상의 가족구성원이면 대부분 이와 같은 구조의 집에 거주한다. 전통가옥 구조는 농촌 공동체에서 쌀을 보관하는 장소(그림의 6번), 농사 관련 일을 하는 장소(그림의 3번) 등 농사와 관련된 구조와 연결된다. 하지만 농사를 짓지 않는 현재에도 전통가옥 구조는 유지되는데, 이는 발리인의 종교적 의례와 긴밀하게 연결되기 때문이다.

1번은 가족 사원(Sanggah)이고, 가족 사원 옆의 4번은 의례를 준비하는 장소(Bale Dangin)다. 2번은 부부나, 가족 중 가장 큰 어른이 거주하는 건물(Meten)이다. 주방 시설(그림의 7번)은 남쪽에 위치하는데, 이는 불의 신 브라마(Brahma)가 남쪽과 관련되기 때문이다. 이와 같이 발리의 전통가옥은 힌두교의 관념에 따라 건립된다.

발리 전통가옥에서 외국인이 장기간 거주하기에는 여러 어려움이 있다. 예를 들어 거주외국인이 전통가옥에서 방을 임대할 때 손님이나 아이들의 방으로 활용되는 5번 건물(Sakenam)을 빌려 거주한다. 하지만 이곳은 별도의 주방과 화장실이 설치되지 않기에 독립적인 생활을 하기에 어려움이 많다.

결국 외국인을 대상으로 임대 사업을 하는 데 가장 우선해야 하는 것은 기존의 집을 재건축하거나 외국인의 생활양식에 맞는 빌라를 건설하는 것이다. 과거 땅은 유일한 사회적 자본이었고, 땅의 소유 여부에 따라 사회적 관계가 형성되거나 단절되었다. 하지만 관광 지역으로 변화하는 과정에서 마을 주민이 더 이상 농사를 짓지 않아도 사회적 자본이 상실되거나 사회적 관계가 단절되지 않는다.

특히 농사를 짓는 것보다 관광 관련된 산업에 종사하는 것이 더 많은 이익을 담보하고 인력 수요가 있기에, 지역 주민은 건축 관련 일에 종사한다(Pitana 2000: 46-47). 관광지화되는 과정에서 땅의 활용 문제, 농촌의 쇠퇴, 값싼 노동력의 증가 등은 상대적으로 적은 비용으로 건축을 가능하게 하고, 이는 반자르 주민이 임대 사업을 시작하는 사회적 기반이 되었다.

임대 사업이 가능한 사회적 환경이 조성된 상황에서 마을 주민은 본인이나 가족 소유의 토지에 직접 빌라를 짓거나 혹은 땅을 주택 개발업자에게 임대한다. 예를 들어 저자가 현지조사 기간에 거주한 집은 가족 공동 소유의 땅에 토지주가 직접 건평 33제곱미터에 연면적 66제

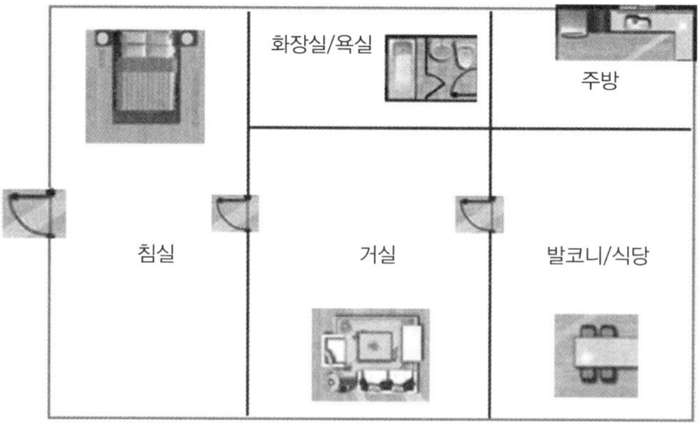

〈그림 5-2〉 빌라의 내부 구조

곱미터의 소규모 이층집을 건설한 경우다. 주택 개발업자의 빌라 건설은 좀 더 큰 규모로 진행된다. 마을 중심부에서 조금 벗어난 지역에 기존의 유휴농지를 임대한 자카르타 출신의 개발업자는 연면적 100제곱미터 크기의 빌라 다섯 채를 건설했다. 외관은 발리 전통양식을 따르지만 실내는 방, 거실, 화장실, 주방, 식당이 있는 현대식 구조의 집이다.

외국인을 대상으로 집의 임대와 매매 행위가 활성화되고, 이 과정에서 수익이 발생하면서 뉴꾸닝 지역에는 외국인이 선호하는 집이 계속 늘어났다. 결국 이는 우붓 지역에서 뉴꾸닝 마을에 가면 '외국인이 살 만한', '괜찮은 집'이 있다는 평판을 형성했다. 앞서 얀센의 사례처럼 그가 우붓 시내에 있는 호텔에 머물면서 집을 구할 때 호텔리어의 추천이 단순히 우연인 것으로 이해되기도 하지만, 뉴꾸닝 마을에 대한 이러한 담론 형성과 무관하지 않다.

이는 우붓의 한 호텔에서 근무하는 사드리(Sadri)와의 대화에서도 확인할 수 있다. 사드리는 우붓 중심가에 위치한 P호텔에 근무한다. P호텔은 영어, 프랑스어, 일본어 등 다양한 언어로 번역된 여행안내서 등에 소개된다. 우붓 중심가에 위치하고 저렴한 가격으로, 상호는 호텔이지만 운영 규모, 시설, 운영 방식 등은 게스트 하우스에 가깝다. 따라서 장기거주를 위해 우붓을 방문한 외국인이 이곳에서 머물면서 집을 구하거나 우붓의 생활 정보를 교류한다.

> 뉴꾸닝 마을이나 준중안(Junjungan) 마을을 많이 추천해요. 이 마을에 외국인이 많이 거주해서 다른 외국인도 함께 거주하면 괜찮을 것 같아서요. 마을도 우붓 시내와 적당하게 떨어져 있어서 차가 막히거나 혼잡하지도 않고. 마을 환경도 괜찮아요. 무엇보다 이 마을에 있는 빌라 시설이 괜찮아요. 가격은 제법 나가지만, 추천하는 입장에서 일단 시설 좋은 곳, 즉 비싼 곳부터 추천해야 나중에 뒷말이 없어요. 근데 외국인이 우붓 임대료를 알면 깜짝 놀라요. 발리 지역이고, 바다도 없는 곳이니까 가격이 저렴할 것으로 생각한 거죠. 10년 전에는 그랬어요. 요즘은 안 그래요. 【가격이 어느 정도인데요?】 가격이야 뭐, 시설이나 위치에 따라 너무나 다양해요. 내가 생각해도 너무 비싼 것 같기는 해요. 그래서 조금 저렴한 집을 소개해주면 우붓 시내에서 너무 멀다, 아니면 화장실이나 욕실이 너무 안 좋다는 말을 해요. 그래도 뉴꾸닝이나 준중안 마을에 있는 집을 소개하면 대부분 만족은 해요. 가격은 빼고요. 한 달 임대료가 500만 루피아에서 1,000만 루피아는 하니까요. 내 월급이 100만 루피아를 간신히 넘는데 1,000만 루피아면 거의 1,000달러예요. 어쩔 수 없죠. 가격을 생각하면 위치나 시설이 마음에 안 들고, 위치나 시설이 괜찮으면 가격이 너무 비싸고.
>
> 사드리(Sadri, P호텔 지배인), 남성, 60대, 2013. 11. 7.

사드리의 진술처럼 뉴꾸닝 마을에 있는 집이 외국인에게 '살 만한 집', '괜찮은 집'으로 인정받으면서, 거주외국인에게 가장 먼저 소개하는 마을이 되었다. 더욱이 사드리와 존의 사례처럼 마을의 위치 역시 뉴꾸닝의 가치를 높이는 요소가 된다. 뉴꾸닝은 우붓 주요 도로 중 하나인 몽키포레스트 길(Jl. Monkey Forest)과 접해 있는 원숭이 사원과 가깝다. 관광발달 과정에서 우붓 중심가가 점점 확장되었고, 이는 뉴꾸닝 마을에서 우붓 중심가까지 이동하는 데 체감 거리를 좁혀주었다. 특히 원숭이 사원이 마을과 우붓 중심부 사이를 가로막아 차량의 출입이 빈번하지 않은 장점이 있다.

> 나는 뉴꾸닝 마을이 마치 섬 같아서 좋아요. 물론 배를 타고 우붓 시내로 나가지는 않지만, 오토바이만 타고 가면 금방 시내로 갈 수 있으니. 나야 남자친구인 이고르가 필요하면 오토바이로 데려다주니까 크게 불편한 건 없어요. 가끔 걸어서 우붓으로 가면 한 20분 걸리는 것 같아요. 그 정도면 운동 삼아서 갈 수 있으니 괜찮아요. 밤에 원숭이 사원 지나갈 때는 가로등이 있어도 조금 무서운데, 막상 마을 안으로 들어오면 무섭지는 않아요. 주민이 가끔씩 눈으로 인사도 해주고. 해 질 녘에 전통의상을 입은 주민이 단체로 사원에 가거나 특별한 일이 없는데도 전통의상을 입고 다니는 모습이, 도리어 더 안전하게 느껴져요.
>
> 안나(Anna, 러시아 출신 거주외국인), 여성, 30대, 2014. 5. 13.

> 나도 뉴꾸닝 마을에 사는 것에 만족해요. 임대료가 조금 비싸고, 인터넷이 조금 느린 것 정도가 불만이죠. 근데 어쩔 수 없죠. 좋은 점은 다른 곳보다 깨끗하고 조용해서 좋은 것 같아요. 관광객이 많지는 않은데 마을 주민이 아침저녁으로 매일 청소하는 것 같고. 차가 별로 없어서 차량이 정체되거나 혼잡하지도 않고. 낮에 우붓 나가봤어요. 진짜 정신이 하나도 없어요. 사람이 얼마나 많은데요.
>
> 이고르(Igor, 러시아 출신 거주외국인), 남성, 30대, 2014. 5. 13.

이고르는 컴퓨터 프로그래머인데, 일의 특성상 재택근무가 가능하여 여자 친구인 안나와 함께 발리 지역으로 왔다. 임대할 집을 찾다가 우붓 중심가의 식당에 있는 입간판의 광고를 보고 마을에 집을 구한 경우다. 이들 역시 뉴꾸닝 마을의 위치와 생활환경을 높게 평가했다. 우붓 중심가와 달리 일반 관광객이 거의 없지만, 우붓 중심가와 멀지 않아 이 마을을 선택했다.

주목할 점은 여성인 안나가 뉴꾸닝 마을에서 안전함을 느낀다는 점이다. 전통의상을 갖춰 입은 주민의 모습이 그녀에게 더욱 안전한 지역이라는 인상을 준 것이다. 더욱이 안나의 진술에서 "특별한 일이 없는데도 전통의상을 입고 다니는 모습"은 마을 지킴이 역할을 하는 빠짤랑을 지칭하는 것으로 보인다. 해 질 무렵 빠짤랑은 마을 곳곳을 순찰하는데, 이들의 근무 복장이 발리 전통의상이기 때문이다.

앞서 저자와 인터뷰를 했던 거주외국인은 대부분 마을의 행사와 종교 의례 등에 참석하지 않았다. 존은 2년 가까이 살았지만 마을 행사에 무관심했고, 얀센, 이고르, 안나는 거주 기간이 짧았기 때문이었다. 하지만 뉴꾸닝 마을의 일부 거주외국인은 마을 주민 행사에 참여하거나 심지어 힌두교 의례에 참석하고 후원금을 기부한다.

호주인 톰은 우붓 지역에서 1년 정도 거주했다. 우붓 지역에서 처음 살았던 마을이 뉴꾸닝 마을이었고, 잠시 뻥오세깐 마을에 거주하다가 다시 뉴꾸닝 마을에 살게 된 경우다. 조사 당시 서른다섯인 톰은 발리섬에 계속 거주하지 않고 연중 8개월은 호주에서, 4개월은 발리에서 보냈다. 그는 우붓의 자연환경과 편안한 일상, 특히 발리인의 친절함이 좋다고 한다.

> 발리에서 가장 좋은 점은 자연환경과 사람이에요. 호주도 깨끗하고 좋은데, 약간 인위적인 데 반해 발리는 자연 그대로인 점이 좋아요. 사람들의

〈사진 5-7〉 오고오고 의례에 참여 중인 관광객

친절도 마음에서 나오는 진짜 친절함 같아요. 대학 다닐 때는 발리에 오면 거의 남쪽 지역에 있었는데, 이제는 우붓에서 거의 살아요. 처음 우붓에 와서 살던 곳이 뉴꾸닝 마을이에요. 마을에서 몇 개월 살다가 다시 호주에 있다가, 몇 년 뒤 우붓에 와서 살던 곳은 다른 마을(뻥오세깐 마을)이고요. 이전 마을에서 잠깐 살다가 뉴꾸닝 마을로 왔어요. 옛날부터 알고 지낸 발리인 친구가 있어 그 집을 빌려서 살아요. 【지난번 오고오고(Ogho-Ogho) 제작할 때 기부금도 내고, 가끔씩 마을 의례에도 참석하는데 특별한 이유가 있어요?】 기부금은 발리 친구 때문에 10만 루피아 냈어요. 제가 이 마을에 계속해서 살지 안 살지는 모르지만, 현재는 살고 있으니 친구 부탁도 있고 해서 기부금을 내요. 마을 의례 참석은 발리인의 문화가 신기하고 궁금하기도 해서요. 한 달에 수십 번은 의례가 있는데, 오고오고 같은 큰 행사만 참석해요. 그래도 참석하면 주민이 반겨주고 이것저것 알려주고 그래요. 아마도 기부금을 내서 그런가 봐요.

톰(Tom, 호주 출신 거주외국인), 남성, 40대, 2014. 4. 26.

톰은 뉴꾸닝 마을에 거주하면서 주민의 의례와 행사에 관심을 가지고 참석한다. 의례나 마을 행사 참석은 타 문화에 대한 관심의 반영이지만, 다른 측면에서 마을 구성원으로 역할을 하려는 의도도 엿보인다. 특히 기부금을 내는 행위를 통해 이러한 의사를 더욱 적극적으로 표현한다. 김하늘의 경우도 톰과 비슷하게 마을 의례에 적극적으로 참여한 경우다. 김하늘은 가족과 함께 발리 지역으로 이민을 온 후 현재는 뉴꾸닝 옆 마을인 싱아꺼르따에 거주한다. 싱아꺼르따로 이사 가기 전 김하늘의 가족은 뉴꾸닝 마을에 2년간 거주했다.

【우붓에 정착하게 된 계기가 있나요? 특히 뉴꾸닝 마을에 거주하게 된 이유는요?】이민은 아이들 때문이라고 할 수 있을 것 같은데요. 한국에서 살 때도 우리는 공동육아, 대안학교 등 아이들이 좀 더 자유롭게 교육받는 환경을 만들어주고 싶었어요. 정규 교육과정에 대한 불신도 있었고요. 그래서 발리로 이사했어요. 현재 아이들은 다양한 국적의 학생들과 어울리고, 영어와 인도네시아어를 사용하는 환경에서 자라서 이민 오길 잘한 것 같아요. 처음 뉴꾸닝으로 이사하게 된 특별한 이유는 없어. 집을 구하다 보니까 이곳에 오게 되었는데요, 아이들 다니는 빨랑이 학교가 가까운 점이 좋았어요. 마을도 아담하고 안전한 것 같고요.【뉴꾸닝 마을에 사시면서 좋은 점과 안 좋은 점 같은 게 있었나요?】현재는 싱아꺼르따에 살고 있는데 뉴꾸닝에서 2년 정도 살았어요. 발리 이사 와서 처음 살았던 마을이니 정도 많이 들었고, 마을에 아는 사람도 많아서 좋았고요. 가장 좋은 점은 뉴꾸닝 마을이 다른 마을에 비해 안전하다는 느낌이 드는 거예요. 마을 빼짤랑들이 조금은 문제지만, 그래도 이들 때문에 마을이 다른 마을로부터 보호받는다는 생각이에요.【마을 의례나 행사는 많이 참여하셨나요?】우리 가족은 마을 행사에 많이 참여했어요. 제가 현지 문화에 관심이 많아서, 이민 초기에는 우리 가족 전부 다 전통의상 입고,

이런저런 행사나 의례에 많이 참석했어요. 그래서 뉴꾸닝에 2년밖에 안 살았는데 마을 사람들도 많이 알고, 정도 많이 들었어요.

김하늘(교민), 남성, 40대, 2012. 9. 27.

김하늘이 뉴꾸닝 마을 의례에 적극적으로 참여한 것은 현지 문화에 대한 호기심과 발리 문화에 빠르게 적응하고 싶은 바람 때문이다. 특히 김하늘이 처음 이주 후 뉴꾸닝 마을에 거주한 이유에 주목한다. 그는 뉴꾸닝 마을이 아담하고 안전할 것 같은 생각이 들었다고 한다. 가족과 이민을 온 그가 가장 최우선으로 고려한 것은 가족의 건강과 안전이다. 주민 자치조직에 의해 마을 청소가 이루어지고, 마을 의례와 행사 등이 실천되는 모습은 김하늘에게 뉴꾸닝 마을이 '안전한', '믿을 수 있는' 마을로 인식시켰다. 동시에 그 역시 마을 공동체의 구성원으로 지위를 인정받기 위해 마을 의례에 적극적으로 참석했다.

뉴꾸닝 마을은 행사나 의례 진행 시 부족한 운영비를 개인과 단체의 기부금을 통해 운영한다. 앞서 톰의 경우처럼 마을 공동체의 구성원으로 지위를 재확인받기 위해 개인적으로 기부금을 내는 경우도 있고, 뉴꾸닝에서 식당, 상점 그리고 호텔 등을 운영하는 사업자들이 기부금을 내는 경우도 있다. 마을에서 사업을 하는 사람들 대부분은 뉴꾸닝 주민이기에, 이들의 기부는 운영비 보조 차원에서 이해된다. 주목할 점은 다른 마을 주민이나 외국인이 사업자명으로 기부를 한 경우다.

뉴꾸닝 마을에 위치한 B호텔은 객실이 6개 있는 소규모 호텔이다. 호텔 주인은 자카르타에 거주하기에 호텔 지배인인 수마(Suma)가 상주하면서 운영한다. 수마는 뉴꾸닝 주민이 아닌 덴파사르 출신이다. 호텔 외부 청소를 하는 남성 직원들과 객실 청소를 하는 여성 직원 일부만 뉴꾸닝 주민이다. 수마는 마을에서 진행되는 의례에 참석하지 않지만, B호텔 이름으로 20만 루피아에서 50만 루피아를 기부한다. 마을 장례식 같은 큰 행사인 경우는 50만 루피아를 기부하고, 마을 사원 오달란 의례의 경우 20만 루피아를 기부한다.

> 사장님과 저를 포함해 호텔 운영진 중에서 이 마을 주민은 없어요. 사장님은 불교 신자예요. 청소하는 일부 직원만 뉴꾸닝 마을 출신이고요. 그래도 저희 호텔 이름으로 거의 모든 의례에 기부금을 내요. 제가 먼저 사장님께 기부금을 납부하자고 제안했고, 사장님도 흔쾌히 허락했어요. 기부금을 처음 낸 계기는 마을에서 사업을 하니까 마을 주민 행사에 도움을 준다는 의미였어요. 더불어 의례 자체가 볼거리가 되어 호텔 손님들도 좋아하고요. 의례 있는 날은 호텔 손님에게 말해서 구경하시라고 권하기도 하고요.
>
> 수마(Suma, B호텔 지배인), 남성, 40대, 2013. 12. 20.

뉴꾸닝 마을 장례식 당시 수마가 근무하는 B호텔을 포함해 6개 호텔에서 돈과 물품을 기부했다. 호텔 소유주는 기부금을 납부하는 것으로 마을 공동체 행사에 자신들이 관심을 가지고 있음을 보여준다. 이러한 과정은 호텔 운영자들이 마을에서 사업을 하는 데 있어 주민 집단과 원만한 관계를 유지하려는 하나의 방편으로 이해된다.

또한 마을 의례는 그 자체가 호텔 숙박객에게 제공할 수 있는 중요한 이벤트가 된다. 발리의 의례는 주술이나 종교적인 의미를 포함하는 상징적인 행위와 함께 의례 자체가 중요한 관광 상품이다. 많은 사원과 그에 따른 의례, 사원에 제물을 이고 가는 여성들의 행렬, 의례에 수반되는 전통 예능, 웅장한 화장 행렬은 외국인 관광객에게 제공하는 가장 중요한 풍경이다(가종수 2010: 170-171). 호텔 입장에서 마을 의례가 좀 더 화려하고 볼거리가 풍부할수록 숙박객에게 호텔에 대해 긍정적 이미지를 제공할 수 있다.

뉴꾸닝 마을의 전략적 위치와 외국인을 대상으로 건설된 주택 등 마을의 물리적 요소는 거주외국인에게 생활의 편리함을 제공하고, 이들이 마을에 '거주'하게 되는 주요한 요소다. 하지만 생활의 편리함은 시간의 변화 혹은 개인의 기호에 의해 언제든지 변화할 수 있다. 거주외국인이 생각하는 이보다 더욱 중요한 가치는 타국에 거주하면서 겪는 불안함을 극복할 수 있는 '안전'에 대한 욕구다.

거주외국인에게 문화관광의 실천 과정에서 경험하는 '고유성'은 '안전'에 대한 욕구를 실현시키는 촉매로 작용한다. 이들은 주민의 의례 진행 과정을 통해 주민의 실제 삶을 경험한다. 특히 뉴꾸닝 마을의 경우 그동안 문화관광 마을이 아니었기에, 의례 진행 과정이 표준화되고, 수정되며, 상품화의 과정을 덜 겪은 측면이 있다. 물론 문화관광 마을이 아니었다고 이들의 의례 과정이 '무대화된 고유성'을 가지지 않은 '관광 공간'이라고 단정할 수는 없다. 하지만 모든 문화가 실제 '무대화'되기에 고유성은 원래부터 경험할 수 없고, 문화 자체가 발명되고, 창조되고 그리고 재조직화되는 과정의 연속으로 고유성의 존재 자체가 부정되기도 한다(Crick 1988).

중요한 지점은 주민 집단의 의례 실천 과정에서 거주외국인의 참여는 '안전'을 추구하는 이들의 문화적 실천 과정이다. 안전한 도시를 만드는 과정은 공간적 분리 기제나 위험한 요소에 대한 격리 과정을 통해 획득할 수 없다(Jacobs 〔1961〕2010: 89). 즉 안전은 사람들이 도시의 거리를 자발적으로 이용하고 즐길 때, 거리를 향한 사람들의 시선이 유지될 때 그리고 지역 차원에서 사람들 사이의 일상적인 접촉을 통해 확보되는 것이다. 주민 집단의 의례 실천 과정은 그 자체로 외국인에게 화려하고 볼거리가 풍부한 광경이 된다. 의례에 참여하여 주민과의 일상적 접촉을 하거나 혹은 이를 단지 지켜보는 과정에서 거주외국인에게 뉴꾸닝 마을은 '안전하고 믿을 수 있는' 마을로 변모하게 된다.

2) 외국인과 함께 살아가기

거주외국인의 전략적 위치 선택, 생활의 편의성 추구 그리고 안전에 대한 욕구는 뉴꾸닝 마을에 외국인이 '거주'하게 되는 주요한 요소다. 거주외국인이 뉴꾸닝 마을에 대한 호감은 다른 측면에서 마을 공동체가 새로운 도전에 직면하게 됨을 의미한다. 즉 거주외국인을 위한 지속적인 사회·문화적 실천을 내외부적으로 요구받는다. 여기서는 거주외국인이 뉴꾸닝 마을에서 원하는 가치 실현을 위해 주민 집단이 어떻게 대응하는지를 검토한다. 특히 앞에서 전개한 전략적 위치 선택, 주택 등 생활의 편의성 추구 그리고 안전에 대한 욕구를 주민 집단이 어떻게 받아들이고 대응하는지 논의한다.

거주외국인은 뉴꾸닝 마을이 우붓 중심부와의 접근성이 좋은 지리적 이점과 함께, 일반 관광객이 많이 찾지 않아 혼잡하지 않은 점을 거주하게 된 이유로 제시한다. 즉 거주외국인에게 뉴꾸닝은 현지 문화를 경험하는 동시에 모국의 삶의 방식을 유지할 수 있는 지역이다. 이러한 상반된 삶이 가능하게 한 토대 중 하나는 뉴보족 길과 몽키포레스트 길을 이어주는 원숭이 사원 동쪽 길이다.

오토바이 두 대가 엇갈려서 지나갈 수 있을 정도로 폭이 좁은 이 길은 부여된 이름도 없고, 여행서나 구글맵과 같은 온라인 지도에도 정확하게 표시되지 않는다. 하지만 이 길은 거주외국인과 마을 주민의 입장에서는 매우 중요한 도로다.[9] 우붓 중심부와 마을을 최단거리로 연결하는 이 길은 어떤 마을을 만들 것인가에 대한 주민 집단 간 다양한 관점을 엿볼 수 있다. 주민 내부의 주요 논쟁의 핵심은 뉴꾸닝 마을 방

9 제5장 1절을 참고하라.

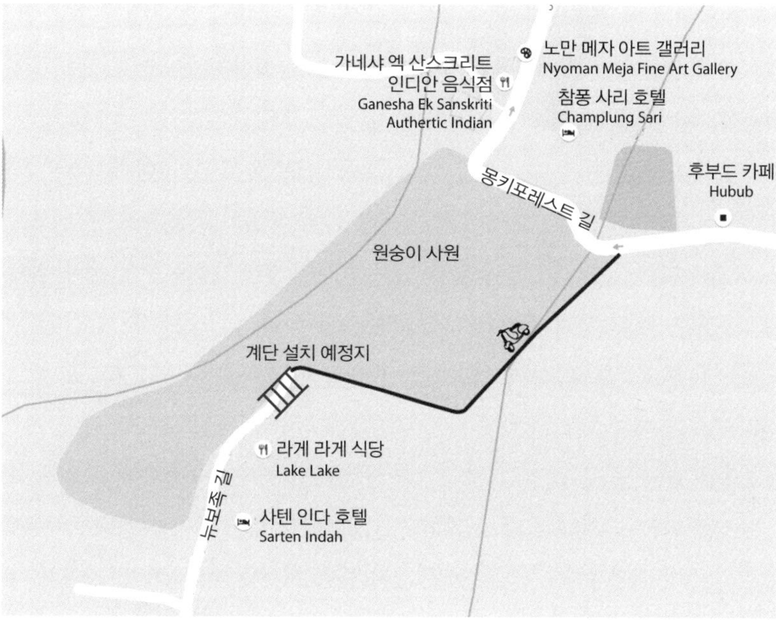

〈그림 5-3〉 원숭이 사원 동쪽 길

면으로 나 있는 길에 오토바이 통행을 막는 계단을 설치하자는 주민과 현재 상태를 유지하자는 입장이다.

이 논쟁은 저자가 현지조사를 시작하기 이전부터 있었다. 당시 뉴꾸닝 마을에 거주한 김하늘은 사건에 대해서 다음과 같이 설명한다.

> 당시 주민 일부가 계단을 만들기 위해 시멘트를 사와서 현장에 도착했어요. 시멘트 준비하고, 어디에 계단을 설치하지 정확한 위치 표시하고 이러던 중에, 다른 주민이 와서 계단 설치를 제지하는 거예요. 주민 사이에 실랑이도 있었고, 크게 싸우지는 않았던 것 같은데 몸싸움도 있었어요. 실랑이가 계속되니까 일단은 원래 상태를 유지하자는 쪽으로 합의했어요. 이후에 마을 내에서 이 문제 가지고 서로 이야기를 했던 것 같은데.

> 근데 예상보다 계단을 설치하자는 주민이 쉽게 포기했어요. 당시 막지 말자는 사람들이 마을에 기부금을 많이 내고 이바지하는 것이 많아서 그들의 의견을 따른 것 같아요.
>
> 김하늘(교민), 남성, 40대, 2012. 9. 27.

저자는 현지조사 중 이 길을 보수공사를 하던 마을 주민들과 만나게 되었다. 대화 도중 당시 길에 계단을 설치하자고 주장한 주민인 에리얀토(Eriyanto)를 만나, 이 일과 관련하여 이야기할 수 있었다.

> 【몇 년 전에 이 길 막는 것 때문에 문제가 있었다고 들었는데. 오늘은 도리어 길을 더 좋게 만들고 있네요.】 당시에는 갑자기 마을에 오토바이도 많아지고 관광객도 많아지니까, 사람들이 그것을 못마땅하게 여겼지. 나도 그때 반대했어. 특히 오토바이가 문제였어. 발리 사람들은 오토바이를 과격하게 운전하지 않는데, 외국인은 운전도 못하고 어떨 때는 너무 과격하고 몰고 다니니. 어린아이들이 길에서 많이 노는데, 위험하기도 하고. 그래서 나도 당시 길을 막는 게 더 좋을 것 같다고 생각했지. 마을 입구(남쪽 입구)에는 빼짤랑들이 통행료 징수 때문에 지키고 있으니, 그래도 조금은 차단이 되거든. 【그동안 무슨 변화가 있었나요?】 특별한 변화보다는 원래 뉴꾸닝에 특별히 볼 게 없잖아. 유명한 유적이 있는 것도 아니고. 그나마 우리 마을이 외국인의 관심을 받는 이유가 우붓하고 가깝다는 것인데. 이 길을 막아버리면 안 되잖아. 주민도 오토바이 타는 관광객이라도 와야지 하는 생각이 들었나봐. 그리고 (식당을 가리키며) 저기 식당 사람들이 길 막는 것을 엄청 반대해. 길을 막아버리면 식당 장사 안 될 거라고.
>
> 에리얀토(Eriyanto, 뉴꾸닝 빼짤랑), 남성, 50대, 2014. 3. 18.

에리얀토처럼 당시 계단 설치를 주장하는 주민은 이 길을 통해 일부 관광객이 오토바이를 타고 마을에 자유롭게 들어와 마을이 과거보다 더욱 혼잡해지고 시끄러워졌다는 것이다. 더욱이 관광객이 오토바이 운전을 잘 못하거나 거칠게 해 마을 주민과 아이들에게 위협이 된다는 점이다. 반대로 계단 설치를 반대하는 주민은 대체로 원숭이 사원 인근에 있는 식당, 호텔 등에서 관광객을 대상으로 장사하는 주민이었다. 이들은 우붓을 방문하는 관광객이 마을을 좀 더 많이 방문해야, 마을에 거주하는 외국인들이 더욱 늘어날 것이라고 주장했다.

계단 설치 문제가 더 이상 갈등 문제로 비화되지 않고, 도리어 과거에 찬성했던 주민이 길 보수 작업을 함께한 점은 주목된다. 이는 뉴꾸닝 주민들이 관광의 성장이 마을 발전의 주요한 지점임을 인식한 것이다. 결국 외국인이 뉴꾸닝에 거주하게 된 요소 중 하나인 전략적 위치에 대해서 인식하고, 주민 집단이 기꺼이 불편함을 감수한 것이다.

거주외국인이 모국에서 살던 방식을 유지할 수 있는 생활환경이 뉴꾸닝에 조성됨으로써, 이들은 뉴꾸닝 마을의 생활이 편리하다고 느낄 것이다. 하지만 사회·문화적으로 다른 경험을 가진 외국인들의 삶의 방식이 때로는 현지 주민의 일상에 작은 변화부터 삶의 큰 변화를 동반하기도 한다. 이의 구체화를 위해 냉장고 관련 사례를 제시한다. 냉장고가 집 안에서 어떤 방식으로 소비되는지에 대한 논의가 아닌 냉장고의 필요성, 즉 누가 사용하는가에 대한 상황을 보기 위함이다.

냉장고의 사례를 생활환경에 대한 논의에서 처음 사례로 제시한 이유는 기어츠(Geertz 1968, Marcus 2003: 188-189 재인용)의 논지에서 비롯된다. 우리가 초연함 또는 불편부당함이라 부르는 것은 도덕적 백지 상태가 아니라 그러한 태도다. (여러 가지 수준의) 초연함은 '본 대로 기록할 뿐'이라는 이데올로기로 무장하거나 복잡한 방법론적 도구들로 자신을 감싼다고 얻어지는 게 아니다. 그것은 애매하기 그지없는 상황에서 자신이 애당초 생각했던 과학적 작업을 열심히 하다 보면 자연스럽게 획득된다.

저자는 현지조사 기간에 세 번의 계절 변화를 겪었다. 우기와 건기가 한 번씩 교차했고, 새로운 우기를 맞이했다. 계절의 변화와 상관없이 연중 비가 많이 내리는 며칠을 제외하고, 기온이 25도 아래로 내려가지 않았다. 시원한 물이 항상 필요했고, 음식이 상할 것을 염려했다. 우붓에서 집을 구하는 과정에서 보는 입간판의 수많은 전단지에 거의 모든 임대인이 표기하는 문구는 다음 세 가지다. "아쎄(AC)", "핫 워터(Hot Water)" 그리고 "와이파이(Wi-Fi)"로, 각각 에어컨, 온수, 인터넷 가능을 의미하고 이는 임대비용을 결정하는 중요한 요소다.

다른 측면에서 이를 이해하면, 위의 세 가지는 기본 물품 이외의 선택 가능한 '옵션'을 의미한다. 즉 우리가 평소에 사용하는 것은 기본 물품에 이미 포함되어 있을 것으로 여긴다. 무더운 발리에서 냉장고는 당연히 기본 물품에 포함될 것으로 여기지만, 2012년에 우붓 시내가 아닌 인근 마을에는 냉장고가 없는 집이 많았다. 게다가 에어컨과 온수처럼 냉장고가 있음[10]을 따로 표시하는 경우도 없었다.

> 【여기에 냉장고 없는데 어떻게 하지.】 주인한테 물어봐. 어떻게 냉장고가 방에 없냐.【그러게. 호텔에는 있었는데, 게스트 하우스에 오니까 없네.】 고추장, 고춧가루는 어떡해. 아이 이유식도 문제고.【내가 주인한테 물어볼게.】 ―잠시 후― 【냉장고를 얼마나 오래 안 썼는지, 음식물은 거의 없고 성에만 가득하네.】
>
> 저자와 아내의 대화, 2013. 9. 11.

10 저자가 방을 구할 때 냉장고 있음을 표시한 전단지를 본 적은 없다. 표현한다면 인도네시아어로 "*Kulkas Ada*(냉장고 있음)" 정도로 표기될 것 같다.

현재 뉴꾸닝 마을에서 외국인을 대상으로 임대하는 집들은 냉장고를 필수적으로 비치한다. 외국인들 대부분 집을 구할 때 냉장고가 있는지 살폈고, 이런 상황이 지속되자 주민 역시 냉장고를 기본 물품으로 비치하게 되었다. 이와 관련한 흥미로운 이야기 하나와 뉴꾸닝 주민의 냉장고에 대한 인식에 관한 사례를 제시한다.

이광진은 한국 생활을 정리하고 우붓에서 가족들과 함께 살기로 결정했다. 다른 이민자와 달리 한국의 짐을 컨테이너를 이용하여 발리까지 화물운송을 보냈다. 이광진은 가족들과 발리에 도착했고, 집을 구했다. 약 한 달 후 컨테이너가 마을에 도착했고, 이것 자체로 마을 사람들에게는 굉장한 볼거리였다. 이광진은 주민에게 일당을 지급하여 컨테이너에 있는 짐을 집으로 옮기기 시작했다. TV와 가구 등 살림살이가 옮겨졌고, 마지막으로 가장 부피가 큰 냉장고가 들어올 차례였다. 마을 주민은 이광진의 냉장고를 보고 두 가지 사실에 놀랐다. 이광진의 가족이 이광진을 포함하여 3명인데 왜 저렇게 큰 냉장고가 필요한지와, 저렇게 큰 냉장고는 마트에서만 보았다는 것이다. 문제는 큰 냉장고를 어떻게 집 안으로 옮기느냐였다.

발리 집은 전통과 종교적 상징성 때문에 문을 작게 만드는 건축양식을 지향한다. 높이는 2미터에 달하지만, 가로 폭은 대체로 1미터 전후인 문이 대부분이다. 성인 남성 2명이 동시에 겨우 통과가 가능한 너비의 문이다. 마을 주민은 다양한 방법으로 냉장고를 옮기려고 시도했지만 실패했고, 결국 담장으로 냉장고를 들어서 넘기는 방법으로 냉장고 옮기기에 성공했다. 냉장고는 한국 가정에서 흔히 볼 수 있는 양문형 냉장고였다.

뉴꾸닝 주민의 냉장고 사용에 대한 인식을 알 수 있는 사례를 제시한다. 와르시는 조사 당시 서른 살이었고, 그녀를 포함해서 7명의 식구가 함께 살았다.

〈사진 5-8〉 전통 양식의 대문 구조를 가진 현대식 빌라

〈사진 5-9〉 담장으로 냉장고를 들어서 넘기고 있는 동네 주민(이광진 제공)

【와르시 집에서는 냉장고 잘 사용해요?】 우리 집에 냉장고는 있는데 거의 사용 안 해. 별로 필요 없어서. 마을 사람들이 예전에 하나씩 구매하기 시작해서, 남편도 혹시 필요할까 봐 같이 구매했어. 【그러면 음식물은 어디에 보관해요?】 음식물을 왜 냉장고에 보관해? 【우유나 시원한 물, 아니면 얼음 같은 것 필요하잖아요.】 미스터 정도 잘 알잖아. 마트에서 파는 우유[11] 발리 사람들은 별로 안 먹는 것. 가격도 비싸고 보관 기한도 짧으니까. 그냥 팩에 든 울트라 우유(Ultra Milk)[12] 먹지. 물은 아쿠아(Aqua) 먹으니까. 얼음도 거의 안 먹는데. 우리집이야 매일 아침 장 보고, 그날 거의 다 사용하니 냉장고에 보관할 일이 거의 없어.

와르시(Warsi, 뉴꾸닝 주민), 여성, 30대, 2014. 4. 6.

이렇듯 뉴꾸닝 주민에게 냉장고는 가정에서 반드시 필요한 물건으로 인식되지 않았다. 냉장고는 관광객이나 거주외국인에게 필수적인 생활용품으로 여겨진다. 물론 덴파사르와 같은 도심의 가정에는 냉장고가 필수품으로 인식된다. 주말마다 도시 마트는 사람들로 붐비고, 냉장 보관이 필요한 우유나 냉동식품을 구매한 사람들을 흔히 볼 수 있다.

이와 달리 뉴꾸닝 주민의 경우 농촌이라는 지역적 특수성과 마을 인근에 위치한 새벽시장을 이용하기에 냉장고가 필수적인 가전으로 사용되지 않는다. 결국 냉장고 사용은 생활 방식과 같은 사회·문화적 배경에 의해 좌우됨을 확인할 수 있다. 사회·문화적 배경의 차이는 결국 특정 물품에 대한 인식의 차이로 발현되는데, 냉장고 사용의 경우처

11 냉장 유통이 필요한 우유를 지칭한다.

12 인도네시아는 냉장 유통 시스템의 발전이 더뎌 냉장 우유보다는 유통기한이 길고 냉장 보관이 필요하지 않은 멸균 우유를 주로 소비한다. 더하여 멸균 우유가 냉장 우유의 절반 가격이기에 이용률이 더 높다.

럼 외국인에게 필수 물품이 마을 주민에게 경제적 부담을 주는 물건으로 여겨진다. 결국 하나의 장소에 다른 문화적 경험을 한 집단이 거주하면서 여러 갈등관계가 내재된다. 특히 현지 주민은 외국인보다 일부 측면에서 상대적으로 경제적·정치적 약자에 해당되기에 이로 인한 다양한 불만과 어려움에 처하게 된다.

외국인에게 뉴꾸닝은 편리한 생활을 할 수 있는 여건이 조성된 마을로 인식되지만 이러한 환경 조성에 주민 집단은 현실적 어려움을 겪는다. 위의 냉장고 사례와 같이 현지 주민과 외국인의 생활 방식의 차이에서 오는 다양한 상황은 갈등의 요인이 된다. 특히 합리성에 기초한 외국인의 요구와 발리만의 정서를 주장하는 현지 주민 간의 갈등은 다양한 방식으로 표출된다. 양자 간의 갈등이 대부분 문화적 차이에서 비롯되고, 이의 해결 방식은 경제적 부담으로 다가오기에 갈등이 쉽게 해결되지는 않는다. 뉴꾸닝 주민이 관광과 관련하여 관심을 보이는 사업 중 하나가 빌라를 건설하여 이를 외국인에게 임대하는 것이다.

> 외국인이 좋아하는 스타일의 집을 지으려면 많은 돈이 필요해. 특히 외국인은 "풀옵션"으로 생활에 필요한 냉장고, 가스렌지, 에어컨, 온수보일러, 수영장 등이 집에 구비가 되어야 해. 집 크기와 옵션별로 조금씩 차이가 있지만, 본인 땅이라고 가정하고 대략 600주따나 1,000주따까지 비용이 들지. 수영장 제외하고 집 규모를 줄여도 대략 300주따는 필요해. 그 돈은 대부분 마을금고에서 빌려서 해결하지. 빌라를 건설하니까 집이 담보가 되고, 외국인들 수요가 있으니 마을금고에서 빌라 건설할 돈이라고 하면 대부분 빌려줘. 외국인에게 임대하면 한 달에 10주따, 1년이면 120주따 정도 되니까. 이자 갚고 그러면 5년 안에 다 갚는 것을 목표로 하니까. 주민이 빌라 사업을 시작해보려고 하지.
>
> 와르따(Warta, 빌라 건설업자), 남성, 40대, 2013. 11. 18.

이 집 짓는 데 200만 루피아 정도 들었어. 가족 땅에 지었고, 외부 업체에게는 어려운 부분만 맡기고 나하고 마을 사람들이 함께 건설해서 상대적으로 저렴한 가격에 했지. 아마 외부 업체에 완전히 맡기면 300만 루피아는 달라고 했을 거야. 만약 2년 전에 이 집 지었으면, 좀 더 싸게 했을 거야. 시멘트 4킬로그램 가격이 2년 전만 하더라도 10만 루피아였는데, 현재는 12만 루피아는 줘야 해. 기름값도 올랐고. 발리에서 빌라가 많이 건설되니까. 시멘트 등 건설자재 비용이 올랐다는 말이 있을 정도니까. 그래도 처음에는 에어컨도 없었고, 냉장고도 작은 것을 선택해서 초기 비용이 적었지. 뭐, 나중에 손님들 요구에 다 설치했지만. 우리 집에도 없는 에어컨이 여기에는 있으니까. 가전제품 같은 옵션이 없으면, 외국인들이 집을 보고도 계약을 안 하니. 부담되더라도 설치해놔야지.

사리(Sari, 집주인), 남성, 40대, 2013. 12. 10.

소위 '자연과 함께하는 삶'을 열망하는 외국인에게 우붓 인근의 마을은 최적의 환경이 조성된 곳이다. 뉴꾸닝 마을은 우붓 중심부와 적당한 거리에 위치하고, 과거 농사를 지었던 토지는 자연환경과 어울리기에 빌라 건설을 위한 최적의 입지다. 하지만 외국인의 요구를 충족하는 빌라 건설은 현지 주민의 입장에서 엄청난 자금이 소요되는 일이다. 특히 건설비용 대부분을 은행 대출로 충당하기에, 빌라 건설은 현지 주민에게 엄청난 위험부담을 주는 사업이다. 특히 최근 들어 빌라 공급이 수요보다 많은 상황에서 임차인을 찾는 것이 더욱 힘든 상황이다.

이와 같이 거주외국인을 위한 생활환경의 조성은 직접적인 비용 부담과 함께 심리적 어려움으로 다가온다. 문화적 차이에서 오는 스트레스 역시 또 다른 갈등 요인이다. 발리 지역은 여전히 상하수도와 발전소 등 사회 기반 시설의 운용이 불안정하다. 따라서 수돗물 공급의 중단, 정전 그리고 인터넷 연결 오류 등이 자주 발생한다. 거주외국인들이 이를 항의하는 과정에서 집주인들과 갈등이 표출된다.

거주외국인의 문제 제기에 대해 주민의 가장 큰 불만은 거주외국인이 너무 참을성이 부족하다는 것이다. 물이 갑자기 중단되어 샤워를 못 하는 불편함은 이해하지만 발리의 현실을 이해하라는 것이다. 샤워를 잠깐 못 한다고, 전기 공급이 잠깐 중단되었다고, 인터넷이 느리고 자주 끊긴다고 해도 약간 불편할 뿐 큰일이 아니라는 논리다.

> 어젯밤에 물이 안 나왔는데, 윗집에 사는 얀센이 한밤중에 바로 나한테 오는 거야. 그저께 밤부터 상수도가 공급이 안 되어서 물탱크에 물이 안 들어가고 있었는데 얀센이 어제, 오늘 아침에 샤워하면서 물탱크 물을 모두 사용한 거야. 아마 오늘 저녁이나 늦어도 내일에 다시 나온다고 했는데. 어젯밤에 물이 탱크로 안 들어간다고 말하려고 했는데, 안 했어. 지난달에도 말했는데, 말이 안 통해서. 왜 물이 안 나오는지 전혀 이해를 못 하더라고. 심지어 내가 임대료 이외 물값은 따로 안 받고 있는데.
>
> 사리(Sari, 집주인), 남성, 40대, 2013. 12. 14.

하지만 외국인 임차인은 다른 생각을 표출한다. 그들은 정당한 금액을 내고 집을 임대하기에 집에 문제가 발생하면 임대인으로서 최소한의 책임을 지라는 것이다. 물론 전기와 상수도 중단 등이 전부 주인의 책임은 아니지만, 최소한 주인이 상황에 대해서 설명하거나 적극적으로 해결을 해야 한다는 것이다.

> 어제는 종일 샤워를 못 했어. 물이 안 나오니 화장실도 제대로 사용하지 못하고. 다행히 샤워하기 전에 물이 안 나온 것 확인했으니 그나마 다행이야. 우리 주인은 지난번에도 그러더니 이번에도 나는 모르는 일이라고 하고. 알고 있으면서도 모른 척하는 것 같기도 하고. 임대료도 내 친구가

사는 집보다 비싸게 받으면서. 다음 달에는 친구가 사는 곳으로 이사를 갈까 봐. 여기 주인은 영어도 잘 못해서 의사소통도 안 되고, 방값도 너무 비싸게 받는 것 같아.

얀센(Jansen, 덴마크 출신 거주외국인), 남성, 60대, 2013. 12. 15.

거주외국인과 주민 간의 오해로 인한 갈등은 대다수 계약의 종료와 함께 해결된다. 하지만 때로는 갈등이 있었다는 사실이 주인의 평판이나 마을의 평판에 악영향을 주기도 한다. 우붓에 오랫동안 거주한 외국인들, 특히 같은 국가 출신이거나 같은 언어를 사용하는 경우 마을과 집주인에 대한 평판을 통해 집을 선택하는 경우가 있다. 물론 여전히 다양한 국적의 외국인이 이 지역에 거주하기에 정보 교환이 원활하게 이루어지지는 않는다. 위에서 사례로 제시한 얀센이 살던 집도 얀센이 떠난 후 얼마 지나지 않아 다른 외국인이 임차 계약을 맺었다. 새로 들어온 외국인 역시 주인에 대한 평판을 알지 못한 채 계약을 했다.

하지만 마을에 대한 평가는 거주외국인의 집 선택에 일정한 영향을 미친다. 따라서 뉴꾸닝을 비롯한 우붓 인근 마을들은 평판 유지를 위해 여러 노력을 기울인다. 뉴꾸닝 마을은 시설의 증설과 환경 유지를 위해 다양한 노력을 한다. 예를 들어 2014년 3월에 있었던 마을 회의는 평판 유지를 위한 주민의 노력을 단적으로 보여준다. 회의에서 다룬 가장 중요한 안건은 마을 통신 설비 증설과 관련된 것이다.

발리의 경우 인터넷 광케이블 선이 없기에, 인터넷과 TV 사용을 위해 모뎀이나 공중파를 이용한다. 비록 우붓 지역과 멀지 않지만, 농촌이라는 지리적 한계와 주변 환경의 요인으로 전파 소통이 원활하지 않다. 따라서 마을에서 TV 수신이 잘 안 되는 문제가 발생하자, 일부 주민들은 이의 해결을 요구했다. 주민의 요구에 의해 반자르 집행부는 마을 미관도 함께 고려하여, 야자수 모양을 한 모노폴(monopole) 안테나 설치를 주민에게 제안했다.

모노폴 안테나 설치와 관련해서 마을 주민 대다수는 찬성 의견을 보였다. 다른 마을도 야자수 형태의 안테나를 설치한다는 의견에, 대부분의 주민들이 야자수 모양의 안테나를 설치하자는 의견을 제시했다. 하지만 회의가 끝난 후 저자와 담소를 나누던 일부 주민이 왜 비용이 더 많이 드는 야자수 모양의 안테나를 설치하는지 비판을 제기했다.

> 【야자수 형태로 안테나 설치하면 미관상 괜찮을 것 같은데요.】 응, 다른 마을도 야자수 형태로 안테나 설치하니 괜찮겠지. 돈이 문제지. 마을 예산이 너무 마을 꾸미는 데만 사용되는 것 같아. 여긴 "관광지" 발리지만 그냥 내 고향이기도 해. 내가 태어나고 우리 가족이 함께 사는 마을. 나 같이 관광객과 전혀 관계없는 사람도 있으니까. 너도나도 관광객, 관광객 하니까. 회의에서는 말도 못하고.
>
> 바짜(Baca, 뉴꾸닝 주민), 남성, 50대, 2014. 1. 15.

마을이 관광지화되면서 반자르 집행부와 주민은 지속적으로 인근 반자르보다 나은 관광지를 만들어야 한다는 방향으로 마을 발전 방안을 제시했다. 야자나무로 위장한 모노폴 안테나 설치는 이러한 반자르 집행부와 주민의 의지를 단적으로 보여준 사례다. 특히 마을의 주요한 의사결정을 담당하는 븐데사와 끌리안 반자르 등이 대부분 관광과 관련된 일에 종사하고, 마을 주민 역시 직간접적으로 관광 관련 일을 하기에 관광을 통한 마을 발전이라는 담론이 형성된다. 그럼에도 관광발전이 실질적인 소득 증대와 관련이 없는 주민의 경우 다른 의견을 제시한다. 물론 모노폴 안테나 설치의 경우 마을 예산을 활용하기에 개인이 비용을 따로 내거나 노동력이 투입되지는 않는다.

하지만 한 개인이 재산상 피해를 입거나 노동력을 제공해야 하

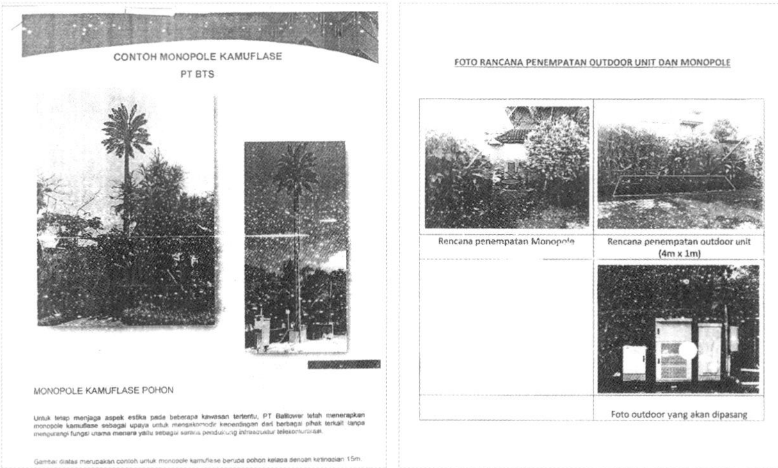

〈사진 5-10〉 모노폴 안테나 설치 관련 회의 자료

는 경우 소극적인 저항을 표출한다. 마을 청소는 관광을 통한 마을 발전 담론이 실천되는 과정에서 보여지는 소극적 저항의 사례다. 외국인들이 뉴꾸닝 마을을 좋아하는 이유 중 하나는 다른 마을보다 청결하기 때문이다. 주지한 바와 같이 관광객이 발리에 도착하여 가장 실망하는 지점은 공공시설과 그 주변 환경이 너무 더럽다는 것이다. 집 앞의 작은 하천에 갖은 오물이 버려져 있고, 노상 방뇨 풍경도 어렵지 않게 볼 수 있다. 쓰레기 태우는 연기가 날려 차선과 앞 차가 안 보여 낭패를 보기도 한다. 하지만 각 가족 소유의 집과 사원 등은 공공시설과 비교하여 놀라울 정도로 깨끗하다. 매일 아침 차낭을 가족 사원에 올리기 전후 일상 공간을 청결하게 유지한다. 이는 가족들이 깨끗한 환경에서 거주하기 위함이지만, 조상신이 함께 거주한다는 믿음이 있기 때문이다. 결국 발리 주민에게 '개인 공간과 공공 공간'에 대한 차별적 인식을 엿볼 수 있다.

【(옆집을 가리키면서) 여기 사람들은 저렇게 집을 맨날 쓸고 닦고, 마당에 있는 화분 같은 것도 얼마나 정성스럽게 가꾸는지. 이부(ibu)[13]도 우리 집 청소하는 것 보면 땀이 날 정도로 청소를 열심히 하는데. 왜 마을에서 조금만 벗어나도 하천에는 쓰레기로 덮여 있고, 길가에 있는 쓰레기 줍는 사람도 없는지. 거기는 누가 청소 안 해요?】 거기 하천은 주인이 없으니까. 마을 소유도 아니고. 아마 싱아꺼르따 마을 소유일 거야. 우리 마을 사람들은 당연히 청소할 필요가 없고. 싱아꺼르따 마을에서 청소 안 하면 더러운 게 당연한 거야. 집이야 내 것이니까 깨끗하게 해야 하고 미스터 정 집은 내가 돈을 받고 일을 하는 데다 우리 사촌네 집이기도 하니까 깨끗하게 청소해야지.

와르시(Warsi, 뉴꾸닝 주민), 여성, 30대, 2013. 12. 23.

뉴꾸닝 마을 주민 역시 매일 아침 6시경 자기 집 앞을 중심으로 마을 청소를 한다. 때로는 일요일 늦은 오후에나 마을이 지저분하다고 판단될 때 주민들이 청소한다. 마을 빼짤랑이나 결혼한 여성들의 모임인 PKK가 중심이 되어 청소를 하기도 한다. 마을 청소와 관련하여 주민 집단 내부에 두 가지 논쟁이 있다.

첫째, 마을 청소는 누가 해야 하는가다. 뉴꾸닝 마을은 빼짤랑과 PKK를 중심으로 하지만, 실제 거의 모든 주민이 청소에 참여한다. 마을에 거주하지만 반자르 구성원이 아닌 거주외국인과 다른 반자르 주민은 참여하지 않는다. 이와 관련하여 일부 주민이 불만을 토로한다. 특히 관광업에 종사하지 않는 주민은 거주외국인도 참여를 강제하지는 못하지만 최소한 제안 정도는 해야 한다고 주장한다.

13 인도네시아어로 나인 든 성인 여성, 어머니, 기혼녀 그리고 기혼 및 미혼 여성에 대한 존대 호칭이다.

〈사진 5-11〉 마을 청소를 하는 뉴꾸닝 주민들

둘째, 마을 청소가 너무 과도하게 이루어지지 않는가다. 뉴꾸닝 마을에는 도로가 총 3개 있는데, 도로상에 집을 소유한 주민은 매일 아침 집 앞 청소를 한다. 일상적으로 청소하는 것은 마을 청결을 위해 반드시 필요하다. 하지만 개인 사정으로 불가피하게 참가하지 못한 경우 개인 평판에 악영향을 준다. 특히 개인 평판이 주민 집단 내부에서 한정되지 않고, 가끔씩 집을 구하는 외국인에게 전달된다.

최근 몇 년간 우붓 지역에도 다수의 부동산 중개업체가 생겼지만, 실제 이들 업체는 규모가 큰 빌라나 땅 위주로 중개업을 한다. 따라서 뉴꾸닝 마을의 일부 빌라를 제외하고, 여전히 마을의 부동산 거래는 입간판이나 지인의 소개로 이루어진다. 따라서 개인의 평판 관리는 집의 거래를 포함해 사회적·경제적 측면에서 매우 중요한 부분이다. 결국 마을 주민은 평판 유지를 위해 때로는 부당하다고 여겨지는 청소나 마을 행사에 적극적으로 참여한다.

거주외국인에게 뉴꾸닝 마을의 물리적 요소는 마을을 선택하고 거주하게 하는 주요한 요소다. 하지만 물리적 요소는 시간의 흐름과 개인의 사정에 따라 언제든지 변경 가능하다. 거주외국인이 뉴꾸닝 마을에 '거주'하게 하는 더욱 중요한 가치는 문화관광 실천의 경험을 통해 획득된 '안전'에 대한 욕구다. 뉴꾸닝 주민 집단의 문화관광 실천 과정에서 겪게 되는 갈등 관계는 제6장에서 구체적인 의례 실천과 변화 과정을 통해서 제시할 것이다. 여기서는 외국인이 문화관광 실천 과정을 통해 경험한 '안전'에 대한 담론을 주민 집단은 어떻게 바라보는지에 주목한다.

> 우리 마을은 큰 마을이 아니어서, 마을 의례를 홍보하거나 외국인을 따로 초청하지 않아. 그래서 오늘같이 큰 의례가 있어도, 마을 주민끼리 하지 외국인은 거의 없어. 가끔씩 마을에 있는 호텔의 손님이나 마을에 있는 외국인들이 우연하게 보겠지만, 적극적으로 참석하지는 않아.
>
> 아르나(Arna, 끌리안 반자르), 남성, 50대, 2013. 10. 10.

뉴꾸닝 마을에서 오달란 같은 의례가 진행될 때 끌리안 반자르의 언설처럼 참석한 외국인은 2명에서 3명 정도다. 이들 역시 의례 전 과정에 참석하는 것이 아닌 단지 관광객으로 주민의 의례 과정을 관람하는 수준이다. 그 외 호텔의 손님이나 우연히 마을을 방문하는 관광객 등 10여 명이 의례를 관람한다. 따라서 뉴꾸닝 마을 전통에서 비롯된 다양한 의례가 문화 상품화되어 관광객에게 연행되는 것은 아니다.

하지만 전술한 바와 같이 뉴꾸닝 마을에 거주하는 외국인이 마을에서 '안전'에 대한 욕구를 충족한 것은 대규모의 '이벤트성' 의례가 아닌 일상 의례를 실천한 결과다. 즉 뉴꾸닝 마을의 물리적 환경을 조성하기 위한 주민 집단의 노력 과정에서 보이는 '광경'이 전통이 실천되는 마을이라는 이미지를 부여하는 것이다.

예를 들어 마을 청소는 주민의 하루 일과 중 하나다. 하지만 거주 외국인의 입장에서 이러한 광경, 특히 주민 대부분이 전통의상을 입고 청소하는 모습은 조금은 다른 느낌을 들게 한다. 이와 관련하여 마을 주민인 남붕의 진술을 들어보자.

> 아침 먹기 전에 집 앞을 청소해야 해. 마을 회의에서 큰일이 없으면 아침에 집 앞 청소를 하기로 해서. 한 20분 정도 쓸고, 화단에 물 주고 하면 되니까 크게 힘들지는 않아. 청소할 때 사롱을 입는 것은, 청소하고 밥 먹은 후 바로 빼짤랑 일을 해야 해서. 사롱이 우리 근무복 같은 거니까 거의 매일 입고 있어. 움직이는 데 편하기도 하고.
>
> 남붕(Nambung, 뉴꾸닝 빼짤랑), 남성, 30대, 2013. 12. 11.

다른 사례로 제시할 수 있는 것은 마을 여성 대부분이 일상복처럼 전통의상을 입고 생활하는 것이다. 여성들은 하루에도 몇 번씩 집이나 마을 사원에 차낭과 차루를 준비해 사원을 방문한다. 사원 방문 시 반드시 전통의상을 입기에 매번 옷을 갈아입기 번거로우니 전통의상을 입는 것이다. 더욱이 사롱 자체가 일상에 큰 지장을 주지 않기 때문이다.

> 하루에 적어도 세 번은 차낭을 가족 사원이나 마을 사원에 올려야 해서 매일 사롱을 입고 있어. 출근을 하지 않기에 평상복을 입을 일이 거의 없고, 마을 밖으로 나갈 일도 거의 없으니 그냥 사롱을 입고 있어. 아침에 시장 갈 때만 잠깐 벗기는 해. 그 외에는 매일 입고 있는 것 같은데. 사롱 입는 게 평상복보다 활동하기에 더 편할 때도 있고.
>
> 와르시(Warsi, 뉴꾸닝 주민), 여성, 30대, 2013. 10. 10.

또한 마을 내 관광업 종사자의 급증도 전통의상 착용과 관련된다.

택시조합원, 빼짤랑, 호텔리어, 식당 종업원 등은 관광객과 일상적으로 만난다. 이 중 택시조합원과 빼짤랑은 자체 내규를 통해 근무 시간에는 전통의상 착용을 의무화했다.

택시조합원과 빼짤랑이 관광객과 가장 빈번하게 접촉하기에, 각 조직에서 가장 중요하게 생각하는 지점이 관광객에 대한 친절이다. 특히 빼짤랑은 매달 마을 발전기금을 모금하는 과정에서 갈등이 표출되기에, 반자르 주민 집단은 이들에게 단정한 복장과 친절한 태도를 요구한다. 따라서 이들은 자신과 마을에 대해 긍정적 이미지를 보여주기 위해 전통의상을 착용한다.

이상과 같이 관광객의 입장에서 전통의상을 일상적으로 착용하는 뉴꾸닝 주민의 모습은 전통이 일상적으로 실천되는 과정의 일환으로 보인다. 즉 주민의 전통적인 측면이 강조되는 '실제 삶'을 일상에서 체험하는 것이다. 물론 주민 집단의 입장에서 전통의상 착용은 관광 과정에서 형성된 전통에 대한 재인식 과정이다. 이는 뉴꾸닝 마을 내부의 사회·문화적으로 형성된 환경에 따라 실천된 양상이자, 관광객에게 전통 의상 착용이 본인, 가족, 마을에 대한 긍정적인 이미지를 심어주고 나아가 마을 발전에 도움을 줄 것이라는 믿음의 실천이다.

3. 문화관광의 실천과 전통에 대한 재인식

발리 지역 문화관광의 역사에서 반자르는 전통문화의 일차적 생산지이자, 전통문화의 실행자로서 역할을 했다. 그럼에도 문화관광의 주요한 관광대상물로 부각되지는 못했다. 반자르에 대한 극히 낮은 수준의 관광객의 인식과 전통문화의 상품화 과정에서 개별 반자르의 문화적 특성이 부각되지 못했기 때문이다. 대중관광의 시대 관광발전의 주변부에 머물렀던 반자르는 관광대상의 범위가 확장되는 2000년대 들어 새롭게 조명받았다. 기존 우붓 중심부의 일부 지역에서 이루어지던 대중문화관광은 생태관광과 녹색관광 등 새로운 유형의 관광 상품이 대두되면서 인근의 반자르까지 관광대상화되었다.

관광 형태의 변화와 관광대상지 범위의 확장은 관광객에게 발리 전통문화에 대한 인식 변화를 불러일으켰다. 현지 주민의 전통문화에 기인한 생활양식에 대해 기존의 '불편함', '구식', '무관심', '위험한' 그리고 '신기한 광경'이라는 인식에서 '자연 친화적', '안전한', '보존 대상' 그리고 '함께 경험해야 할 문화적 양식'으로 인식 변화를 가져온 것이다. 결국 발리 전통문화에 대한 관광객의 재인식은 새로운 관광 유형과 관광객 집단의 출현을 이끌었다.

새로운 유형의 관광객 집단인 거주외국인은 기존의 대중관광객과 달리 '장기간 거주'라는 차별성이 있다. 기존의 관광객과 달리 이들은 한 지역에 장기간 머물기 때문에 거주지 선택에 있어 다양한 요구사항이 있다. 사회·문화적 환경이 다른 지역에서 살았던 이들 거주외국인은 소위 '자연이 있는 삶'을 열망하지만, 모국의 생활 습관을 완전히 포기하지는 않는다. 이상의 모순된 가치 추구 과정에서 뉴꾸닝 마을은 거주외국인의 기호에 맞는 물리적 요소가 잘 갖추어져 있다.

주목되는 점은 뉴꾸닝 마을의 물리적 요소는 언제든지 변화 가능하다. 거주외국인에게 더욱 중요한 가치는 타국에 거주하면서 겪는 불안함을 극복할 수 있는 '안전'에 대한 욕구다. 이런 측면에서 일상적으로 실천되는 종교 의례는 거주외국인에게 문화적 '고유성'을 경험하는 과정이자 '안전'을 추구하는 이들의 문화적 실천 과정이다.

거주외국인의 마을 거주는 경제적 성장의 동력이 되지만, 다른 측면에서 거주외국인을 위해 주민 집단은 사회·문화적 실천을 요구받게 된다. 주지한 바와 같이 거주외국인은 전략적 위치, 생활의 편의성 그리고 안전한 마을이라는 인식에 근거하여 뉴꾸닝 마을에 거주한다. 주민들 역시 거주외국인이 추구하는 가치 실현을 위해 다양한 사회적 실천을 한다. 결국 관광발전 과정에서 경제적 이익 실현을 위한 호스트 집단의 노력은 주민 공동체 내부적으로 다양한 논쟁을 유발한다.

발리 지역의 관광발달 과정은 문화관광의 역사다. 발리에서 문화관광이 공식적인 정책으로 인정되는 1971년을 전후로 문화예술은 그 자체로 문화관광 상품으로 활용되었다(Vickers 1989, Picard 1990a, Pitana 2000). 특히 대중관광의 발전과 함께 이 시기 문화관광은 일종의 문화대중관광이다. 이는 식민시대 이후 식민지 관료와 외국 여행객 등 부유층을 대상으로 연행되었던 수많은 문화상품이 일반 대중까지 확대되었음을 의미한다. 그럼에도 발리 지역의 문화관광은 반자르의 문화적 전통을 온전히 따르지 못한다. 이는 100여 년간 지속된 전통문화 재생산이 지배집단인 왕족, 정책 집행자 그리고 서구 예술인에 의해 주도되었기 때문이다.

문화대중관광에 대한 대안으로 모색된 새로운 관광 유형의 확산과 외국인 거주라는 이전과는 다른 환경은 주민 집단에게 새로운 사회·문화적 실천을 요구한다. 주목할 점은 기존의 대중관광객과 거주외국인이 추구하는 고유성 인식과 전통에 대한 담론이 상이하다는 지점이다. 전자인 대중문화 관광객은 잘 보존된 특정 '유산'을 경험하거나 '무대화된 고유성'을 경험하는 과정에서 좀 더 탁월하거나 가능한 많은 경험을 보장받을 수 있는 관광대상물을 선택한다. 즉 관광의 고유성 측면에서 객관적으로 존재하는 관광대상에 대한 관점인 객관적 고유성과 구성적 고유성의 개념을 실천하는 집단이다.

거주외국인에게 기존의 관광대상에 부여되는 객관적·구성적 고유성은 이들이 특정 지역을 관광하거나 거주하는 중요한 요소가 아니다. 이들에게 관광은 관광 경험에서 비롯된 존재론적 인식의 과정이다. 특히 뉴꾸닝 마을의 거주외국인을 구성하는 집단의 특성, 즉 코헨(Cohen 1972)이 정의한 '제도화되지 않은' 관광객에게 관광대상의 고유성 여부는 거주의 중요한 요소가 아니다.

뉴꾸닝 주민에게 관광발전과 경제적 성장은 동일선상에서 이해된다. 우붓 지역 관광발전 과정에서 중산층 집단의 생성과 일부 주민의 신화적 성공 사례는 이 지역 주민에게 경제적 성장에 대한 기대를 불러일으켰다. 하지만 우붓 중심부를 제외하고 주변부에 위치한 반자르는 문화대중관광객이 추구하는 고유성을 가진 문화유산이나 화려한 종교 연행 등이 부족하다는 한계가 있었다. 이후 관광 유형의 변화와 새로운 관광객 집단의 출현은 뉴꾸닝과 같은 반자르가 주목받는 계기가 되었다. 이는 이전 시대의 관광객 집단의 관광대상물에 한정된 '전통 찾기'와는 다른 양상이다.

관광객 특히 장기거주외국인을 중심으로 전통에 대한 재인식 과정은 전통에 대한 새로운 시각을 제시한다. 기존 발리 전통에 대한 담론은 전통의 발명과 창출 그리고 전통의 전승이라는 관념에 한정되어 있었다. 하지만 관광객 집단의 전통에 대한 재인식 과정은 관광 경험에서 비롯된 자기표현(Yamashita 2003)과 자아발견을 통한 존재론적 인식(Wang 1999)의 결과다. 또한 주민 집단 역시 같은 공간에서 공존하면서 다양한 사회·문화적 실천 과정을 요구받는다. 이들 역시 전통문화에 대한 새로운 인식 범주를 경험하는데, 특히 관광객이 추구하는 '안전'에 대한 욕구를 이해하는 과정에서 전통의상 착용과 같은 일상의 실천이 동반된다.

따라서 뉴꾸닝 마을 사례는 관광발전과 전통문화의 관계를 재정립할 수 있는 사례로 제시된다. 발리 지역에서 관광객 집단에 의한 관광 유형의 변화는 기존의 객관적·구조적 고유성이 추구하는 가치와 전통 담론에 대한 재고찰의 필요성을 제기한다. 나아가 거주외국인으로 대표되는 새로운 유형의 관광 집단의 출현은 향후 이 지역 관광의 주요한 문화 상품 수용층으로 새롭게 대두된다. 거주외국인 집단이 추구하는 고유성과 전통담론에 대한 새로운 인식은 관광 경험에서 비롯된 존재론적 고유성과 '만들어진 전통'에서 비롯된다.

'안전'에 대한 욕구와 같이 거주외국인 집단은 고유한 것에 연연하지 않고 친숙성과 쾌적성을 추구하고(김희영·김사헌 2006: 24), 이는 주민 집단의 의례 실천 과정에서 일상적 접촉을 하거나 이를 단지 지켜보는 경험에서 채워진다(Jacobs [1961]2010). 결국 주민 집단의 전통문화에 대한 재인식 과정은 새롭고 특이한 의례 문화의 생성과 재창조의 과정에 머물지 않는다. 주민 집단이 전통을 어떤 방식으로 해석하는지, 선택하고 명명하는지 그리고 사회적 삶의 혼란에 대해 어떠한 방식으로 체계를 부여하는지에 따라 실천된다(권혁희 2012: 15-16).

제6장

“잘사는 마을 만들기”

발리섬이 관광지로 변모하고 전체 인구보다 더 많은 해외 관광객이 이 지역을 방문함으로써, 기존의 농촌 공동체와 주민의 삶은 여러모로 변화한다. 한 지역이 관광지로 변모하는 것은 그 결과가 긍정적이든 부정적이든 다양한 변화를 수반한다. 우붓은 관광이 시작된 지 100년이 넘은 지역이다. 발리 지역 관광에 대한 사회·문화적 효과, 즉 그것의 긍정적·부정적 효과에 대한 논의가 다양하게 진행되었다.

관광지 개발에 따른 효과는 사회·문화적 맥락 안에서 다양한 형태로 표출된다. 다만 학자들이 제기한 사회·문화적 현상에 따른 효과가 주민의 실질적인 관심사와 다르게 표출될 수 있다. 어쩌면 현지 주민에게 관광은 경제적 이익 실현과 지역의 발전 등 경제적·산업적 측면이 더욱 중요한 관심사다. 즉 관광산업 발전에 따른 경제적 이익을 개인의 삶에 투영시키고, 이에 따른 긍·부정적 효과를 관광 발전의 결과물로 인식하는 것이다.

> 【마을에 외국 사람이 많이 거주하면 불편하지 않아요?】 불편하지. 늦게 일어나서 종일 빈둥거리다가 밤 늦게 친구들하고 술 마시고. 시끄럽게 하는 사람도 있고, 오토바이를 험하게 몰기도 하고. 그래도 어쩔 수 없지. 마을에 외국 사람이 많이 거주해야 나도 잘살고 마을도 부유해지지.
>
> 수반디(Subandi, 비자대행서비스업), 남성, 40대, 2014. 3. 20.

【마을에 관광객이 많이 오면 뭐가 좋아요?】 좋은 것 없어. 마을 행사 때 더 복잡해지고. 의례 복장도 제대로 안 갖춰 입고 사원에 오는 사람도 많아서 단속하기도 귀찮고. 빌라나 게스트 하우스 하는 사람이나 식당 주인이나 좋지. 관광객이나 거주외국인은 돈 씀씀이가 다르니.

루마(Ruma, 뉴꾸닝 빼짤랑), 남성, 50대, 2013. 10. 25.

수반디의 진술처럼 외국인은 때로는 이 지역 주민에게 생활의 불편함을 초래한 집단이지만, 다른 한편으로는 자신과 마을에 경제적 이득을 안겨주는 고마운 존재이기도 하다. 루마의 진술은 관광객이 마을에 거주하는 과정에서 주민 집단의 다양한 담론을 보여준다. 연령별, 종족별, 사회적 자본의 유무처럼 개인이 처한 상황에 따라 관광발전 과정은 다양한 측면이 공존한다. 뉴꾸닝 주민에게 관광은 본인과 가족의 경제적 삶을 풍요롭게 해준다.

특히 뉴꾸닝 마을은 혈연·종교 공동체이기에 개인, 가족 그리고 이웃 주민 각자의 경제적 성취가 결국 마을 전체 발전이라는 믿음이 있다. 이러한 믿음은 뉴꾸닝 주민에게 "잘사는 마을 만들기(*pembuatan banjar layak huni*)"라는 담론 생성의 시발점이다. 이 장에서는 뉴꾸닝 주민의 다양한 사회·문화적 활동을 "잘사는 마을 만들기"라는 담론이 어떤 방식으로 이해되고 실천되는지 살펴본다.

1. 뉴꾸닝 주민 모임

1) 전통적인 마을 주민 모임

꾸따 해안 인근에 위치한 클럽에서 200명이 넘는 사상자를 낸 2002년 발리 폭탄 테러는 발리 관광발달 과정에서 주요한 변곡점이다. 주목되는 점은 폭탄 테러가 발리인이 기존에 가진 가치관의 변화를 촉발한 것이다. 발리 폭탄 테러는 '지상 최후의 낙원'이라는 담론 속에서 전재된 발리 문화에 대한 재인식의 과정이다. 즉 힌두교적 가치와 촌락의 관습법에 유지되는 촌락 공동체가 가진 전통적 가치관이 문화적 진정성을 훼손하지 않고 보호, 유지할 수 있을지에 대한 의문을 제기한 사건이다(조윤미 2011: 7-8).

뉴꾸닝 주민에게 2002년과 2005년 발리 폭탄 테러는 어떻게 인식될까? 조윤미(2011)의 논의처럼 발리적인 가치 추구를 강화하는 계기가 되었을까? 나아가 외지인에 대한 경계를 강화하는 역할을 하게 되었을까?

> 폭탄 테러는 분명하게 발리 관광에 악영향을 미친 것 같아. 관광객 수도 급격하게 감소했으니까. 그런데 다른 측면에서 우붓 지역이 관광지로 성장하는 계기가 된 것도 같아. (폭탄 테러가 일어났던) 꾸따 지역이 실제 발리에 여행 온 사람들이 경험하고자 하는 전부는 아닐 거 아니야. 발리 사진으로 봐도 평화로운 곳으로 여겨지는데 꾸따에 실제로 가보면 차량으로 늘 혼잡하고 곳곳에는 쓰레기가 있으니. 그래서 관광객이 점점 더 우붓으로 몰려드는 것 같아. 도시와 다른 시골스러운 분위기도 있고 '예술인 마을'이라고 하니까 뭔가 더 문화 관련된 것이 있을 것 같고.
>
> 바짜(Baca, 뉴꾸닝 주민), 남성, 50대, 2014. 1. 13.

바짜는 뉴꾸닝 마을도 폭탄 테러의 영향으로 관광객 수가 감소되었다고 당시 상황을 회상한다. 마을에 위치한 호텔이나 게스트 하우스를 찾는 관광객이 거의 없어 마을도 평소보다 더 한산했다고 진술한다. 그럼에도 꾸따 지역과 우붓 지역의 상황을 동일하게 볼 수는 없다. 바짜는 당시 폭탄 테러 이후 관광객에게 우붓이 더 뚜렷하게 인식되었음을 강조한다. 우붓이 발리의 전통문화를 경험하며 체험할 수 있는 지역으로 관광객에게 인식되는 데 당시 사건이 일정한 역할을 했음을 진술한다.

또한 전통적인 농촌 공동체를 안전한 지역으로 인식하는 계기가 되어, 관광객과 더불어 발리인에게도 우붓이 안전한 지역으로 인식되었다. 이와 관련하여 덴파사르에 거주하는 라누스(lanus)의 진술을 살펴보자.

> 나중에 졸업하고 직장 잡으면 우붓에서 살고 싶어. 【관광 일 하려고?】 아니. 직장은 덴파사르에 잡겠지만, 거주는 우붓에서 하려고. 우붓은 옛날 할아버지가 살았던 기안야르[1] 같아. 마을도 깨끗하게 잘 유지되고, 공동체 문화도 살아 있는 것 같고. 그렇다고 기안야르에는 살기 힘들 것 같기도 해. 덴파사르의 편리한 생활이 있는데 완전히 농촌으로 가서 살 수는 없을 것 같아. 우붓은 외국 사람도 많이 살고 생활도 편리하고. 무엇보다 덴파사르와 달리 한적하고 날씨도 선선해서 좋은 것 같고.
>
> 라누스(lanus, 덴파사르 거주 대학생), 남성, 20대, 2013. 10. 12.

폭탄 테러 이후 외국인 관광객의 발리 방문이 급격하게 감소했지만, 2년 뒤인 2004년을 기점으로 관광객은 폭탄 테러 이전 시기로 회복했다. 그 이유는 한국, 중국, 일본 등 동북아시아 국가의 관광객이 급증했기 때문이다. 이들은 단기간 머무르는 저가의 패키지 관광 상품을 이용했고, 호주, 유럽 그리고 미국 등 기존의 서구권 국가 출신 관광객이

1 우붓의 상위 행정구역인 기안야르 까부빠뗀의 중심도시다. 우붓에서 차량을 이용하면 30분 이내에 도착할 수 있다.

장기거주와 높은 소비율을 보여주는 것과 대조적인 관광 형태를 보인다(Picard 2008: 167). 우붓 지역에 서구 출신 관광객이 거주하면서, 우붓은 도리어 폭탄 테러 이전보다 관광의 수익성 면에서 나은 상황이 되었다.

전통적인 마을 공동체를 유지하는 발리 사회에서 발리인이라도 학업, 취업, 결혼 등 특별한 사회적 지위의 변화 없이 고향을 떠나는 것은 일반적이지 않다. 하지만 라누스처럼 우붓은 발리의 젊은이들에게 살고 싶은 지역으로 각광받으면서, 이 지역 경제는 더욱 활성화되었다. 뉴꾸닝이 거주지와 관광지로서 외국 관광객과 발리인에게 인기를 끌면서 이의 유지를 위해 전통적인 반자르 주민 모임도 활성화되었다.

뉴꾸닝의 주민 모임은 성별 그리고 연령에 따라 세 종류로 나뉜다. 우선 마을 주민(*krama*)[2]들의 모임인 상껩 혹은 빠루만(Sangkep Banjar[3] 또는 Paruman[4] *Banjar Pakraman Nyuh Kuning*, 이하 마을 주민모임)이다. 마을 주민모임은 끌리안 반자르(klian banjar)가 의장(*ketua*)이 되어 마을의 주요한 사안을 결정하고 이를 실천하는 조직이다. 마을 주민모임은 결혼한 뉴꾸닝 사람만이 성원권을 가진다. 매달 한 번씩 열리는 주민회의(*rapat*)는 결혼한 남성만이 가족의 대표로 참가한다.

끌리안 반자르는 대내외적으로 마을을 대표한다. 반자르 주민에 대한 행정 관련 업무는 상위 행정기관인 행정면의 지휘를 받아 처리한다. 다른 한편으로 끌리안 반자르는 마을의 다양한 종교 의례의 책임자로서 역할을 한다. 원칙적으로 끌리안은 행정적인 일을 처리하는 끌

2 끄라마는 발리어로 마을 주민모임의 구성원을 일컫는다. 결혼을 한 반자르 주민만이 구성원이 될 수 있고, 가족당 한 명이 성원권을 가진다. 나이 든 남성들은 일반적으로 반자르 성원권을 결혼한 아들에게 물려준다.

3, 4 발리어로 마을 회의를 의미한다.

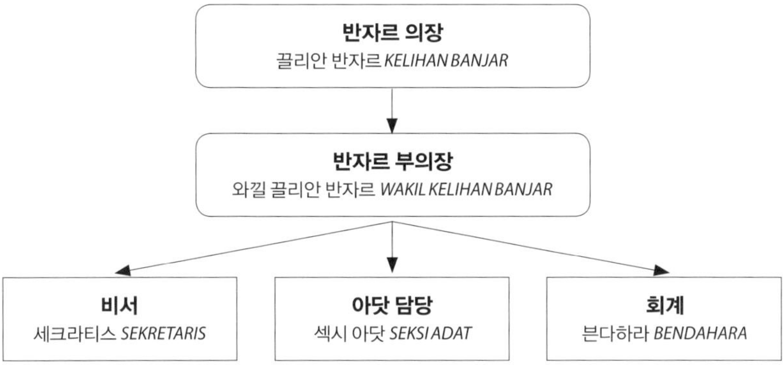

〈그림 6-1〉 마을 주민모임 조직도

리안 디나스(klian dinas)와 전통적인 관습법에 의해 종교 의례를 주관하는 끌리안 아닷(klian adat)으로 구별된다. 하지만 마을 내에서 수박 사원 의례를 비롯한 전통적인 의례 등이 사라지고 행정과 의례 일에 있어서 역할의 중복이 발생한다. 이에 따라 뉴꾸닝 마을과 같이 소규모 마을은 대부분 끌리안(klian banjar adat dan dinas) 1명이 두 가지 역할을 모두 수행한다.

> 우리 마을은 과거부터 끌리안이 1명만 있어서. 우리 마을은 싱아꺼르따에서 분리되어 나온 마을인데, 마을 규모가 작고 인구도 많지 않아. 1명의 끌리안이 두 가지 역할을 수행하고 있어. 특히 의례 관련 업무는 마을 븐데사가 도움을 주기 때문에 괜찮아.
>
> 아르나(Arna, 끌리안 반자르), 남성, 50대, 2014. 1. 25.

끌리안은 5년 임기로 주민 투표를 통해 선출한다. 뉴꾸닝은 2014년 5월 18일 새로운 끌리안을 선거를 통해 선출했다. 총 4명이 입후보했고 최다 득표자가 선출되었다. 후보는 대체로 뉴꾸닝 마을의 각 방

〈사진 6-1〉 끌리안 선거

향, 즉 동서남북에서 1명씩 출마한다. 표면적으로 공식적인 마을회의 과정에서 입후보자가 결정되고 선거 관련 캠페인, 투표, 개표를 통해 차기 끌리안이 결정된다.

하지만 비공식적으로 전임 끌리안이 차기 끌리안을 지명하거나 주민 사이에 명망 있는 특정인이 추대된다. 2014년 반자르 끌리안 선거에 참여한 모 후보는 선거 과정을 다음과 같이 설명한다.

> 끌리안 선거는 마을 대표를 뽑는 중요한 선거지. 하지만 여러 가지 일도 많고, 신경 쓸 일이 많은 자리야. 마을 예산에서 월급을 주지만, 마을 일에 대한 봉사의 성격이 강해 주민 대부분이 끌리안 직책을 선호하지는 않아. 선거 이전 마을 회의에서 공약 관련 논의 과정을 봤잖아. 4명의 후보가 공약을 만드는 게 아니라, 마을 회의에서 공약이 다듬어지고 이를 잘 실천할 수 있는 사람을 뽑는 방식이야. 선거 과정 중이나 혹은 이번

선거 같은 경우 작년부터 이미 마을 사람들이 누가 끌리안을 해야 할지 이야기가 오갔어. 그러다가 인드라(Indra)로 결정 났고, 그가 끌리안을 맡기로 하면서 다음 끌리안이 된 거지.

사나(Sana, 뉴꾸닝 주민), 남성, 40대, 2014. 5. 12.

끌리안 선거 과정은 뉴꾸닝 마을에서 벌어지는 다양한 이해관계를 어떤 방식으로 조정하는지에 대한 사례다. 끌리안은 마을의 실질적인 대표로서 직위에 맞는 권위와 대표성을 지닌다. 더하여 매달 소정의 활동비[5]를 받기에 경제적 혜택 역시 주어지지만, 활동비 대부분은 마을 행사와 의례 진행 시 후원금의 형태로 반환된다. 또한 매달 수차례 반자르 행사와 의례를 주관하고 행정 업무도 수행한다. 따라서 반자르 주민 사이에서 끌리안은 주민을 위한 봉사 성격이 강한 직위로 인식되고, 주민 대다수는 끌리안 일을 수행하는 데 부담을 안고 있다.

그럼에도 끌리안은 고등학교 혹은 대학교를 졸업하고, 마을에서 소위 "유능하고", "지적 능력이 있는" 주민이 맡는 자리라는 인식도 있다. 따라서 일부 주민은 끌리안을 민주적인 절차에 따라 선출하자는 의견을 제시하지만 여전히 형식적인 입후보와 투표가 진행된다.

이와 같이 제도화되지 않은 비공식적 수준의 분쟁 해결 방식을 인도네시아 사회에서 '무샤와라(*Musyswarah*)'라고 부른다. '협의'나 '토론'을 의미하는 무샤와라는 '일치된 결정'이나 '합의'를 의미하고, 서로 견해가 다른 사람이나 집단이 토론과 협의를 통해 서로 동의할 수 있는 해결책에 도달하는 관행을 일컫는다(김형준 2014: 4). 뉴꾸닝 마을에서 무샤와라에 의한 의사결정 과정은 마을의 다양한 기본 원리(*10 program*

5 뉴꾸닝 마을의 끌리안은 매달 200만 루피아 내외의 활동비를 받는다.

pokok PKK)의 규약에 명시된다. 마을의 지배규약 중 두 번째 규약인 고똥 로용은 무샤와라를 뒷받침하는 근원적 정신으로 이해되고, 분쟁 당사자들이 서로를 이해하고 협력하려는 태도를 갖고 무샤와라에 임해야 한다는 측면이 강조된다(김형준 2014). 뉴꾸닝 역시 고똥 로용의 정신에 의해 무샤와라를 실천한다. 즉 갈등 상황에서 합의에 이르기 위해 다양한 이해관계에 놓인 사람들이 의견을 조율하는 과정을 거친다. 이는 인도네시아 사회에서 다양한 집단의 운영 원리이자 사회적 실천 과정이지만, 특히 반자르는 종교 공동체이자 동족마을이기에 이러한 원리가 더욱 강력하게 작동된다.

뉴꾸닝 마을은 끌리안 주도로 매달 한 차례씩 마을 주민모임을 개최한다. 2014년 3월 10일 개최되었던 마을 주민모임의 과정을 저자의 시선으로 재구성한다.

사리는 뉴꾸닝 마을에서 태어난 이후 40년 동안 이 마을에서 살았다. 10년 전 사리는 결혼을 했고 아버지로부터 반자르 성원권을 물려받았다. 어린 시절부터 음악에 관심이 많았고, 재능도 있기에 마을 행사나 의례 진행 시 가믈란 연주단의 일원으로 활동한다. 사리는 저녁 5시에 저녁을 먹고 자신의 빌라를 한 번 둘러보았다. 집으로 돌아와서 간단하게 샤워를 한 후 사뿟(*saput*)을 바지에 두르고, 머리에는 우등(*udeng*)을 한 후 마을 주민모임 장소인 발레로 출발한다.

집에서 발레는 멀지 않아 오토바이는 타지 않고 이웃 주민과 함께 걸어갔다. 발레 주변에는 이미 수십 대의 오토바이가 주차되어 있고, 마을 사람들이 발레에 도착하기 시작했다. 100여 명이 마을 주민모임에 참석했다. 끌리안은 마을 회의가 성원되었음을 선포하고 회의를 시작했다. 오늘은 총 세 가지 안건이 제시되었다. 끌리안의 비서인 로자(Roja)의 사회로 회의가 시작했다. 오늘 결정할 안건을 다루기 이전 집행부 중 회계를 담당하는 아구스(Agus)가 지난달 개정 사안을 보고했다. 사리를 비롯해 대다수 주민은 미리 배포된 회계 자료를 살펴보았다. 재정과 관련하여 문제될 것이 없었는지, 끌리안이 재정 문제에 이상이 없냐고 물어보니 주민 대부분이 "냐(*nah*)"[6]라고 대답한다.

마을 주민모임의 첫 번째 안건이 제시되었다. 3월 말에 있을 녜삐와 오고오고 행사 진행 과정에 대한 논의였다. 끌리안은 녜삐와 오고오고 행사는 예년과 같은 일정과 방식으로 진행하자고 제안한다. 마을에 거주하는 외국인에게 관련 행사에 대해 공지하고, 행진 진행 시 외국인 참여를 독려해달라는 당부를 했다. 이에 대해 다들 이의가 없음을 표시하는 의미로 "냐"라고 대답한다.

두 번째 안건을 논의하기 전 끌리안은 주민에게 각 가정에 외국인이 거주하거나 빌라 등을 임대한 주민을 대상으로 녜삐날 불을 켜거나, 밖으로 외출하는 것을 반드시 막아달라는 당부를 했다. 혹시 이를 위반할 시 집주인에게 책임을 묻겠다는 엄포도 빼놓지 않았다. 더불어 빠짤랑도 녜삐날 순찰을 강화하여 불미스러운 일이 발생하지 않도록 노력해달라는 말을 했다.

두 번째 안건은 마을의 전기통신과 인터넷 품질을 높이기 위해 공금을 사용하여 수신용 안테나를 설치하자는 제안이다. 로자가 안테나의 종류, 설치 방법, 비용 등을 주민에게 설명했다. 끌리안은 설치와 관련하여 의문점이나 다른 의견이 있는지 물어보았고, 주민 대부분은 찬성한다는 의미에서 "냐"라고 대답한다.

세 번째 안건은 현재 주차장으로 사용되는 땅의 임대와 관련된 사안이었다. 해당 부지는 마을 공동 소유로, 오랫동안 사용처가 정해지지 않아 방치되었다가 뉴꾸닝 마을이 관광지화되는 과정에서 주민과 거

6 무엇인가를 물어볼 때 그에 대해 대답하는 것으로, '예'라는 의미를 지닌 발리어다.

〈사진 6-2〉 과거 주차장 모습(위)과 현재 식당이 들어선 주차장 부지(아래)

주외국인의 차량 소유가 늘면서 마을 주차장으로 사용했다. 기존 마을에 차량이 많지 않을 때 주민은 본인의 집 앞 도로에 차량을 주차했다. 하지만 차량이 늘고 주차된 차량으로 도로가 혼잡해짐에 따라, 마을 주민모임의 의결로 차량을 집 앞 도로에 주차하는 것을 금지했다.

이후 주민은 방치된 마을 공동 소유의 땅을 주차장으로 활용했다. 현재 주차장으로 활용되는 땅의 일부에 대해 임대 문의가 있었고 이후 마을 회의에 안건으로 제시되었다. 임대 조건은 총 10아르를 임대하고, 1아르당 약 400만 루피아에 매년 갱신하는 조건이었다. 마을 주민모임에 부의된 이 안건은 치열한 토론 과정이 있었다. 임대 가격의 적절성 문제, 어떤 레스토랑이 들어오느냐에 대한 질의, 주차장 부지가 줄어든다는 문제 그리고 외국인에게 땅을 또 임대하느냐의 문제 등 질의와 의견 제시 과정이 이루어졌다. 결국 이날은 첫 번째와 두 번째 안건에 대한 합의가 이루어졌고, 세 번째 안건인 주차장 부지 활용 문제에 대한 논의는 결론을 내리지 않고 다음 회의까지 주민의 의견을 수렴하자는 쪽으로 결정되었다.

뉴꾸닝 마을 회의는 두 가지 특징이 있다. 첫째, 마을 회의가 공식적으로 개최되기 이전 반자르 집행부에서 안건에 대한 대략적인 협의가 이루어진 상태에서 회의가 진행된다. 물론 반자르 집행부 단독으로 모든 사안에 대해 의사를 결정하지 않는다. 특정 사안에 대해 비공식적으로 마을 내에 영향력 있는 주민의 의견을 조율한다. 조율된 의견을 가지고 주민모임의 공식적인 안건으로 채택한다.

예를 들어 이날 두 번째 안건인 수신용 안테나 설치 문제는 대략 1년 전부터 안테나 설치 필요성이 제기되었고, 집행부는 다른 마을에 설치된 안테나의 성능과 가격 등을 검토했다. 다만 안테나를 기본형으로 설치할지 야자수로 위장한 안테나를 설치할지에 대한 이견이 있었을 뿐이다. 주민모임 이전 마을 주민 사이에 야자수 형태의 안테나 설치에 대한 의견을 비공식적으로 묻는 과정이 있었다.

【야자수 형태 안테나로 결정했어요?】 다음 달 회의에서 공식적으로 결정될 거야. 가격 차이가 많이 날 줄 알았는데, 생각했던 것보다 크지 않아서

기왕이면 야자수 형태로 하겠다는 의견이 많아. 아무래도 마을에서 관광 관련 일을 하는 사람의 의견이 더욱 강하게 제기되니까. 야자수 형태로 결정될 거야.

사나(Sana, 뉴꾸닝 주민), 남성, 40대, 2014. 3. 10.

둘째, 비록 마을 주민모임 이전 비공식적인 의견 조율 과정이 있지만, 이는 대략적인 결론이지 확정된 사안은 아니다. 결국 최종 결정은 마을 주민모임에서 토론을 통해 확정된다. 물론 마을 주민모임에서 집행부의 의견대로 하는 경우가 대부분이지만, 주차장 공터 임대 문제처럼 결론이 유보되는 사안도 있다. 집행부는 임대와 관련하여 주민모임 이전 임대를 원하는 사업주와 구체적인 임대비용에 대한 의견을 주고받을 정도로 계약 성사 직전 단계까지 논의를 진행했다. 이후 마을 주민모임의 승낙만을 남겨둔 상황이었다. 하지만 마을 주민모임에서 결론을 내지 못했고 이 문제는 한 달간 숙의 과정을 거치게 된다.

결국 뉴꾸닝 마을 주민모임은 고똥 로용 정신에 따라 무샤와라를 실천하는 주민 자치 조직이다. 또한 비공식적 협의 과정에서 알 수 있듯이, 주민 집단의 동질성과 연대 의식이 확고하게 구축되어 있음을 확인할 수 있다.

마을 주민모임과 함께 또 하나의 중추적인 모임은 PKK다. PKK는 남성 중심의 마을 내 위계 구조에서 여성의 역할인 의례에 사용할 제물 준비, 의례 공연, 마을 청소 등의 업무를 담당한다. PKK는 마을 주민모임의 보조적인 역할을 수행하는 측면이 강하다. 이는 발리 사회가 부계 친족집단 중심으로 구성되기 때문이다. 또한 PKK의 책임자인 끄뚜아(*ketua*)는 끌리안의 아내가 당연직으로 위촉되고, 부책임자인 와낄 끄뚜아(*wakil ketua*) 역시 와낄 끌리안의 아내가 위촉된다. 과거부터 발리 여성들은 가정 밖에서 경제 활동을 활발히 해왔지만, 마을 내부의

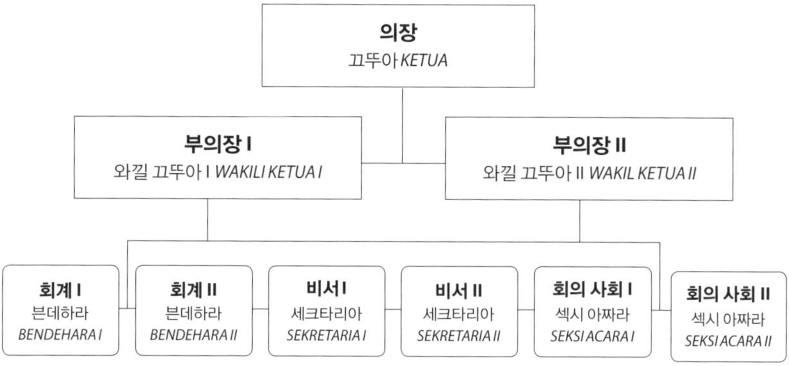

〈그림 6-2〉 PKK 조직도

전통적 지역 정치조직에서 두드러진 직접적 활동은 자제해왔다(Warren 1990: 8).

그럼에도 PKK가 전적으로 마을 주민모임의 보조적 역할만을 수행한다고 단정할 수는 없다. 매달 마을 주민모임이 열릴 때 남성만 회의에 참석하지만, 형식적으로 부부 모두 반자르 성원으로 인정된다. 아내와 사별하거나 이혼하는 등 발리인 기준으로 "온전한" 결혼 생활을 유지하지 않는 남성의 성원권 역시 박탈된다. 또한 PKK 구성원들은 자체적으로 여성을 위한 사회 프로그램 등을 준비한다. 매주 금요일 오후 뉴꾸닝 여성들은 요가를 한다. 이는 건강을 위해서지만, 한편으로는 요가가 외국인들에게 인기를 끌자 유행을 좇는 것으로 여겨진다. 하지만 요가 전후, 마을 여성들은 마을과 관련된 여런 문제에 대한 의견을 조율한다.

> 【PKK는 주민모임처럼 따로 회의가 진행되나요?】 한 달이나 두 달에 한 번씩 부정기적으로 회의가 있어. 논의할 내용이 많지 않고, 거의 대부분 주민모임으로 의견이 수렴되기 때문에 회의가 자주 열리지는 않아. 【회

의 내용은 주로 어떤 것인가요?】 의례가 있을 때 의례 진행에 필요한 역할 담당자를 정하거나 마을 청소 구역을 배분하는 일 등을 하지. 요가와 같이 주민이 원하는 프로그램 제안도 받고.【그럼 마을 일을 결정할 때 전혀 관여는 안 하세요?】 PKK 구성원 남편들이 모두 마을 주민모임의 집행부인데, 매일 관여하고 있어. 밖으로 잘 보이지 않게 하는 것뿐이지.

사리아니(Sariani, PKK 회원), 여성, 50대, 2013. 11. 12.

오늘은 오후에 요가가 있어 빨리 갈게.【예. 내일 뵐게요. 요가는 재미있어요?】 아니. 힘들어. 그래도 마을 주민이 다 같이 하니까 안 할 수도 없고. 그렇다고 강제는 아니야. 조금은 재미있어. 운동도 해야 하고. 그냥 일 있다고 하고 빠져도 상관없어. 그래도 오늘은 조금 빨리 가야 해. 요가 하기 전에 중요한 일 있다고 참석하래.【마을에 무슨 일 있나요?】 가봐야 알 것 같은데. 마을 주민모임에서 끌리안 이야기가 잘 전달되지 않으면, 아내에게 이야기해서 PKK 회원에게 부탁하는 경우가 가끔 있어.

와르시(Warsi, 뉴꾸닝 주민), 여성, 30대, 2013. 10. 25.

이상과 같이 PKK의 활동은 가부장 중심의 발리 사회에서 보조적 역할에 국한되는 것이 아닌 협력적인 조직으로 이해된다.

뉴꾸닝 마을의 조직 중 청년단체(pemuda, 이하 퍼무다)의 활동 역시 주목된다. 발리 전통 마을에서는 혼인한 남성만이 "온전한" 성인으로 간주하여 반자르 구성원으로 포함시킨다. 혼인하기 전, 즉 나이의 많고 적음에 관계없이 혼인하지 않은 남성이나 이혼한 남성은 반자르 구성원으로 인정받지 못하고 의사결정 과정에서 제외된다. 다만 사별한 남성이 가족 내 여성을 보증인으로 내세워 반자르 구성원으로 재편입하는 경우도 있다. 때로는 선친이 기존의 반자르 구성원이었거나 30대가 넘었지만 결혼하지 않은 남성의 경우 청년단체와 주민회의 성원권이 함께 부여되는 경우도 있다.

대략 75명의 청년이 소속된 뉴꾸닝 펴무다는 원칙적으로 17세 이상의 미혼 남성만 구성원이 될 수 있다. 하지만 앞서의 경우처럼 현재 45세의 결혼 안 한 남성 역시 펴무다 회원으로 활동 중이다. 펴무다는 마을 사원에서 벌어지는 다양한 의례에 참석만 할 뿐 의례를 주관하지는 않는다. 따라서 펴무다 활동은 뉴꾸닝 마을의 전통 계승자라는 공통된 의식을 어린 시절부터 부여하는 데 의의가 있다.

펴무다 회원들은 의례 진행 시 임시 오두막과 제단 등 성인 남성에게 요구되는 의례 관련 준비 작업에 참여하지 못한다. 다만 녜삐 이전 오고오고 행진에 필요한 오고오고 제작에는 주도적인 역할을 한다. 펴무다 회원들은 녜삐 이전 약 한 달 전부터 마을 회관에서 오고오고를 제작하고, 녜삐 전날 행진 등의 임무를 맡음으로써 전통 의례 참여 의식을 고취한다. 더하여 현실적으로 오고오고 제작과 행진 등 일련의 의례 과정에 많은 인력이 필요하고 예술적 감각 역시 요구된다. 따라서 주로 학생들로 구성된 펴무다 회원들이 오고오고 의례 과정 전반을 담당하는 것을 효율적으로 여긴다.

이상과 같이 뉴꾸닝 마을 주민은 성별, 사회적 지위, 연령에 따라 다양한 주민 모임의 구성원으로 활동한다. 뉴꾸닝 마을의 븐데사인 수디까는 다음 진술을 통해 뉴꾸닝 주민 모임의 성격을 규정한다.

> 우리 마을 주민은 길게는 증조할아버지부터 다들 친인척으로 맺어져 있지. 힌두교는 우리의 근간이 되고, 매일, 매주 그리고 매년 종교 의례 활동을 성실하게 수행하는 것이 삶을 좀 더 안정되고 풍요롭게 한다는 믿음이 있지. 마을에 거주하는 외국인, 자바인 그리고 다른 마을 출신의 발리인이 많이 거주하지만 "뉴꾸닝 주민"들은 주변 어떤 마을보다 단단하게 결속되어 있어. "마을 밖에서 온 사람"들과도 사이 좋게 지내기는 하지만,

〈사진 6-3〉 PKK 회원들의 레공춤 연습

〈사진 6-4〉 오고오고 제작

그들은 언젠가는 떠날 사람이야. 종교도 다르고, 조상도 다른데.

수디까(Sudika, 븐데사), 남성, 50대, 2013. 12. 22.

수디까가 바라보는 뉴꾸닝 주민 모임은 무엇보다 하나의 종교 공동체이자 동족 공동체로서 마을의 정체성을 규정한다. 마을 주민의 공통 신앙인 힌두교적인 가치 추구와 이에 따른 다양한 의례 행위를 원활하게 수행하기 위해서다. 다음으로 보이지 않는 두려움과 마을에 위협을 가하는 외부인으로부터 마을을 안전하게 유지하고 이를 통해 마을의 평화를 유지하기 위함이다. 전통적 의미에서 공동체는 '목표나 규범, 수단을 공동으로 소유하는 집단'이나 '공동의 삶을 영위하는 자족적인 집단'을 의미한다. 영어의 커뮤니티(community)는 지역사회를 뜻하지만, 특정 종의 생물이 모여 사는 것을 의미하는 생태학적 개념으로도 사용된다. 하지만 현대 사회에서 커뮤니티는 지역성과 무관하게 공통의 특성을 공유하는 집단을 의미한다. 어떤 차원이든 사회적 동질성에서 비롯된 결속을 과시하는 개념으로 사용된다(이재열 2006: 25). 결국 뉴꾸닝 주민 모임은 퇴니에스(Ferdinand J. Tönnies)가 정의한 '공동사회'를 의미하는 '게마인샤프트(*gemeinscaft*)'로 힌두교적 가치 위에서 공동체를 안정적으로 유지하는 활동의 연장선에서 주민 모임 활동이 실천된다.

2) 관광 관련 모임: 빼짤랑과 택시조합

(1) 빼짤랑의 결성과 활동

【장면. 발리인의 새해 첫날이자 '침묵의 날'로 불린 녜삐날】

2014년 3월 31일 밤 발리 전 지역은 병원, 경찰서 등 응급 시설을 제외하고 어둠에 둘러싸여 있다. 뉴꾸닝 마을 역시 3월 31일은 어젯밤의 오고오고 인형이 앞장서고 뒤의 가믈란 연주단이 음악을 연주하면서 따라가는 행진을 뒤로하고 어둠에 둘러싸여 있다. 커튼 사이로 불빛이 새어나오면, 호루라기 소리와 함께 아마도 "'소등하시오!"라고 생각되는 고함이 멀리서 들린다. 3월 31일 00시부터 4월 1일 00시까지 24시간 동안 바깥출입과 불을 밝히지 말아달라는 집주인의 간곡한 부탁에도 한 외국인이 아마도 답답함에 불을 밝혔을 것이다.

뉴꾸닝 마을에서 호루라기를 불면서 "소등하시오!"라고 외친 사람은 발리 전통경찰 혹은 종교경찰로 이해되는 빼짤랑이다. 빼짤랑은 인도네시아 다른 지역에서는 볼 수 없는, 반자르 주민에 의해 조직된 단체다. 빼짤랑은 발리어 쩰랑(*celang*), 즉 '경계하고 있는, 방심하지 않는, 주의 깊게 지키는, 조심성 있는' 뜻을 가진 단어에서 유래했다. 이에 명사형 접사 'pe-'가 붙는다. 즉 주변 인지 능력이 남보다 뛰어난 인물로서 주변을 경계, 감시 그리고 통제하는 자경단원을 지칭한다(조윤미 2011: 10).

빼짤랑 조직의 구성과 활동은 발리 관광발전과 깊은 관련이 있다. 발리 주정부가 빼짤랑의 치안유지 능력과 발리적 가치 수호 능력을 높게 평가했고, 이에 따라 2001년 3호 발리지방자치조례에 빼짤랑의 존재가 조례를 통해 구속력을 가지게 되었다. 더하여 이들에게 치안 유지 활동과 관습 및 종교상의 문제에 있어 임무와 권한이 부여되었다(Suryawan 2006:94. 조윤미 2001:10 재인용).

빼짤랑 조직은 2001년 제정된 조례에 의해 구속력을 가지지만, 반자르에서 실질적으로 빼짤랑이 운영된 것은 2002년 폭탄 테러의 결과다. 발리 폭탄 테러는 발리인에게 관광으로 상징되는 외부 지역과 교류의 위험성을 극명하게 상기시켰다. 폭탄 테러의 발생 원인을 떠나 당시 발리 주민은 폭탄 테러가 발생한 장소, 폭탄 테러를 주도한 단체인 제마 이슬라미야와 이들의 출신 지역인 동부 자바에 주목했다.

또한 관광발전과 경제적 성장을 동일하게 간주했던 지역 주민에게 관광발전이 이전에 상상할 수 없던 위험성을 내포하고 있음을 인지시켰다. 폭탄 테러와 발리 지역 경제 붕괴에 직면한 발리 주민은 이의 해결을 위한 방법을 강구한다. 주목되는 점은 발리인의 문제 해결 방안이 종교적 믿음에 근거하고 있다는 점이다.

우선 종교적으로 악한 기운을 발리섬 밖으로 쫓아내기 위한 다양한 의례가 진행되었다. 예를 들어 폭탄 테러가 일어난 현장에서 주민은 폭탄 테러의 잔해를 발리 전통에 따라 땅에서 바다로 버리는 의례를 실천했다. 발리인은 죽은 자와 함께 나쁜 기운을 발리 땅에서 씻어내려 이러한 의례를 진행했고, 2002년 11월 15일 폭탄 테러 현장에서 진행한 대규모 의례가 그것이다.

다른 한편으로는 '이방인'에 대한 적대적 감정을 표출한다. '반(反) 이방인 정서'로 대변되는 이러한 감정은, 특히 폭탄 테러범들의 고향인 자바 지역 사람에 대한 적대감으로 표출되었다. 이는 기존 반자르에서 비힌두교 신자 집단(*krama tamiu*)을 대하는 전통과 전혀 다른 대처 방안이다. 따라서 빼짤랑의 업무가 기존에 의례 진행과정에서 질서 유지였다면, 폭탄 테러 이후에는 반자르에 '이방인'들의 출입을 금하거나 감시하는 업무가 추가되었다(Pringle 2004: 208). 결국 발리 폭탄 테러 이후 발생한 사회적 혼란을 수습하는 과정에서 빼짤랑의 역할은 확대되고 공고화되었다. 뉴꾸닝 마을의 빼짤랑 역시 다른 반자르의 경우와 같이 2003년을 전후로 조직되었다.

> 2002년 폭탄 테러 이후 마을별로 빼짤랑이 새롭게 조직되거나 하지는 않았던 것 같아. 물론 지금과는 확실하게 역할이 다르지만, 이전에도 반자

〈사진 6-5〉 주차요금을 징수하는 뻐짤랑과 대기 공간

르벨로 의례 시 교통을 통제하는 역할을 하는 사람은 있었어. 우리 마을도 당시에 있었고, 2002년인가 2003년에 우붓의 빠당뜨갈 마을에서 뻐짤랑이 먼저 만들어졌고, 우리 마을도 그때쯤 조직되었어.

수다나(Sudana, 뉴꾸닝 뻐짤랑), 남성, 40대, 2013. 10. 12.

뉴꾸닝 마을에는 총 12명의 뻐짤랑이 활동한다. 대부분의 주민은 뻐짤랑 활동과 함께 다른 경제적 활동을 병행한다. 뻐짤랑 운영 초기 마을에서 뻐짤랑에게 월급이나 활동비 등을 지급하지 않기에, 대부분의 뻐짤랑은 농업에 종사하거나 일용직 건설노동자로 활동한다. 하지만 마을을 방문하는 관광객이 늘어나면서 오토바이와 차량에 대한 주차비를 받기 시작했다. 마을 주차비용은 마을 기금으로 포함되지 않고, 주차비를 징수하던 뻐짤랑의 활동비로 지급된다.

뉴꾸닝 마을의 뻐짤랑은 크게 두 가지 업무를 수행한다. 첫째는 마을에 거주하는 외지인에게 마을 기부금(*iuran*)[7] 명목으로 세금을 징수하는 것이다. 기부금은 가족 구성원의 수가 아닌 가구당 매달 10만 루피아를 받고, 혼자 거주하거나 자취방 형태의 코스-코산(*kos-kosan*)에 거주하는 외지인에게는 5만 루피아를 징수한다. 기부금 징수 대상은 주로 거주외국인이나 자바인이다. 기부금은 마을 운영비로 사용되지만, 징수와 관련하여 여러 문제점도 지적된다. 뉴꾸닝 마을에는 100여 명의 외지인이 거주하는데, 현지 주민의 집에 외지인이 거주하면 집주인은 반드시 반자르와 경찰서에 보고해야 한다. 하지만 이들이 마을을 떠나 다른 지역으로 이동하는 경우 보고가 상대적으로 소홀하게 이루어지기에 외국인 수를 정확하게 파악하기 어렵다.

실제로 저자 역시 현지조사 과정 중 매달 마을 기부금을 성실하게 냈던 외국인이다. 마을 기부금을 수령하던 빼짤랑과 마을 기부금 납부자 명단을 보면서 관련 대화를 했다.

> 기부금 걷기가 얼마나 힘든데. 너같이 인도네시아어라도 하면 설명이라도 하지. 외국인들 대부분 인도네시아어를 못 하니. 그렇다고 우리가 영어를 잘하는 것도 아니니. 외국인들은 마치 우리가 억지로 돈을 가져간다고 생각하는 것 같아. (카드에 인쇄되어 있는 영어 부분을 가리키면서) 그래서 늘 여기를 가리키면서 설명하고 돈을 받고 있지. 그래도 처음 이사 온 사람들 빼놓고는 대부분 잘 내고 있어. 주인들에게 집 임대할 때 꼭 기부금 있다고 전해달라고 했는데.
>
> 수다나(Sudana, 뉴꾸닝 빼짤랑), 남성, 40대, 2013. 11. 23.

7 이유란(*iuran*)의 원래 뜻은 회비다. 하지만 빼짤랑은 거주외국인에게 돈을 원활하게 수령하기 위해 회비를 기부금으로 설명한다.

기부금 수령을 위해 빼짤랑은 기부금 카드를 작성하고 영수증도 발급한다. 기부금 카드에는 이름, 주소, 기부금 액수 그리고 임대의 경우 집 소유주 이름이 인도네시아어로 표기된다. 외국인의 이해를 돕기 위해 간단히 영어로 기금 사용 목적 등이 명기된다.

2013년과 2014년 마을 기부금 명단에는 51명의 이름이 있었지만, 이 중 10여 명에게는 기부금을 징수하지 못했다. 이들은 이미 마을을 떠난 사람이거나, 기부금 징수를 거부한 일부 외국인이다.

> 저 사람들이(빼짤랑을 지칭) 돈을 받으러 다니는 것이 이해가 안 가. 무슨 명목으로 돈을 받으러 다니는지. 마을 환경 유지를 하는 데 여기 사람도 아닌 내가 돈을 왜 내야 하는지. 내가 처음에 이사 올 때 주인이 말도 안 했고, 그래서 돈을 안 냈어. 주인한테 받으라고. 그 사람들이 뭐라고 설명은 했는데 난 못 내겠다고 하니 조금 뭐라고 하더니 그냥 가더라고.
>
> 올리비아(Olivia, 미국 출신 거주외국인), 여성, 60대, 2015. 3. 15.

> 저 사람(올리비아를 지칭) 같은 외국인들 가끔씩 있어. 돈을 못 내겠다고 막 영어로 이야기를 해. 우리는 영어도 잘 못하기도 하지만, 저렇게 언성을 높이니까 상대하고 싶은 생각이 없어서 그냥 나왔어. 짧게라도 마을에 살면 여기 규칙을 따라야 하는데 그냥 자기는 방만 임대해서 살고 있다고 생각하니. 아마도 주인도 저 사람 때문에 귀찮을 거야.
>
> 수다나(Sudana, 뉴꾸닝 빼짤랑), 남성, 40대, 2015. 3. 17.

거주외국인인 올리비아는 뉴꾸닝 마을에 3개월을 머물렀다. 3개월 임대료를 한 번에 지급하는 조건으로 계약했고, 수도 비용은 집주인이 지불하고 전기료는 세입자가 납부하기로 했다.[8] 집주인은 처음 임대할 당시 마을 기부금에 대해 올리비아에게 설명했다고 하지만, 올리

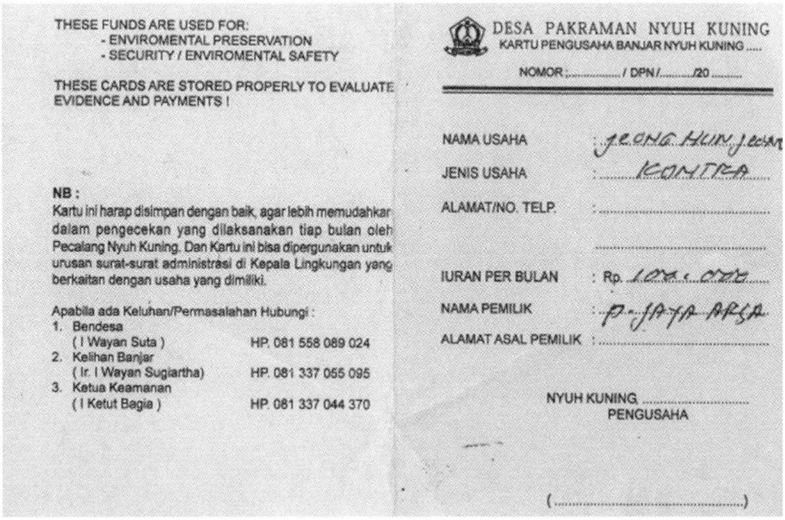

THESE FUNDS ARE USED FOR:
- ENVIROMENTAL PRESERVATION
- SECURITY / ENVIROMENTAL SAFETY

THESE CARDS ARE STORED PROPERLY TO EVALUATE EVIDENCE AND PAYMENTS !

NB :
Kartu ini harap disimpan dengan baik, agar lebih memudahkan dalam pengecekan yang dilaksanakan tiap bulan oleh Pecalang Nyuh Kuning. Dan Kartu ini bisa dipergunakan untuk urusan surat-surat administrasi di Kepala Lingkungan yang berkaitan dengan usaha yang dimiliki.

Apabila ada Keluhan/Permasalahan Hubungi :
1. Bendesa (I Wayan Suta) HP. 081 558 089 024
2. Kelihan Banjar (Ir. I Wayan Sugiartha) HP. 081 337 055 095
3. Ketua Keamanan (I Ketut Bagia) HP. 081 337 044 370

DESA PAKRAMAN NYUH KUNING
KARTU PENGUSAHA BANJAR NYUH KUNING .....

NOMOR :.............. / DPN /........./20 ....

NAMA USAHA : JEONG HUN JEON
JENIS USAHA : KONTRA
ALAMAT/NO. TELP. : ....
....
IURAN PER BULAN : Rp. 100.000
NAMA PEMILIK : P. JAYA ARSA
ALAMAT ASAL PEMILIK : ....

NYUH KUNING ....
PENGUSAHA

(..)

〈사진 6-6〉 마을 기금 납부 카드

〈표 6-1〉 마을 기금 사용 목적

These funds are used for: - Enviromental preservation - Security/Environmental safety	기금의 사용 용도: - 환경보호 - 안전한 환경 조성

비아는 그런 설명을 전혀 못 들었다고 한다. 아마도 집주인과 올리비아 사이 의사소통의 문제거나 올리비아가 의사소통을 핑계 삼아 기부금 납부를 거부하는 것으로 이해된다.

빠짤랑은 외부인이 마을에 '거주'하기 때문에 반드시 기부금을 내야 한다고 생각한다. 발리에서 외부인에 대한 인식은 공동체 삶에 기

8 전기는 방마다 계량기가 따로 설치되어 있고, 충전(*pulsa*) 방식이어서 온전히 세입자가 사용한 만큼 비용을 내야 한다.

여하지도 못하면서 도리어 공동체의 행정력에 과부하만 일으키는 존재다. 따라서 외지인이란 통제가 필요한 존재이고 이의 비용은 반드시 외지인이 부담해야 한다. 이러한 논리는 발리 폭탄 테러 이후 개발된 것이 아닌, 이전부터 반자르 유지를 위한 최소한의 원칙이다(조윤미 2011: 12).

기부금을 둘러싼 외지인과 주민 집단의 인식 차이는 직접적으로 기부금을 수령하는 빠짤랑에 대한 부정적인 이미지를 형성하게 한다. 물론 기존의 연구(조윤미 2011, Suyadnya 2011)에서 빠짤랑의 과격한 행동과 이에 따른 외지인이 느끼는 불편함은 충분히 이해된다. 더하여 민간 치안 유지라는 명분으로 공권력의 권위마저 위협하며 지역 세력화하고 있다. 뉴꾸닝에서 거주한 한 외국인의 진술 역시 이와 비슷한 맥락이다.

> 평소에는 빠짤랑을 거의 볼 수 없어. 전통의상 입고 다니는 그들을 가끔씩 보는데, 주로 마을 입구에서 통행료 받고 있는 모습을 봐. 그런데 마을 의례 때 숫자도 갑자기 늘어나 있고, 교통경찰처럼 경관봉으로 지시하면서 차량을 통제하기도 하고. 우리 같은 외국인에게는 친절하게 해주는데 다른 발리인에게는 엄청 함부로 대하더라고. 마치 우리 마을에 행사 있으니까, 우리 마을이니까, 우리 맘대로 할 거야 같은 느낌이 들었어.
>
> 왓슨(Watson, 호주 출신 거주외국인), 남성, 30대, 2013. 12. 26.

> 지난번 의례 진행할 때인가 옆 마을 사람들과 시비가 붙어서 서로 싸웠어요. 특히 마을 의례 같은 행사가 있을 때, 특히 마을 사람이 아닌 다른 마을 사람들하고 시비가 붙어요.
>
> 김하늘(교민), 남성, 40대, 2012. 9. 27.

〈사진 6-7〉 의례 과정 중 뻐짤랑의 활동

이상과 같이 뉴꾸닝 마을의 뻐짤랑 활동에 대한 부정적인 담론 형성은 매달 겪는 주민세 징수 과정이나, 마을 행사 진행 시 질서 유지 과정에서 나타난다. 물론 마을에 거주하는 외국인 대다수는 뻐짤랑 활동에 부정적이기보다 관심 밖의 일로 간주한다.

〈사진 6-7〉은 뻐짤랑과 의례를 준비 중인 마을 사람들이다. 마을 사원에서 전통 의례가 진행되기에 주민은 사원 출입을 위해 반드시 전통 의상을 입고 행사에 참여한다. 속옷 위에 까인 끔반을 입고 그 위에 사푼을 두른다. 그리고 셔츠나 재킷 형태의 슬렌당(*selendang*)을 입는다. 머리에는 우등이라는 머리띠를 두른다.

뻐짤랑 역시 주민과 색과 모양만 조금 다를 뿐, 마치 유니폼처럼 똑같은 색과 문양의 전통의상을 입는다. 더하여 허리에 의례용 칼인 끄리스(*keris*)를 차고 다니거나 질서유지를 위한 호루라기와 무전기를 휴대한다. 따라서 의례 과정에서 일반 주민과 뻐짤랑은 구별되지만, 외국인이 반자르의 구성원리를 이해하지 않는 이상 의례에 참여하는 주민의 일부로 인식한다.

다만 주목되는 점은 마을의 빼짤랑이 반자르 의례를 관람하는 외국인에게 과도한 친절을 베푸는 점이다. 의례가 있을 때 보통 뉴꾸닝 마을의 달럼 사원 앞에는 100여 대의 오토바이가 주차되어 있다. 하지만 사원 앞 복잡한 교통 상황에서 외국인이 사원 방문 의사를 밝히면, 빼짤랑은 그들에게 누구보다 먼저 주차공간을 마련해준다. 의례 과정 중 궁금한 점을 물으면 설명해주고, 사진을 함께 찍자고 제안하는 등 친절을 베푼다. 때로는 마을에서 집을 구하는 외국인과 집주인을 연결하는 중개인의 역할도 한다.

결국 뉴꾸닝 마을의 빼짤랑은 기존의 논의처럼(조윤미 2011, Suyadnya 2011) 공권력의 권위까지 위협하는 지역사회의 패권 세력으로 인식하는 것은 과도한 측면이 있다. 물론 뉴꾸닝 마을의 빼짤랑 역시 다른 반자르처럼 폭탄 테러 이후 조직되었다. 하지만 뉴꾸닝 마을의 빼짤랑이 조직된 이유와 현재 활동은 관광발전과 긴밀하게 연결된다. 관광발전에 따라 마을에 거주외국인을 비롯한 '외지인'이 급격하게 늘어났다. 마을 공동체의 안정을 위해 외지인에 대한 적절한 통제의 필요성이 대두되었다.

물론 뉴꾸닝 마을의 경우 외지인에 대한 여러 규제는 일상에서의 통제보다는 전통 의례를 원활하게 진행하기 위한 과정의 일환이다. 예를 들어 마을 사원 출입 시 사롱 등을 입지 않고 출입하는 외국인에 대한 단속, 의례 진행 시 사원 주변의 교통 통제 그리고 네삐날 같은 특정일에 관습법 위반에 대한 제재 등이다. 따라서 뉴꾸닝 마을의 빼짤랑 활동은 관광발달 과정에서 반자르 공동체와 전통을 유지하기 위한 하나의 방편이자, 주민과 관광객을 연결하는 매개체로 간주된다.

〈사진 6-8〉 우붓 시내 택시 기사

(2) 뉴꾸닝 택시조합의 결성과 활동

단체 관광객이 아닌 개별 여행자가 우붓을 관광할 때 주로 이용하는 운송수단은 사설 택시와 오토바이다. 가족 여행객이나 오토바이 운전이 어려운 여행자 대부분은 사설 택시를 이용한다. 꾸따, 사누르, 누사두아 등 발리 남부지역에는 회사 소유의 택시가 운행을 하지만, 우붓 지역에서 운행을 금지했기에 이 지역에는 사설 택시만 운행이 허가된다.[9] 하지만 택시와 일반차량을 구별할 수 있는 표식이나 차량에 미터기 등이 없기에 관광객은 호객 행위를 하는 기사를 만나거나 운전석 쪽에 표시된 '택시(TAXI)'나 '투어리스트 서비스(Tourist Service)' 등의 안내 문구를 통해 택시임을 확인한다.

9 공항이나 발리 남부 지역 호텔에서 택시를 타고 우붓으로 이동은 가능하지만, 우붓에서 회사 택시가 손님을 태워 다른 지역으로 이동하는 것은 금지된다.

〈표 6-2〉 우붓 지역 직업군의 일급 (단위: 루피아)

직업	일급[10]	기타[11]
파출부	3만	-
베이비시터	4만	-
호텔 매니저	8만	-
호텔 벨보이	4만	2만
하위직 지방공무원	6만	-
식당 & 카페 웨이트리스	6만	1만
택시 기사	15만	-
일용직 건설노동자	6만	-
길거리 음식 판매상(박소[12]판매자)	8만	-

우붓 지역에서 회사 택시의 영업을 금지하는 이유는 이 지역에서 운전을 주업으로 하는 주민의 기본소득을 보장하기 위함이다. 현지조사 과정에서 우붓 지역의 노동자들의 임금을 살펴보니[13] 택시 운전은 타 업종에 비해 더 많은 수익을 얻을 수 있었다. 물론 차량 구매 문제, 차량 감가상각비, 주유비 그리고 비수기와 성수기의 현격한 수익 차이 등이 있다. 하지만 10여 분 걸리는 가까운 거리를 두세 번 운행하면 임

10 택시 기사, 일용직 건설노동자, 길거리 음식 판매상 등은 일급을 받는다. 그 외 노동자들은 대부분 2주나 월 단위로 급여를 받는다. 따라서 월급 급여자의 일급은 일을 하는 날짜인 24일을 기준으로 계산했다.

11 관광업의 성격상 '팁' 역시 수익의 많은 부분을 차지하지만, 정확한 금액을 추계하기에는 한계가 있다. 일반적으로 식당과 카페 종업원들은 일주일 동안 모은 팁을 종업원 수대로 재분배한다. 따라서 팁 수입은 인터뷰를 통해 얻은 평균 금액을 표시한다.

12 박소(Bakso)는 닭고기나 소고기, 새우 등을 다져 만든 완자가 들어가는 국물 요리다. 한 그릇당 가격은 1만 루피아에서 2만 루피아 사이이다.

13 우붓 지역 직업군의 일급은 (2014년 기준) 현지조사 과정에서 만난 주민들과의 인터뷰를 통해 산출했다.

금 노동자의 하루 임금을 벌 수 있다.

우붓에서 택시업을 하는 이다(Ida) 역시 택시가 다른 일보다 소득을 더 많이 올릴 수 있다고 진술한다.

> 우붓 시내에서 택시 일도 하고 오토바이를 빌려주는 일도 해. 우붓 시내에서 가까운 호텔 등으로 이동하는 것은 3만 루피아에서 5만 루피아 정도 받아. 사람 수는 관계없고, 이용 시간이나 거리를 중요하게 생각하지. 가끔씩 짐이 많은 손님이 있으면 짐 값을 받기도 해. 우붓에서 영업을 한 지 오래되어서 대충 ○○ 호텔까지는 4만 루피아, ○○ 마을은 3만 루피아 이런 식으로 요금을 받아. 아주 가끔 꾸따나 공항 가는 손님이 있으면 25만 루피아에서 35만 루피아 정도 받아. 일이야 다 힘들지만 택시 일은 손님 기다리는 게 가장 힘들어. 손님도 별로 없고. 그래서 택시 영업을 하는 사람들 대부분 오토바이도 몇 대 가지고 있어서 오토바이 렌트를 해주거나 택시 주변에 오토바이나 차량을 주차할 수 있는 자리를 제공하고 주차비를 받지. 아무래도 우붓에서는 오토바이 타고 다니기가 편하니까. 요즈음 택시 운전보다 오토바이 렌트랑 주차 비용을 통해 돈을 더 많이 버는 것 같아. 오토바이는 시간에 따라 비용을 받는데 하루 빌리면 5만 루피아이고, 주차비는 2,000루피아야.
>
> 이다(Ida, 택시 기사), 남성, 50대, 2014. 2. 18.

택시 운전으로 다른 직종보다 더 많은 수익을 얻을 수 있다 보니 차량을 가지고 있는 주민들이 우붓 시내에서 투어 가이드, 주차 관리 그리고 오토바이 대여 등 다른 일과 병행한다. 택시 기사들이 증가함으로써 우붓 도로는 사설 택시로 도로 곳곳이 정체되는 문제가 제기되었다. 더욱 심각한 문제는 관광객이 택시 기사들의 영업 활동으로 인해 도보로 이동하기 힘들 정도로 시달리는 점이다.

우붓 중심부에서 이제는 일상의 풍경이 되어버린 차량 정체, 자동차 매연, 호객 행위 등은 관광산업이 주요한 산업인 전 세계 대부분의 관광지가 겪고 있는 공통의 문제다. 대중교통이 관광객과 현지주민 모두에게 보편적인 교통수단으로 활용되지 않는 이상 위의 문제점은 지속적으로 제기된다. 이러한 문제의식에 따라 뉴꾸닝 마을의 택시기사들은 2006년 뉴꾸닝 택시조합(*koperasi taxi di Nyuh Kuning*, 이하 택시조합)을 설립했다.

차량을 소유한 주민 중 28명이 조합에 가입했고(2014년 기준), 마을 북쪽에 위치한 주차장 부지에 조합사무실을 운영 중이다. 회원들은 매달 2만 5,000루피아의 조합비를 납부하고, 수익금의 10%를 마을에 기부한다. 택시조합은 뉴꾸닝 반자르에 소속되기에 택시조합의 책임자는 마을의 븐데사가 당연직으로 임명된다. 택시조합은 대표, 회계, 비서, 운영자로 구성된다. 루피(Rupi)는 택시조합의 설립 이유를 다음과 같이 설명한다.

> 택시조합은 마을 내 환경 정화와 관련되어요. 우붓 시내에 가면 택시 기사들이 "택시"라는 푯말을 관광객에게 내미는 모습이 안 좋게 보여요. 아마 관광객은 택시 기사들을 우붓 사람이라고 생각할 것이고, 이는 우붓에 대한 이미지 역시 안 좋게 만들죠. 그래서 우리 마을은 관광객이 본격적으로 올 때, 그리고 호텔이나 게스트하우스가 하나둘씩 생길 때 조합을 설립했어요. 조합 설립의 가장 중요한 이유는 '호객 행위 금지'라고 할 수 있지요.
>
> 루피(Rupi, 택시조합원), 남성, 30대, 2013. 11. 15.

루피는 택시조합 설립의 이유를 마을 '환경 정화(*suasana pemurnian*)'의 일환이라고 설명한다. "택시"나 "트랜스포트"라고 외치거나 '핸들

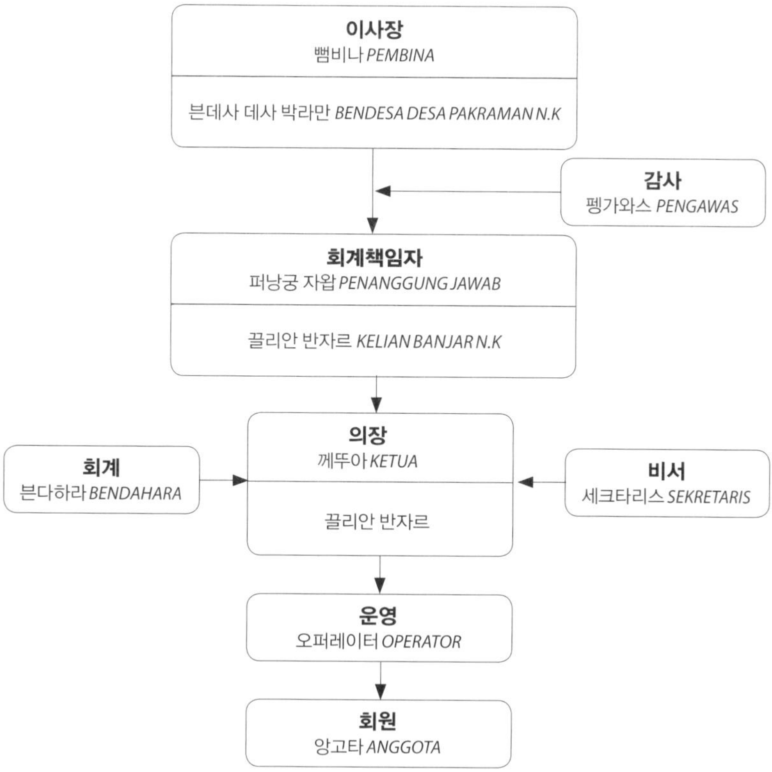

〈그림 6-3〉 뉴꾸닝 택시조합 조직도

을 돌리는 동작'을 하면서 관광객을 대상으로 하는 말과 행동은, "살기 좋은 뉴꾸닝"을 조성하고자 하는 마을 담론에서 벗어난 행위다. 따라서 택시조합의 설립과 운영은 살기 좋은 마을 만들기 담론 실천의 일환이다.

"살기 좋은 뉴꾸닝"을 만들기 위한 택시조합의 노력은 기존 관행을 개선하는 규칙 제정에서도 나타난다. 발리 지역에서 회사 택시와 사설 택시 이용과 관련하여 관광객의 불만이 많다. 미터기를 작동시키지 않고 운행하여 하차 시 과도한 요금을 요구하거나, 길을 잘 모르는 관광객의 약점을 이용하여 우회하여 목적지에 간다. 기사의 복장이 단정하지 않거나 때로는 세차를 하지 않아 손님에게 불쾌감을 준다. 극단적 사례로 납치, 강도, 살인 등 강력사건이 허가받지 않은 택시에서 종종 발생한다는 보도를 접한다.

택시 이용과 관련한 여러 문제점이 관광객의 불만으로 표출되자, 인도네시아와 발리 관련 여행 책자에는 사기업인 ○○회사 택시 이용을 권장하고 심지어 ○○회사 택시의 외형이나 마크 등을 사진과 함께 실어 구별법을 소개한다. 우붓 지역의 경우 회사 택시의 영업권이 없기에 ○○회사 택시를 이용하지 못한다. 관광객이 제기한 이러한 문제점을 개선하기 위해 택시조합은 조합원들에 운영 규칙 등을 만들었다.

첫째, 만일의 사태를 대비하여 휴대전화를 항상 지참한다. 둘째, 항상 정갈한 복장을 입는다. 셋째, 기초적인 영어나 다른 외국어를 구사해야 한다. 넷째, 운전 중 휴대전화로 통화하거나 문자 등을 보내는 행위를 금지한다. 다섯째, 아침 8시부터 저녁 8시까지는 언제든지 운전할 수 있는 준비를 한다. 끝으로 손님과 기사는 반드시 안전벨트를 착용한다. 이상과 같이 택시조합은 여러 가지 규칙을 제정함으로써 관광객에게 좀 더 나은 서비스를 제공한다.

택시조합의 설립과 운영은 기존의 관광산업에서 관행이라고 여겼던 부분을 다시 고려해볼 계기가 된다. 루피는 이를 다음과 같이 설명한다.

> 아마 우리 택시조합 사람들이 우붓 시내에서 영업하는 사람들보다 돈을 더 많이 벌 거예요. 아니 정확하게 금액을 비교할 수 없지만, 확실한 점은 그들보다 우리가 돈을 좀 더 편하게 벌고 돈을 벌기 위해 무리한 행동을 하지 않는 거예요. 마을 사람들은 대체로 500만 루피에서 많게는 800만 루피아의 수입이 있어요. 당번 조합원이 사무실을 지키고 전화를 받기

때문에 다른 조합원들은 그 시간에 다른 일을 할 수도 있지요. 모든 기사가 길거리에 나와서 호객 행위를 하지 않아도 되고, 가격 역시 정해져 있기에 관광객도 이 부분에 대해서는 만족할 거예요.

루피(Rupi, 택시조합원), 남성, 30대, 2013. 11. 15.

루피와의 대화를 통해 뉴꾸닝 택시 조합원이 우붓 중심부의 택시 기사들보다 더 많은 수익을 얻는다는 것을 확인할 수 있다. 물론 이는 뉴꾸닝 마을에 위치한 호텔의 손님과 거주외국인이라는 확실한 고정 고객이 있기 때문이다. 마을 주민모임은 호텔에 택시조합 소속의 택시를 이용할 것을 제안한다. 호텔 입장에서도 이 제안을 받아들이는 데 큰 부담감이 없다. 특히 호텔이 기부금을 내고, 택시조합의 택시를 호출하는 것이 마을에서 좋은 평판을 유지하기 위한 수단으로 활용되기 때문이다.

3) 뉴꾸닝 주민 모임의 함의: 공동체의 연대와 전통의 정교화

'뉴꾸닝 마을', '뉴꾸닝 공동체', '주민 모임' 등은 마을 주민 사이의 단단한 결속력을 상징하는 수사(rhetoric)다. 하지만 위의 범주에 포함되지 않은 사람에게 이러한 수사는 물리적·심리적 경계나 '다름'으로 이해되는 배타성을 상징한다. 뉴꾸닝 마을 주민모임, PKK, 퍼무다는 반자르의 관습법에 의해 구성된 최종의결기구이자 실천집단이다. 관광발전 과정에서 뉴꾸닝 공동체 모임은 여전히 종교 공동체이자 동족 공동체로서 마을의 정체성을 단적으로 보여주는 기구다. 힌두교적 가치 실현과 공동체를 안정적으로 유지하는 활동의 연장선에서 주민 모임 활동이 된다.

하지만 이들 조직의 역할과 활동이 촌락의 관습법에 의해 설립되고, 주민 공동체 이익 실현을 위한 조직으로 한정할 수 없다. 주민 모임 활동의 안건인 오고오고 행진 참여 독려, 안테나 설치, 주차장 부지 활용 문제 등 모든 안건이 직간접적으로 관광과 관련된다. 안건에 대한 논의 과정은 주민사회의 관광에 대한 가치 충돌을 엿볼 수 있는 지점이지만, 이의 해결 과정은 합의와 협의가 동반된 무샤와라와 고똥 로용 정신에 입각한다.

예를 들어 주차장 부지 활용에 대한 논의에서 주민이 집행부의 결정사항에 의문을 제기하는 지점은 주차장을 임대하는 사업주가 외국인이고 식당 종류도 이탈리안 레스토랑이라는 것이다. 주차장 부지 활용을 둘러싼 가치 충돌은 대략 세 가지 지점에서 논의할 수 있다. 첫째, 마을 주민이 거의 방문하지도 않는 이탈리안 레스토랑이 과연 관광객 유치에 도움을 줄 것이냐는 의견이다. 둘째, 마을에 거주하는 외국인에게 발리 음식이나 인도네시아 음식을 경험할 수 있는 환경을 마을에서 앞장서 조성해야 한다는 의견이다. 셋째, 현재 마을 주민이 운영하는 여러 식당이 있는데, 이탈리안 레스토랑으로 인해 경쟁이 더욱 치열해질 것을 우려하는 주민이 있다는 것이다.

결국 주차장 부지 활용에 대한 이해관계와 가치의 충돌은 전통에 대한 재인식과 상품화와 함께 논의된다. 마을 주민모임 집행부 입장에서 주차장 부지를 임대해 경제적 이득을 취할 수 있다. 또한 거주외국인이 즐겨 찾는 이탈리안 레스토랑이 세워지기에 관광객 유치에 도움을 줄 것이라고 생각했다. 하지만 반대하는 입장은 뉴꾸닝 마을에 거주하거나 여행하는 관광객이 진짜 원하는 것이 무엇인지 재고해야 한다는 것이다.

가치가 충돌하는 지점에 대한 주민의 생각은 다음과 같다. 우선 주민이 방문하지 않는 레스토랑은 거주외국인도 방문하지 않는다. 찬성하는 주민들이 거주외국인이 기존의 관광객과 다른 특성을 보인다는 점을 간과하고 있다고 믿는다. 이는 두 번째 가치 충돌 지점과 관련 시켜 논의된다. 그렇다면 어떤 종류의 식당이 마을에 있어야 하는가에 대한 문제다. 반대하는 주민은 마을 발전을 위해 외국인들이 최근 호기심을 보인 발리나 인도네시아 음식점이 입점해야 한다는 의견이다.

거주외국인이 왜 뉴꾸닝 마을에 거주하는지, 마을의 어떤 문화적 특성이 이들의 호기심을 자극했는지에 대한 의문은 이들과 교류 과정을 통해 이해할 수 있다. 더불어 이탈리안 레스토랑이 아닌 발리나 인도네시아 음식점의 유치는 전통음식의 상품화와도 함께 논의된다. 그레이번(Graburn 1984)은 문화의 상품화 과정이 현지 주민과 관광객 모두에게 전통에 대한 재인식의 과정이자 특정한 예술 상품의 경제적 가치와 문화적 의미를 함께 담지할 수 있을 것으로 여겼다. 결국 주민 집단은 전통음식점 개설을 통해 상품화 필요성을 역설하고, 나아가 주민 집단과 거주외국인 모두 전통문화에 대한 재인식 과정이 강화될 것으로 생각했다.

빠짤랑과 택시조합의 결성과 활동 과정은 관광의 발전과 전통의 재구성 측면에서 주민 모임보다 좀 더 밀접히 관련된다. 빠짤랑 활동은 반자르의 주민 집단과 관광객을 연결하는 중간 매개자로 역할을 한다. 비록 전통문화적 가치에 따라 빠짤랑이 결성되었지만, 결성과 활동 과정은 명백하게 관광과 연결된다. 특히 이들의 활동 중 관광객에 대한 친절한 태도에 주목할 필요가 있다. 마을 의례에 참여한 관광객을 위한 주차 공간 마련과 의례 진행 과정 안내 그리고 부동산 소개와 마을 안내 등은 기존의 빠짤랑에 대한 부정적인 인식(조윤미 2011, Suyadnya 2011)에 국한되지 않았음을 보여준다.

이와 더불어 주목되는 점은 관광객에 대한 친절한 태도가 마을에 대한 이미지 제고와 함께 '안전'에 대한 관광객의 욕구를 실현하는 과정의 하나라는 점이다. 관광발전의 전제는 언제나 "평화로운 환경"

을 조성하는 것이다(Pizam & Mansfielsd 1996: 2). 최근 들어 관광 성장의 가장 큰 장애물은 테러리즘(Wahab 1996)이라는 논의는 주목된다. 특히 2002년과 2005년 폭탄 테러로 큰 아픔을 겪었던 발리섬에서 테러는 관광의 중단이라는 실질적인 경제적 피해로 다가온다. 거주외국인에게 마을 빼짤랑의 존재와 활동은 거주하면서 발생할 수 있는 여러 위험 요소를 일차적으로 제거해주는 집단으로 인식된다. 다른 측면에서 관광객이 '진정한' 전통문화를 체험하고, 마을을 '잘 아는', '믿을 수 있는' 주민을 만났다는 경험 등은 결국 관광객이 뉴꾸닝 마을에서 실존적 고유성을 경험하는 과정이다.

택시조합원의 활동은 관광발달 과정의 부정적 요소에 대한 새로운 인식 과정의 발로다. 빈번한 교통 혼잡, 관광객에 대한 무례한 행동 그리고 부정확한 요금 등은 관광객이 집중된 우붓의 일이지만, 10년 전 뉴꾸닝 마을이 겪었던 문제이기도 하다. 전체 차량 대수가 현재보다 현저히 적었던 시기에 택시 운전은 엄청난 이익을 실현시키는 직업이었다. 하지만 차량이 늘어나면서 과거의 불친절한 영업 방식은 이득 실현의 한계로 작용했다. 더욱이 마을에 대한 긍정적 이미지를 퇴색시키는 원인이 되었다.

특히 이러한 변화는 거주외국인이라는 관광객 집단의 출현과 관련된다. 과거 단기관광객을 대상으로 '요금 속이기'와 '길 우회하기' 등의 속임수가 가능했고, 관광객이 이에 이의를 제기하더라도 크게 문제가 되지 않았다. 하지만 거주외국인에게 이러한 속임수는 더 이상 통하지 않거니와 개인과 마을의 평판만 안 좋게 할 뿐이다.

한편으로 이러한 변화는 관광의 상품화에 대한 새로운 인식의 발로로 이해된다. 관광의 상품화는 다른 재화와 달리 노동, 자본, 자연자원뿐만 아니라, 관광체험에서 오는 '기호 가치(sign value)' 혹은 '상징적 가치(symbolic value)'의 중요성에서 비롯된다(Shaw and Williams [2004]

2013). 즉 관광을 통한 이익 실현 과정은 관광객이 여행지의 경험에 대한 만족도가 중요함을 의미한다. 택시조합원과 주민은 우붓 중심부에서 벌어지는 관광의 부정적 결과가 결국 관광객의 여행지에 대한 불만과 연결됨을 지각하고 대처 방안으로 택시조합 설립을 주도했다.

더불어 주목되는 점은 관광발달에 따른 경제적 성장을 획득하려는 주민 집단의 활동은 주민 내부의 연대와 전통의 정교화(involution)[14] 과정으로 이해된다. 문화적 재현 과정이 모든 '이해관계'에서 비롯됨을 상기할 때, 결국 인간이 추구하는 과제가 재구성되는 등 환경 변화의 상황에서 인간은 끊임없이 그들의 이해관계를 재구성해 나간다(Yanagisako 2002: 100). 뉴꾸닝 주민 집단의 이해관계 추구 과정에서 주민 모임, 빼짤랑, 택시조합의 결성과 활동은 호혜성에 기초한 협동정신을 의미하는 고똥 로용의 정신의 실천이자 공동체 내부의 확고한 연대의식으로 설명된다.

나아가 거주외국인이 마을에 거주하고 이들과 다양한 상호작용 과정에서 주민들은 전통문화를 새롭게 인식하게 된다. 마을 전통의 실천이 결국 거주외국인에게 '안전'하다는 인식과 담론을 부여하고, 이는 마을이 관광지로 발전하는 계기가 된다. 결국 주민에게 전통의 실천이 마을에서 일상적으로 실천되는 의례 행위이자, 실질적으로 관광을 통한 마을 발전의 동력으로 활용할 수 있음을 주지한다. 이로써 전통이

14 인벌루션(involution)은 그동안 문화적 맥락에 따라 퇴화, 복잡화, 정교화 등으로 번역되었다. '농업의 인벌루션(agricultural involution)'을 '농업의 내향적 정교화'로 번역한 김형준(2012: 232-243)은 인벌루션을 정교화로 번역한 이유를 기존의 논리, 형식, 유형을 더욱 집약적으로 이용함으로써 외적 변화에 대응해 나가는 과정을 요약적으로 표현하기 때문임을 설명한다. 저자 역시 뉴꾸닝 마을 공동체가 관광발달 과정에서 전통과 사회관계를 점진적으로 재정렬하지만, 이는 기존의 논리, 형식, 유형에 기초하기에 인벌루션을 정교화라고 번역했다.

주민 집단의 내부 공동체성을 확고히 하는 수단이자, 관광발전을 위한 수단으로 활용될 수 있음을 확인할 수 있다.

결국 관광발달 과정에서 전통이 보존, 창조, 재해석을 유도하고, 더불어 전통이 새롭게 인식되는 정교화 과정으로 이해된다. 이어서 의례 실천 과정에서 전통의 정교화가 어떤 방식으로 진행되는지 좀 더 구체적으로 논의한다.

2. 의례를 통한 문화적 실천과 활용

- 발리는 지구상에 가장 로맨틱한 꿈의 하나로서 "황홀한 섬(enchanted isle)", "마지막 지상 낙원(the last paradise)"이다(Vickers 1989: 16).
- 발리의 행위예술(performing arts)은 풍부하고, 다양하며 정교하다 (Ballinger & Dibia 2004: 7).
- 발리는 천상의 섬(heavenly island)이다(Peters and Wardana 2013: 3).

관광발달 과정에서 발리 지역에 대한 연구와 예술인들의 작품에서 표상된 발리의 이미지는 '마지막 지상 낙원', '신들의 섬', '천상의 섬'으로 묘사된다. 발리섬의 이러한 이미지는 실제 관광 상품을 만드는 여행 업계나 가이드북을 통해 확대 재생산된다. 관광 상품화 과정에서 표상화된 이미지는 관광객에게 받아들여지고 소비되지만, 이미지의 고유성 여부를 떠나 대부분의 관광 상품이 실제 세계에서 근원을 갖는 것은 여전히 유효하다(Cohen 1988).

발리섬을 여행하다 보면 화려한 전통의상 차림에 제물(*gebogan*)을 머리에 얹고 사원으로 향하는 여인들의 긴 행렬을 볼 수 있고(가종수 2010: 5), 이와 유사한 형태의 연행이 호텔 등에서 공연된다. 물론 '낙원'이나 '신들의 섬'으로 명명된 발리 이미지가 관광 과정에서 만들어진 상투적인 단어지만(Pringle 2004: XV), 그럼에도 여전히 이 지역의 문화를 이해할 때 '신들의 섬'이 가진 다양한 사회·문화적 함의는 주목된다.

다신교를 기반으로 하는 발리힌두교는 발리인의 일상을 지배한다. 사원이라는 뜻을 가진 뿌라(*pura*)는 발리섬에 수만 개 이상 존재하고, 사원을 중심으로 다양한 종교의식이 시연된다. 따라서 각 반자르의 사원은 복잡한 사회구조에 대한 발리인의 경향을 보여주는 사례이자, 관광객이 직간접적으로 경험할 수 있는 전통 관광대상물이다. 마을마다 적어도 세 종류의 중요한 사원이 있는데(Pringle 2004: 15),[15] 이를 세 가지 신성한 사원이라는 의미의 까양안 띠가(*kahyangan tiga*)라 한다.

조상을 숭배하는 의미에서 마을 기원과 관련된 사원인 뿌라 뿌세(pura puseh, 이하 푸셋 사원), 악귀의 힘과 죽음을 바른 방향으로 유도하는 의미에서 죽음과 관련된 사원인 뿌라 달럼(pura dalem, 이하 달럼 사원) 그리고 지역 공동체인 데사와 반자르와 관련된 사원인 뿌라 데사(pura desa, 이하 데사 사원[16])가 있다. 수박 관련 사원인 뿌라 수박 역시 거의 모든 반자르에 있지만, 까양안 띠가의 범주에 포함되지 않는다(가종수 2010: 212).

뉴꾸닝 마을의 경우 마을 중앙에 각종 모임이 진행되는 발레가 있고, 그 왼편에 마을에서 가장 중요한 사원인 뿌라 데사 푸셋 뉴꾸닝(Pura Desa Puseh Nyuh Kuning, 이하 데사 푸셋 사원)이 있다. 일반적으로 마을의 공적인 행사를 하는 지역 공동체 사원이자 창조의 신 브라마(Lord

15 프링글(Pringle 2004)은 각 마을에 위치한 중요한 사원으로 뿌라 뿌세, 뿌라 달럼 그리고 뿌라 수박을 꼽았다.

16 뿌라 데사는 뿌라 발레 아궁(pura bale agung)과 같은 의미다.

〈표 6-3〉 뉴꾸닝 마을 의례

번호	시기	의례명	사원명	비고
1	2013. 10. 8~10. 10.	오달란	뿌라 달럼	달럼 사원 오달란
2	2013. 10. 23~11. 2.	갈룽안	뿌라 푸셋·데사	-
		꾸닝안		
3	2013. 11. 27~11. 28.	오달란	뿌라 끄루아르가	사리 가족 사원 오달란
4	2014. 1. 10.	결혼식	뿌라 끄루아르가	-
5	2014. 3. 30~3. 31.	오고오고 행진	뿌라 푸셋	-
		녜삐		
6	2014. 5. 2.	오달란	뿌라 수박	수박 사원 오달란
7	2014. 5. 6.	오달란	뿌라 달럼	달럼 사원 오달란
8	2014. 6. 22~7. 5.	장례식	뿌라 달럼	3년에 한번씩 진행되는 장례식 및 성인식 (이갈기 의례)
		성인식		

Brahma)를 위한 데사 사원과 마을의 기원을 상징하는 조상신 위스누(Load Wisnu)를 숭배하는 푸셋 사원은 각각의 역할이 구분된다.

하지만 뉴꾸닝과 같이 소규모 반자르의 경우 대체로 두 사원이 하나로 통합되어 운영된다. 뉴꾸닝의 동쪽은 지리적으로 바다와 가장 가까운 방향이다. 발리 신앙 체계에서 악한 기운은 바다에 있다는 믿음이 있기에, 달럼 사원은 바다와 가까운 지역에 위치한다. 따라서 뉴꾸닝 마을 동쪽에는 파괴의 신 시바(Load Siwa)를 위한 뿌라 달럼 뉴꾸닝(Pura Dalem Nyuh Kuning)이 있고, 시신을 가매장한 마을 공동묘지도 이곳에 위치한다.

수박 사원은 물과 관련되기에, 발리섬의 물의 원천지에 위치한 사원인 울룬 다누 바뚜르 사원(Pura Ulun Danu Batur)과 울룬 다누 브라딴 사원(Pura Ulun Danu Bratan)의 위치가 중요하다. 뉴꾸닝 마을의 북쪽에 이 두 사원이 위치하고, 따라서 뉴꾸닝을 비롯하여 우붓 지역의 반자르 수박 사원은 바뚜르산(Gunung Batur)이 위치한 마을 북쪽에 있다. 수박 뉴꾸닝 사원(Pura Subak Nyuh Kuning)은 쌀의 신 데위 스리를 위한 사원이다.

뉴꾸닝 마을의 관광발전과 전통의 재구성 측면에서 마을 사원을 중심으로 행해지는 의례 과정과 주민 집단의 실천이 어떻게 상호작용하는지에 대한 검토가 필요하다. 의례 과정에서 표출되는 일상의 문화적 실천에 대한 논의를 통해 관광발달과 전통의 관계가 어떻게 전개되는지 검토할 수 있다. 이를 위해 2013년 9월부터 2014년 8월까지 일년 동안 연행된 주요한 의례를 중심으로 논의한다.

1) 관광의 고유성과 의례 실천

발리는 산스크리트어인 '와리(*wari*)'에서 파생되었는데, 이는 '제물 등을 바치다'라는 뜻이다. 현재 발리 종교의 정식 명칭은 '아가마 힌두 다르마 인도네시아(Agama Hindu Darma Indonesia)'로 다양한 종교의 믿음 체계와 의례적 요소가 결합된 형태다. 인도의 시바(Indian Shivaite), 불교 그리고 인도네시아의 다양한 군도에서 과거부터 전해내려온 애니미즘적 믿음과 실천이 기본 바탕을 이룬다. 발리인의 종교적 의례 과정의 복잡성으로 인하여 기어츠(Geertz 1980a)는 의례의 요건, 심지어 아주 사소한 것까지도 알지 못했다고 자책한다.

하지만 기어츠의 자책을 다른 측면에서 논의하면 발리인의 신앙이 주민의 일상을 지배하고 있음을 역설한다. 가족사원과 마을사원 등은 개인과 신이 만나는 지점이자, 다른 한편으로 한 개인의 사회적 위치와 관계망을 설명한다. 즉 한 개인이 어떤 사원에 소속되는지를 파악하면 그 사람의 사회적 위치와 관계망을 파악할 수 있다.

사원과 관련된 의례 중 발리인이 가장 중요하게 생각하는 의례는 오달란 의례다. 오달란은 사원 창립일을 기념하는 것으로 발리력을 기준으로 한다. 뉴꾸닝 마을 주민인 사리가 2013년 9월부터 2014년 8월까지 참여한 오달란 의례를 통해 진행 과정을 살펴본다.

사리는 1년 동안 5번의 오달란 의례에 참가했다. 달럼 사원 그리고 데사 푸셋 사원은 마을 사원으로 오달란 행사기간은 총 3일이었다. 반자르의 규모, 예산 그리고 여타 마을 행사와의 중복을 고려하여 짧게는 하루, 길게는 4일간 진행한다. 하지만 주민들은 길게는 한 달, 짧게는 일주일 전부터 의례 준비를 한다. 사리는 마을 오달란 행사 시 마을 가믈란 단체에 소속되기에 행사 일주일 전부터 마을 발레에 가서 악기 손질과 합주 연습 등을 한다. 가믈란 단원들은 매일 저녁 식사 후 발레에 모여 1시간 정도 합주 연습을 한다.

2013년 10월 8일부터 10월 10일까지 3일간 진행된 달럼 뉴꾸닝 사원의 오달란은 사원에 강림하는 신들과 조상신에게 공희(供犧)를 봉납하는 과정이다. 오달란 준비와 실천에서 가장 뚜렷한 차이는 여성과 남성의 역할의 명확한 구분이다. 여성은 사원 제례에 쓰일 음식과 제물로 만든 탑인 그봉안을 장만하고, 그봉안을 머리에 이고 오달란 기간 동안 매일 저녁 6시 발레에 모여 달럼 사원까지 행진한다.

남성은 오달란 의례를 위해 사원을 정비하고 의례 진행을 담당한다. 달럼 뉴꾸닝 사원의 오달란 의례 이틀 전부터 마을 남성들은 사원 주위를 청소하고 사원 건물에 노란 천을 두른다. 행사 전날에는 의례에 쓰일 제물을 아내와 함께 준비한다. 부부가 새벽시장에 가서 그봉안 제작에 쓰일 바나나, 사과, 오렌지, 쌀, 닭고기 등을 구매한다.

오달란 당일에는 아침 의례, 저녁 의례 그리고 밤 공연으로 구분되어 관련 의식이 진행된다. 매일 아침 6시 마을 주민은 사원에 가서 아침 기도를 드린다. 출근을 해야 하는 주민은 아침 의식 이후 직장으로

〈표 6-4〉 사리가 1년간 참여한 오달란 의례

시기	사원명	참여 활동
2013. 10. 8.~10. 10.	달럼 뉴꾸닝 사원	마을 가믈란 단원
2013. 11. 27.~11. 28.	끄루아르가 사원	가족 대표로 행사 주체
2014. 2. 24.~2. 26.	데사 푸셋 사원	마을 가믈란 단원
2014. 5. 5.~5. 7.	달럼 뉴꾸닝 사원	마을 가믈란 단원
2014. 6. 25.	끄루아르가 사원	가족 대표로 행사 주체

향하고, 출근을 하지 않는 주민 중 남성들은 사원의 공터에 모여 닭싸움을 한다. 의례 진행 시 닭싸움은 정화의례의 일환인데, 닭싸움 과정에서 나온 닭의 피가 이를 상징한다.

정화의례의 일부인 닭싸움은 마을 남성들이 연중 몇 차례밖에 할 수 없는 공식적인 도박의 장이기도 하다. 오달란 행사 첫날 사원 내 공터에서 닭싸움이 종일 진행된다. 닭싸움에 참가한 주민 대부분의 손에는 5만 루피아와 10만 루피아 여남은 장이 들려 있고, 하루에 100만 루피아 가까운 돈을 잃은 주민도 있다.

이른 저녁 시간, 마을 주민은 집으로 돌아가 저녁을 먹고 간단히 몸을 씻고 밤 6시경 발레에 다시 모인다. 빠짤랑이 행진 길을 만들기 위해 주변을 통제하는 동안, 가믈란 연주단이 흥을 돋우는 연주를 시작한다. 얼마 지나지 않아 마을 여성들은 그봉안을 머리에 이고 하나둘씩 발레에 도착한다. 발레 앞에서 마을 여성들이 사진을 촬영한 후 행진은 시작된다. 교통을 통제하는 빠짤랑이 선두에 서고, 뒤를 이어 그봉안을 머리에 인 여성과 마을 주민, 관광객, 거주외국인이 행진에 참여한다.

50여 명의 주민이 100여 미터의 행진 길을 만들고, 행진 사이사이에 빠짤랑이 위치하여 차량과 사람을 통제한다. 사원까지 약 2킬로미터를 행진한 후 밤 7시쯤 오달란 의식이 시작된다. 기도를 드리는 주민

〈사진 6-9〉 그봉안을 머리에 이고 사원으로 행진하는 여성들

앞에서 사제인 빼망꾸(*pemangku*)가 의식을 시작한다. 빼망꾸가 주관하는 의식이 끝난 후, 8시쯤 주민들은 달럼 사원에 위치한 발레에 모인다. 첫날은 바롱(*barong*) 공연이 연행되었고, 공연은 9시쯤 끝났다.

오달란 의례 이튿날 역시 첫날과 비슷한 일정으로 진행되었다. 아침 의례가 진행되었고 오전과 오후 내내 마을 남성들은 닭싸움, 꼬쪽안이라 불리는 주사위 놀이와 카드놀이 등을 했다. 저녁 시간이 다가오자 마을 남성들은 다시 집으로 가서 저녁 식사를 하고 몸을 씻고 발레에 모였다. 빼짤랑은 행진 길을 확보하고, 가믈란 연주단은 흥을 돋는 연주를 시작했다. 마을 여성들은 그봉안을 머리에 이고 하나둘 발레에 도착한다. 첫날과 비슷하게 사원까지 행진하고, 7시에 오달란 의례가 시작했다. 이튿날 공연은 마을의 여자아이들이 한 달간 준비한 레공(*legong*) 공연이 이어졌다.

오달란 의례의 셋째 날 역시 첫째 날과 둘째 날과 비슷한 일정으로 의례가 진행되었다. 오후 6시 발레 인근에 그봉안을 머리에 이고 있는 여성들이 도착했고 사원까지 행진했다. 밤 7시쯤 조상신을 다시 천상 세계로 보내는 뻐망꾸의 기도가 이어졌다. 오달란 의례가 진행되는 사원 내부와 달리 사원 밖에서는 어젯밤 레공 공연을 했던 아이들이 술래잡기 놀이를 한다. 정화의례와 기도가 끝난 주민은 발레 인근에 모여 바인 다두(*bain dadu*)라는 주사위 게임을 하거나 이웃 사람들과 담소를 나누었다. 주민의 기도 의식이 끝났지만, 뻐망꾸는 혼자서 기도 의식을 진행했다.

마을 주민은 다시 발레에 모여 마을의 나이든 여성들이 익살스러운 표정과 몸동작을 지으면서 춤을 추는 레공 공연을 관람한다. 공연이 끝난 후 일부 주민은 귀가했지만, 여전히 바인 다두 게임을 하는 주민도 있다. 뻐망꾸는 밤새도록 기도 의식을 진행했고, 다음날 이른 새벽이 되어서야 3일간의 오달란 의례가 끝났다.

발리인에게 사원은 신과 만나는 장소다. 사원의 성격에 따라 어떤 주민이 참배의 주체가 되는지 정해져 있다. 달럼 뉴꾸닝 사원은 마을 사원이기에 마을 주민 전체, 즉 뉴꾸닝 반자르 소속의 주민이 의례의 참가자이자 주체다. 힌두교를 믿지 않는 거주외국인, 자바인과 힌두교를 믿지만 다른 반자르 주민은 의례의 관람객이다.

따라서 2013년 11월 27일부터 28일 양일간 진행된 사리네 가족 사원 오달란은 사리와 그 가족의 의례다. 마을 주민은 오달란 행사에 참여하는 관람객이 된다. 뉴꾸닝 마을 사원의 오달란 행사는 대개 3일간 진행되고, 사리 가족 사원 오달란은 이틀 동안 진행되었다. 대체로 가족 사원의 오달란은 하루에 모든 의식이 진행된다.

사리네 가족 사원 오달란이 다른 가족 사원 오달란과 달리 이틀 동안 진행된 것은 의례 실천 방식과 전통에 대한 인식 변화의 측면에서 주목된다. 사리가 의례를 이틀 간 진행한 이유는, 결론적으로 반자르 주민과 거주외국인에게 '신뢰'와 '사회적 평판'을 획득하려는 수단으로 의례를 활용하기 위해서였다.

신뢰는 고립된 개인의 속성이 아니라 집합체의 속성으로, 사람들의 관계만이 아니라 사람과 조직 간, 조직과 조직 간의 관계에서 비롯된다. 신뢰는 개개인의 심리만이 아니라 사회 전체의 제도적 맥락과 관련된다. 따라서 신뢰는 개인의 심리적 성향이나 계산에 입각한 선택의 문제로 환원할 수 없는 '사회적 실체'의 측면을 가지고 있다(Lewis and Weigert 1985, 박통희 1999: 4 재인용). '사회적 실체'로서 신뢰가 제도적 맥락을 가지고 있다면, '사회적 평판'은 사람들 간의 직간접적인 네트워크를 통해 형성된다. 특히 '사회적 평판'은 공동체 구성원들 사이의 집합적 기억으로 저장되고 전파된다(Mohtashemi and Mui 2003, 이흥표 2011: 263 재인용).

사리네 가족은 너른 토지를 가지지 못해 농사를 주업으로 하던 10여 년 전에는 마을에서 경제적으로 중하층에 속했다. 하지만 뉴꾸닝 마을이 관광지화되면서 마을 중심부에 있는 사리네 가족의 땅과 주택은 이전보다 가치가 수십 배 상승한다. 사리 가족은 집 뒤쪽 공터에 대출을 통해 외국인을 위한 임대 주택을 건설했다.

하지만 사리의 경우 다른 마을 주민보다 관광 사업을 늦게 시작한 편이다. 사리가 관광사업을 시작하면서 그의 '신뢰'와 '사회적 평판'은 거주외국인에 의해서도 결정된다. 결국 기존에 반자르 주민 사이 높은 공동체 의식의 하나로 이해되던 '신뢰'와 '사회적 평판'에 대한 인식이, 관광발달 과정에서 신뢰를 얻고 사회적 평판을 유지해야 할 대상이 더욱 확장되었다. 과거 주민 집단 내에서 '신뢰'와 '사회적 평판'의 훼손은 관습법적 규칙에 의해 제재로 이어졌지만, 관광발달 이후 이의 훼손은 경제적 손실로 이어졌다.

사리 가족 사원 오달란은 2013년 11월 27일부터 28일까지 양일간 뉴불란 길을 막고 의례가 진행되었다.

사리 가족 사원 의례의 일정은 다음과 같다. 우선 오달란 의례 3일 전인 11월 24일 가족 사원 꾸미기와 제기에 대한 정화의례가 진행되었다. 의례 이틀 전에는 마을 주민에게 줄 음식을 장만했다. 의례 전날인 11월 26일에는 마을 주민이 길을 막고 간이 무대를 설치했다. 의례 당일에는 사리네 가족들이 뻐망꾸의 주도하에 가족 사원에서 의례가 진행되었다. 날이 어두워지자 미리 설치된 간이무대에 조명이 들어오고, 마을 주민 역시 하나둘 모이기 시작했다. 첫날에는 마을 어린이들의 므나리(*menari*) 공연이 연행되었다. 공연 중간중간에 사리네 가족이 준비한 음식이 주민에게 제공되었다.

의례 이틀째, 뻐망꾸 주도로 조상신에 대한 의례가 펼쳐졌고, 저녁 시간이 되자 마을 주민이 다시 사리네 집으로 모였다. 마을 주민 공연과 함께 평소 관광객을 대상으로 연행하던 전문 공연팀의 공연 의식이 진행되었다. 바롱, 레공, 바리스(*baris*)[17] 등이 연행되었다. 둘째날 의례는 밤 11시가 되어서야 끝났다.

사리 가족의 오달란 의례는 다른 가족 사원 오달란과 달리 많은 돈과 인력이 들었다. 인력 문제는 마을 주민의 도움으로 해결했지만, 음식과 공연비용 등은 일반적인 가족 사원 오달란과 비교하여 큰 차이가 났다. 가족 사원 의례가 일반적으로 50만 루피아 전후의 금액이 소요된 것에 비해, 사리 가족 사원 오달란은 약 600만 루피아가 들었다. 의례 비용은 사리 형제들이 6개월 전부터 적립한 금액으로 충당했다. 사리 가족 사원 오달란 역시 다른 가족 사원 오달란처럼 조상신 강림을 기원하고 집안의 악령에 대한 정화 의례다. 하지만 사리 가족 사원

17 전쟁에 나가기 전 젊은 용사의 용맹함을 표현하는 발리 전통 춤.

오달란 의례는 다른 가족 사원 오달란과 비교하여 기간과 규모에서 큰 차이를 보인다.

사리 가족 사원 오달란은 뉴꾸닝 마을의 서쪽 지역(barat kelompok)에 거주하는 주민 대부분이 모인 행사였다. 100여 명이 의례에 참가했고, 행사 일정 역시 이틀간 진행되었다. 마을의 주요한 길을 막고 행사를 진행하기에, 빠짤랑은 이틀 동안 차량 진출입을 원활히 하기 위해서 우회 도로를 만들었다. 마을 주민이 진행한 공연과 외부 공연단을 초청해 연 공연 등 6개 공연이 시연되었다.

사리 가족이 예년과 달리 큰 규모의 오달란 의례를 진행한 것은 무엇보다 사리가 시작한 빌라 임대사업과 관련된다. 사리는 빌라를 건설하기 위해 가족 땅을 활용했고, 마을금고에서 대출까지 받았다. 정확하게는 알 수 없지만, 대략 1억에서 2억 루피아를 대출받았다. 사업의 성패는 사리 내외, 사리 부모님 그리고 형제들의 삶에도 영향을 미친다. 결국 가족 사원의 오달란은 새롭게 시작한 사업, 즉 가족 전체에게 영향을 미치는 일에 대해 조상신에게 알리고, 나쁜 기운을 정화하는 의미다.

다른 측면에서 사리가 빌라를 건설하는 과정에서 도움을 받은 주민에게 음식물과 공연을 제공하는 행위는 호혜성(reciprocality)의 측면에서 이해된다. 도덕적 의무감을 호혜성의 핵심으로 보았던 살린스(Sahlins 1974)는 예상된 보답의 등가성에 초점을 맞추어 세 가지 차원의 호혜성으로 분류한다. 즉 일반적(generalized) 호혜성, 균형적(balanced) 호혜성 그리고 부정적(negative) 호혜성으로 분류한다.

사리 가족 사원 오달란 의례에서 사리 가족이 제공한 음식물과 공연 등은 전통적인 농촌사회에서 이루어지던 일반적 호혜성을 통한 '신뢰'와 높은 '사회적 평판'을 얻기 위한 과정으로 이해된다. 이는 언제 되돌려받을지 모르는(무한정의 시간), 무엇을 되돌려받을지 모르는(質)

그리고 얼마나 되돌려받을지 모르는(兩) 상태에서 재화와 서비스 등을 주민 집단에게 주는 행위다.

하지만 사리 가족이 오달란 의례 과정에서 주민 집단으로부터 '신뢰'와 '사회적 평판'을 얻으려는 행위를 관광발달 과정에서 이해한다면 다른 분석 역시 가능하다. 특히 제3장에서 논의한 A 빌라의 사례처럼 관광발달 과정에서 '신뢰'와 '사회적 평판' 유지는, 빌라 임대 과정에서 매우 중요한 요소다. 즉 빌라 임대는 관광업을 통한 경제적 이익 취득에 매우 중요한 요소인데, 뉴꾸닝 마을의 사회·문화적 환경에서 임대 과정은 상당 부분 주민 집단의 관여 정도에 따라 사업의 성패가 결정된다. 따라서 '신뢰'와 '사회적 평판'의 유지가 일반적 호혜성에서 나타나는 먼 미래의 등가성인 아닌, 즉각적이고 등가의 교환이 이루어지는 균형적 호혜성의 일종으로 보인다.

사리 가족 사원과 마을 사원 오달란 의례에서 또 하나 주목되는 것은 종교 의례 진행 시 빼짤랑을 비롯한 마을 주민의 외국인에 대한 태도다. 앞서의 논의처럼 빼짤랑의 실질적인 업무 중 하나는 매달 한 차례 거주외국인에게 마을 기부금을 수령하는 일이다. 기부금 수령은 때로는 거주외국인과 마찰의 원인이 되지만, 대부분의 외국인은 집주인 이외의 주민과 교류 시간이 부족하기에 빼짤랑과 만남을 선호한다. 마을에서 오달란 의례를 비롯하여 다양한 전통 의례가 매달 진행되기에, 빼짤랑은 의례에 관심을 보이는 외국인에게 의례 내용을 설명하거나 자신과 함께 참여하자고 제안한다.

의례 당일 외국인에 대한 배려는 더욱 돋보이는데, 빼짤랑은 반자르 주민이 아닌 다른 반자르 주민이 의례에 방해되는 행위를 하면 가혹하리만큼 강하게 제재한다. 이와 반대로 관광객과 거주외국인이 사원 의례에 참여할 때는 주차 문제 해결과 음식 제공 등 여러 배려를 한다. 마을 주민과 빼짤랑이 사원 의례에 참가한 외국인에게 보인 호의적인 태도는 외국인을 손님으로 대접하는 주민의 개인적 동기도 있지만, 무엇보다 관광객에게 마을의 이미지를 진작시키려는 의도가 엿보인다.

결국 의례 과정 전반에서 확인되는 주민 집단의 외국인에 대한 친절한 태도 등은 거주외국인과 주민 집단의 일상적 접촉으로 확장되고, 이는 거주외국인이 뉴꾸닝 마을을 '안전하고', '믿을 수 있는' 마을로 인식하는 수단이 된다.

앞서 논의한 주택 임대료 인상, 사리 가족 사원 오달란 의례와 의례 과정 중 주민 집단의 외국인에 대한 호의 등은 개인과 마을에 대한 '신뢰'와 '사회적 평판'을 유지하기 위한 사례다. '신뢰'와 '사회적 평판' 유지를 위한 마을 공동체의 노력은 무엇보다 "잘사는 마을 만들기"에 일차 목적이 있다. 이의 달성의 위해 관광객에게 가장 흥미로운 지점인 전통 의례는 주민 집단이 내세우는 '관광 상품'이다.

발리 관광객에게 우붓 지역은 과거부터 현재까지 '예술인 마을'이나 '전통문화를 경험할 수 있는 지역'으로 표상된다. 따라서 발리 남부 지역에 위치한 호텔이나 리조트에 머물렀던 관광객들도 발리 전통문화를 경험하기 위해 우붓 지역을 방문한다. 관광객들의 전통문화에 대한 관심과 수요는 전통 의례가 단순히 마을의 평화와 안녕을 기원하는 행위에서 '문화관광 상품'으로 변모하는 계기가 된다. 뉴꾸닝 공동체 역시 이러한 사회적 변화를 인식하고, 마을 전통 의례를 '문화관광 상품'으로 변모시키고자 노력한다.

하지만 반자르 전통 의례를 어떤 방식으로 상품화할 것인가에 대한 의문은 남는다. 더욱이 사회 관습적인 문제 역시 존재한다. 예를 들어 우붓 왕궁의 화장 의례처럼 대나무를 짜서 바데(*bade*)[18]를 제작하는 것은 장례 의식이 가진 의미적 측면과 함께 화려한 볼거리를 제공한다. 뉴꾸닝 마을의 경우 바데와 같이 화려한 볼거리를 제공할 수 없다. 우선 뉴꾸닝 주민 집단 대다수가 수드라 계층이기에 관습적으로 바데를

〈사진 6-10〉 우붓 왕궁 장례식

제작할 수 없다. 더욱이 바데 제작과 운반에 엄청난 노동력과 예산이 들어간다.

2013년 11월 1일 우붓 시내에서 우붓 왕궁 장례식이 종일 진행되었다. 장례식에 참석했던 현지 주민, 이를 보기 위한 관광객으로 우붓 시내는 인산인해를 이뤘다. 왕궁 장례식에 사용한 바데와 검은 소 제작에만 뉴꾸닝 마을 전체 장례 행사 비용과 비슷한 금액이 소요된 것으로 주민은 전한다. 결국 사회 관습적인 문제와 경제적 상황 등으로 마

18 왕족이나 귀족 계층이 장례식 행사에 사용하는 상여.

을 의례 진행 과정이 우붓 왕궁이나 인근의 부유한 반자르처럼 규모와 예술적 측면에서 분명한 한계가 있다.

> 우리 마을이 최근 들어서 잘살게 되었지만. 그래도 여전히 우붓 시내에 위치한 마을보다는 경제적으로 한참 부족해. 마을 땅값이 많이 올라서 외국인들도 놀랄 정도지만, 주변 마을과 비교해서 그렇지 시내에 위치한 마을과는 비교도 할 수 없어. 플리아딴 마을(Banjar Peliatan)이나 우붓 끌로드 마을(Banjar Ubud Kelod) 등은 의례 진행할 때 예산도 충분해서 저녁 공연 때 전문 댄서를 불러오기도 해. 우리 마을이야 지난번 오달란 공연 때 딱 1명 불러왔고, 나머지는 주민 등이 직접 시연하지.
>
> 수디까(Sudika, 븐데사), 남성, 50대, 2013. 12. 23.

수디까의 언설처럼 뉴꾸닝 마을 의례가 일반 관광객의 호기심을 자극할 만한 요소가 없다는 점은 마을 사람들 대부분 공유한 인식이다. 더욱이 일부 주민, 특히 관광 산업과 관련 없는 주민은 마을에서 벌어지는 종교 의례에 외국인의 참여를 불편해한다.

그럼에도 대다수 주민은 의례에 외국인의 참여가 마을 발전에 도움이 된다고 생각한다. 관광객이나 거주외국인은 마을에서 의례 등이 지속적으로 실천되고, 이를 경험하는 과정에서 주민 집단과 좀 더 밀접한 관계를 가진다. 즉 우붓 왕국 장례식이 화려한 볼거리를 제공하지만 관광객은 여전히 관람객의 입장에서 벗어나지 못한다. 하지만 뉴꾸닝 마을 의례에서 거주외국인은 직접 의례에 참가한다. 이는 관광객이 주민 집단과 의례가 가진 의미를 공유함으로써 실존적 고유성을 획득하는 과정의 일환이다.

2) 공동체는 어떻게 유지되는가?

파리사다 힌두 다르마 인도네시아(Parisada Hindu Dharma Indonesia, 인도네시아 힌두위원회, 이하 힌두위원회)는 수카르노 대통령 시절에 조직된 위원회로 발리인의 종교적 믿음에 대한 국가의 공식적 승인을 의미하는 조직이다. 힌두 위원회는 발리힌두교의 여러 가지 의례의 방식과 규칙에 대한 가이드라인을 정한다.

녜삐와 오고오고 행진 의례와 관련된 일련의 규칙 제정은 이전 세대부터 관행적으로 내려온 전통문화의 실천이 국가에 의해 '공식화' 되고, '구조화'되었음을 의미한다. 오고오고 행진을 관광객이 발리의 새로운 볼거리로 규정하고 소비하는 과정과 녜삐 당일 바깥출입 금지에 따른 불편함이 도리어 관광객에게 "정화" 의식의 일환으로 소비되는 것은 주목된다. 이는 현대적 의미의 관광이 자본주의에 내재하는 상품화와 소비 과정의 일부로 이해되기 때문이다(Meethan 2001).

하지만 의례가 관광에 의해 조직되고 변화된다고 단정할 수 없다. 외부인의 시선에서 의례는 특정 시기에 이루어지는 '이벤트성' 행사지만, 주민 집단에게 의례는 세속적 일상에서 준비, 의례 실천 그리고 다시 세속적 일상이 반복되는 과정의 연속이다. 더욱이 의례는 개인과 개인, 개인과 가족, 개인과 마을 공동체 관계로 상호 밀접하게 연결된다. 따라서 의례 실천은 단순히 '정화'와 '기복'의 의미를 넘어 일상을 지배한다.

뉴꾸닝 공동체의 유지를 위한 실천적 과정으로 주목되는 지점은 의례 진행 과정에서 기부금 납부 사례다. 뉴꾸닝 마을의 장례식과 성인식 의례의 일부인 이갈기 의례 과정을 검토한 후 기부금 납부와 사용에 관한 구체적 논의를 진행한다. 발리인의 죽음의 문화와 정화의 의례는 발리힌두교의 두 가지 개념에서 비롯되었다. 즉, 부앙 아궁(*buang agung*)이라 부르는 대우주와 부앙 알릿(*buang alit*)이라 부르는 소우주의 상호 대응에 대한 믿음이다.

이러한 믿음은 인간과 우주를 구성하는 다섯 가지 중요한 물질인 빤짜 마하부따(*panca mahabuta*)에 기초한다. 몸을 구성하는 모든 요소에서 비롯되는 빤짜 마하부따는 땅을 상징하는 쁘레띠위(*pretiwi*), 물과 피를 상징하는 아빠(*apah*), 몸의 따뜻한 체온을 의미하고 불을 상징하는 떼자(*teja*), 호흡과 바람을 의미하고 공기를 상징하는 바유(*bayu*) 그리고 머리카락이나 손톱과 같은 몸의 세밀한 부위이자 하늘인 대기를 상징하는 아까사(*akasa*)가 있다.

빤짜 마하부따는 임신 중인 태아 때 만들어지는 것으로, 결국 인간의 몸은 신체, 정신, 영혼으로 구성된다. 인간을 신체, 정신, 영혼으로 보았던 발리인에게 장례식의 화장 절차는 재로 변한 몸이 다시 땅으로 되돌아가는 과정이자, 죽음에 이르게 한 악한 기운을 정화하는 것이다. 이상의 과정을 삐뜨라 야드냐(*pitra yadnya*, ancestral soul)라 부르고 장례식 과정은 유가족과 주민에게 일종의 축제다(Hobart, Ramseyer and Leemann 1996: 119).

뉴꾸닝 마을은 3년이나 5년에 한 번씩 마을 장례식과 함께 성인식 의례 일부인 이갈기 의례인 마따따(*matatah*)를 시행한다. 장례식과 이갈기 연행을 매년 하지 않는 것은 의례 진행에 많은 비용이 소요되기 때문이다. 뉴꾸닝 마을 장례식 행사는 2014년 6월 22일과 28일 화장 준비가 이루어졌고, 장례식은 7월 2일 시행되었다. 이갈기 의례는 장례식 행사 3일 뒤인 7월 5일 시행되었다.

장례식 행사와 이갈기 의례는 총 15일간 진행되었고, 대략 230만 루피아가 소요되었다. 소요된 비용은 의례와 관련된 가족이 일부 부담했고, 반자르 기금과 기부금으로 충당되었다. 장례식 의례와 이갈기 의례는 끌리안과 븐데사가 공동 책임자로 역할을 하고, 장례를 치러야 하

〈사진 6-11〉 뉴꾸닝 마을 장례식

는 가족들이 의례를 주관했다.

마을 장례식의 정식 명칭은 응아벤 데사 빼끄라만 뉴꾸닝(Ngaben Desa Pekraman Nyuh Kuning)으로 장례 준비, 장례식 진행 전 정화 의례 그리고 화장 의례 순으로 진행된다. 장례 의례는 가매장된 시신들을 화장하는 정화 의례의 일종이다. 즉 달럼 사원 한편에 위치한 마을 공동묘지에 가매장된 시신들을 꺼내어 화장을 진행한다. 뉴꾸닝 마을 장례는 6월 27일 시작되었다. 마을 청년들과 장례 관련 가족들은 달럼 사원의 발레에 재단을 설치하는 것으로 본격적인 장례 절차에 들어간다. 달럼 사원을 청소하고, 노란색과 흰색으로 사원의 건물을 장식한다. 재단에는 돌아가신 분들의 사진과 생전 유품 등을 놓아둔다.

화장식 전날인 7월 1일에는 마을 주민이 사원에 모여서 죽은 영혼을 부르는 의식인 뻥우땅안(*pengutangan*)을 진행한다. 화장식 당일인 7월 2일 오전에는 가매장된 유골을 수습하고, 일종의 영혼의 배달부인 검은 소 형태로 만든 관에 유골을 넣는다. 우붓 왕족이나 일부 부유한 마을의 경우 나무와 대나무를 짜서 만든 바데를 제작하지만, 뉴꾸닝의 경우 예산과 관습법적인 문제로 따로 제작하지 않는다.

화장식은 원래 계획대로라면 정오에 시작할 것으로 계획했지만, 오전 내내 내리는 비로 오후 2시에 시작했다. 죽은 이의 가족을 부른 후, 가족들은 망자의 유품을 들고 관 주위를 돈다. 가족들의 의식이 진행되는 동안 의례 주관자인 뻐망꾸는 관 주위에서 정화를 위한 기도 의식을 한다. 오후 3시쯤 관에 불을 붙인 후, 1시간 정도 후에 재를 야자열매 껍데기에 넣어 가족에게 전달한다.

이갈기 의례는 발리인의 장례와 성인식 의례 중 가장 중요한 의례다. 사회의 정식 구성원이 되기 위한 의례로, 성인식은 남녀가 함께 진행한다. 뉴꾸닝 마을 성인식에 참석한 아이는 80여 명이다. 이갈기 의례에서 가장 중요한 사람은 이를 갈아주는 사제인 상깅(*sangging*)인데, 브라만 계급 출신의 사제인 뻐다단(*pedadan*)만이 이를 갈 수 있다.

따라서 이들을 초청하는 비용과 의례 관련 음식 등을 장만하는 데 상당한 예산이 소요되기에, 이갈기 의례는 3년이나 5년에 한 번 진행한다. 2014년 이갈기 의례의 경우 5년 만에 진행되었다. 이갈기 대상은 미혼이며 아직 이를 갈지 않은 주민인데 대체로 20대 전후의 아이들이다. 이갈기 의례가 발리인에게 중요한 이유는 이갈기를 하지 않고 죽은 사람은 사후 영혼이 하늘로 올라갈 수 없다는 믿음이 있기 때문이다.

이갈기 의례에 아들딸이 참가하는 꺼시르(Kesir)의 하루를 통해 의례를 재구성한다.

꺼시르는 올해 45세로 각각 20세, 18세인 아들과 딸이 있고, 아이들은 오늘 이갈기 의례에 참가한다. 새벽 4시 꺼시르와 그녀의 남편은 아이들이 의례용 의상과 머리를 다듬는 데 도움을 주었다. 아침 6시에 달럼 뉴꾸닝 사원으로 이동하기 전 집 안에 있는 가족 사원에 기도를

〈사진 6-12〉 이갈기 의례

드린 후 출발한다. 달럼 뉴꾸닝 사원에 도착 후 꺼시르의 아이들은 사원 의례를 올렸고, 같은 구역의 마을 친구들과 함께 의례 순서를 기다렸다. 친구들과 함께 첫 번째 그룹에 속했다.

첫 번째 그룹의 아이들이 호출되자 10여 명이 간이침대에 누워 입을 벌린다. 첫째 아이 옆에는 꺼시르가 둘째아이 옆에는 꺼시르의 남편이 선다. 상깅이 우선 윗 송곳니를 갈고, 아이 입에는 피가 났지만, 꺼시르와 남편이 진정시키자 아이들은 아파하거나 크게 놀라지는 않았다. 꺼시르는 아이가 힘들어해서 걱정도 되었지만, 다른 한편으로는 아이가 한 사람의 힌두교도이자 성인으로 인정받는 의례를 마쳤다는 점에서 안도했다. 이날 이갈기 의례는 2시간 가까이 진행되었고, 이갈기 의례 대상자의 가족뿐 아니라 마을 주민 대부분이 참석했다.

장례식 의례와 이갈기 의례 등 반자르 의례는 정화의식의 일환이자 마을 공동체 단합을 도모하는 수단이었다. 빼망꾸가 주도하는 정화 의례와 공연단이 펼치는 다양한 공연은 강림한 신들을 불러오고 축복하기 위한 의례의 일종이다. 하지만 관광발달과 함께 마을 의례에서 주목되는 점은 의례가 과거보다 좀 더 화려해지고 한편으로는 생략되었던 의식들이 더욱 철저하게 진행된다는 점이다.

과거 의례 과정에서 연행된 공연 등은 특별한 놀이 거리가 없던 농촌 마을에서 예능적 요소를 내포하고, 이는 일상의 고단함을 잠시나마 극복할 수 있는 코뮤니타스를 경험하는 과정의 일환이다(Turner 1973). 하지만 근대화 과정과 경제적 이유로 의식을 비롯한 공연 등이 간략해지고 생략되었다.

의례 진행의 중요한 변화는 관광발달 과정에서 비롯된다. 우붓 중심부를 비롯한 인근 마을이 관광지화되면서 마을 주민 모임은 의례의 중요성을 경험했다. 하지만 TV나 게임 등 다채로운 놀이문화가 있는 현대 사회에서 마을 주민 수준의 합동 공연은 예전처럼 주민의 호응을 이끌어내는 데 한계가 있다. 이는 관광객이나 거주외국인에게 주민의 공동체 의식을 보여주는 데 방해 요소가 된다. 더욱이 거주외국인을 비롯하여 관광객의 방문을 원하는 주민 집단의 바람은 새로운 전통 의례 방식을 요구받는다.

이에 따라 마을 주민은 인근의 식당이나 호텔에서 공연을 진행하는 전문적인 공연팀을 마을 의례에 초청하고, 이와 어울리는 조명과 음향시설 등을 준비한다. 더하여 상대적으로 전통 의례에 관심도가 낮은 젊은 세대를 위해 그들이 좋아할 만한 음식과 스크린 등을 준비한다.

하지만 좀 더 화려하고, 전통적인 의례를 실천하기 위해서는 과거와 비교하여 상대적으로 많은 예산이 소요된다. 따라서 의례 진행 비용을 마을 기금으로 충당하기에는 한계가 있다. 이의 해결을 위해 주민 집단은 의례 진행 시 기부금과 기부물품을 받고, 이를 의례에 참가하는 주민이 볼 수 있게 명단과 기부금액 등을 표기한 대자보를 비치한다.

예를 들어 마을 장례식 의례에는 70여 명의 주민과 20여 곳의 관련 단체가 기부금과 기부물품을 제공했다. 10만 루피아부터 2,000만 루피아까지 개인이나 단체의 사정에 따라 기부금을 내고, 때로는 의례 참가 주민을 위해 도시락(*nasi bungkus*), 쌀, 돼지고기 등을 제공했다. 반자르 주민 이외 사람들도 기부금과 물품을 제공했는데, 이들은 마을에서 호텔, 식당, 마사지 가게, 병원 등 관광 관련된 사업체를 운영하는 사람들이다. 때로는 덴파사르, 방길(Bangli), 쩨룩 등에 거주하는 사람들도 기부를 하는데, 이들은 현재 뉴꾸닝에 거주하지 않지만 뉴꾸닝에 친척이 있거나 고향이 뉴꾸닝인 경우다.

의례 진행에 있어 기부금 납부는 마을 내 특정한 직위에 있거나 사업에 성공한 사람이 주도한다. 이들은 의례 실천을 위해 기부금을 납부하고, 이는 개인과 단체의 '신뢰'와 '사회적 평판'을 유지하는 수단

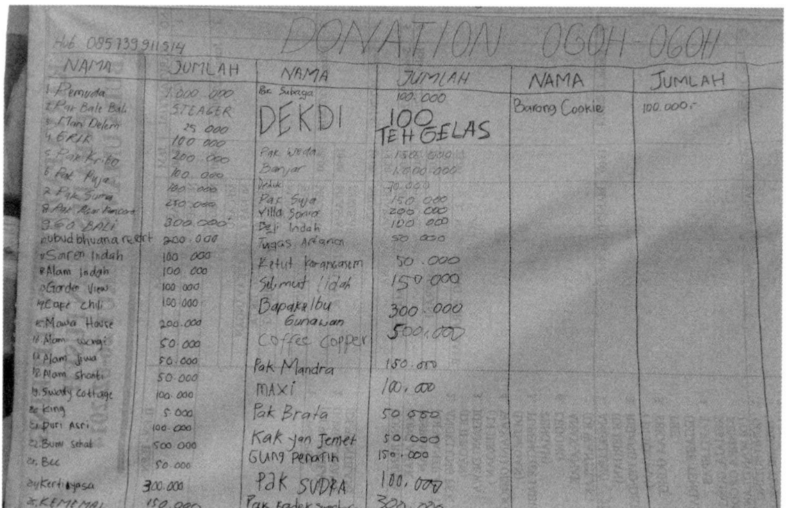

〈사진 6-13〉 의례 관련 기부금 명단

이다. 또한 기부금은 마을 공동체 유지 수단으로 활용된다. 현실적으로 기부금과 기부물품을 받지 않고 현재 규모의 의례를 진행하는 것은 불가능하다. 마을 기금만으로 충당하기 어렵고, 더욱이 장례식이나 이갈기 의례처럼 당사자들이 내는 비용으로는 의례 진행이 힘든 경우도 있다. 이런 상황에서 기부금은 반드시 필요하고, 이는 마을 공동체를 유지하는 데도 일조한다.

또한 기부금은 관광발전 과정에서 발생하는 소득 불균형에 따른 주민 집단 내부의 갈등을 해소하고, 관광발전의 동력으로도 활용된다. 일상적으로 이루어지는 청소와 의례 과정의 공연 등은 상대적으로 관광업에 종사하지 않는 주민 집단에게 과도한 요구일 수 있다. 즉 관광발달 과정에서 경제적 이득을 취하는 사람은 소수인데, 주민 전체의 희생을 강요하는 것으로 간주될 수 있다. 이런 상황에서 관광과 관련된 개인과 단체의 기부 행위는 상징적으로나 현실적으로 부의 재분배 과정이자 갈등 해소를 위한 방안이 된다.

특히 주목되는 점은 이러한 기부 행위가 결국 관광발전과도 긴밀하게 관련된다는 점이다. 거주외국인에게 뉴꾸닝 마을은 '안전' 욕구를 충족시켜주는 장소다. 이는 주민 집단에 의해 일상적으로 실천되는 전통 의례를 거주외국인이 함께 경험하는 과정에서 공고히 된다. 기부 행위를 통해 반자르 공동체 유지의 전제 조건인 전통 의례가 실천될 수 있고, 이는 기부금 납부라는 행위를 통해 유지할 수 있다.

이상과 같이 뉴꾸닝 마을에서 벌어지는 다양한 의례가 변화의 지점을 맞이한 이유는 '신뢰'와 '사회적 평판' 유지에 따른 '사회자본(social capital)'의 확충과 관련된다. 다음 절에서는 '사회자본'의 확충이 주민 집단의 이익으로 소구되는 과정을 논의한다. 더하여 이를 지역 활성화의 관점에서 논의한다.

3. 전통의 재구성과 지역 활성화

> 발리 사람들과 일하다 보면 이상한 점이 많아요. 예를 들어봅시다. 내가 만약 카페를 개업했어요. 그리고 카페를 운영하는 데 필요한 인력이 총 4명이에요. 보통 1명당 월급을 100만 루피아 정도 주죠. 그럼 한 달에 총 400만 루피아 들어가죠. 그런데 몇 달 운영해보니까 4명까지는 필요 없는 것 같아요. 그리고 일을 시키다 보면 일 잘하는 직원하고 일 못하는 직원도 보이고요. 그래서 일 잘하는 직원에게 내가 월급을 150%로 인상해줄 테니까, 직원을 4명에서 3명으로 줄이면 어떨까 제안해요. 그럼 일 잘하는 직원은 자기도 그만둔다고 해요. 이게 조금 특별한 사례 같죠? 아마 발리에서 사업하는 한국인들이 많이 경험했을 거예요.
>
> 박정진(현지 사업가), 남성, 30대, 2014. 4. 12.

박정진의 사례를 가지고 발리인을 이해한다면, 발리 사람들은 삶의 가치에서 돈보다는 다른 가치, 위의 경우 우정이나 신의 등에 삶의 가치를 두는 것으로 이해할 수 있다. 다른 한편으로는 옆에 있는 친구나 동료들과 늘 웃고 떠드는 모습을 보면서, 게으르거나 일이나 승진 등에 욕심이 없는 사람으로 오해할 수도 있다. 발리에 거주하는 이광진의 이야기를 들어보자.

> 발리에서 호텔 운영하려면 한국에서 운영할 때보다 인력을 두 배로 뽑아야 해요. 같은 마을 사람들로 다 뽑으면 안 되고 여러 마을에서 나누어서 뽑아야 해요. 안 그러면 호텔이 안 돌아가요. 뭐 심할 때는 일주일에 절반 이상을 마을에 행사 있다고 휴가 내고. 안 된다고 하면 그냥 일 그만한다고 해요. 한국 사람들은 절대 이해 못 해요.
>
> 이광진(교민), 남성, 40대, 2014. 4. 13.

이광진의 사례는 발리인에게 의례가 얼마나 중요한지를 보여준다. 만약 박정진이 이광진의 사례를 알았다면, 아마도 이광진이 사례로 제시한, 일 잘하는 여성이 왜 월급 인상 제안을 거절했는지 이해했을 것이다. 발리인에게 의례는 종교적 실천을 통해 개인, 가족 그리고 마을의 안녕을 지키고, 악한 기운을 제거함으로써 행복을 추구하는 과정이라고 여겨진다. 뉴꾸닝에서 실천되는 의례들 역시 주술이나 종교적인 의미를 내포하고 있고, 이는 의례 실천의 전 과정에서 확인된다. 하지만 의례가 가진 사회적 관계인 인간 사이의 관계 역시 고려 대상이다.

뉴꾸닝의 의례에 참여할 수 있는 권리는 반자르 구성원으로 한정된다. 이들은 힌두교를 믿고, 반자르 내에 거주하는 주민 명부에 등록된 사람들이다. 이들은 의례에 참여할 수 있는 권리와 함께, 의례 실천 과정에서 직간접적인 역할을 의무적으로 부여받는다. 가믈란 연주, 사원 청소, 빼짤랑 활동, 의례 관련 시설물 제작, 음식 준비 그리고 공연 의례 등이 그것이다. 의례 진행을 위해 주민은 개인의 특성을 살려 담당을 나누고, 이를 충실하게 행하는 것이 구성원으로 사회적 역할을 다하는 것이며, 나아가 이로써 악령이 자신과 가족에게 해를 끼치지 않는다고 여긴다.

따라서 의례 과정은 반자르 구성원 전체가 과거부터 전해내려온 관습법에 따라 전통을 실천하는 것이며, 다음 세대에게 충실하게 전달하는 것을 중요한 가치로 여긴다. 다른 한편으로 마을 구성원 전체가 의례에 참가하기에 의례 과정 중 특정인이 자신의 일을 실천하지 않으면 벌금이나 벌칙 등을 가한다. 이렇듯 의례가 반자르 구성원 모두에게 성실함을 전제로 한 참여를 강제함으로써 마을의 단합을 도모하고 전통이 다음 세대로 자연스럽게 전달된다.

뉴꾸닝 마을 의례는 마을 공동체 내에 발생할 수 있는 다양한 사회적 갈등을 해소하고 완화시키는 역할을 한다. 뉴꾸닝 마을 공동체의 갈등 중 가장 표면적으로 나타나는 것은 빈부 격차다. 뉴꾸닝이 농촌 마을에서 관광지로 변화하는 과정에서, 주민의 직업 역시 서비스 업종 등 관광 관련 업종으로 급격하게 변화했다. 일부 주민이 여전히 농사를 짓지만, 이들 역시 직간접적으로 관광업과 관련된 일에 종사한다. 예를 들어 벼농사를 하는 한편으로 집의 일부 공간을 게스트 하우스로 활용한다. 때로는 농사를 하고 한편으로는 수박 등을 활용하여 생태관광 체험을 운영한다.

뉴꾸닝 주민에게 관광은 과거에는 상상하지 못했던 부를 안겨주었다. 하지만 이러한 부가 기존에 땅을 많이 가진 주민에게 급격하게 편중되었고, 이는 사회문제로 치환될 수 있다. 결국 빈부 격차에 따른 다양한 사회문제를 어떠한 방식으로 해소하는가는 안정적인 마을 공동체 유지의 중요한 부분이다. 달럼 사원과 푸셋·데사 사원의 오달란 의례, 장례식과 이갈기 의례는 그 화려함 때문에 엄청난 금액이 소요된다. 오달란 의례는 210일에 한 차례 진행되지만, 상황에 따라서 그 규모가 조정된다. 장례식과 이갈기 의례 역시 많은 비용이 소요되기에, 각 가정들은 매년 일정한 금액을 저축하고 3년이나 5년에 한 번씩 마을 단위에서 의례를 진행한다.

하지만 오달란, 장례식, 이갈기 의례 등 마을의 주요한 의례를 행하는 비용을 각 가정이 온전히 지불할 수 없다. 특히 거주외국인을 비롯한 관광객을 고려하는 과정에서 그 비용은 점점 더 늘어난다. 따라서 관광 관련 업종에 종사하거나 특정 시기 부동산의 매매나 임대를 통해 많은 수익이 발생한 주민이 낸 기부금으로 의례 비용이 충당된다. 때로는 반자르 성원은 아니지만 마을에서 식당과 호텔 등 관광업에 종사하는 외부인 역시 기부금을 낸다. 물론 뉴꾸닝 마을 의례 과정 중 암묵적으로 정해진 기부금이 근본적인 빈부 격차를 해소하지 못한 것은 당연하다. 그럼에도 의례라는 마을 전통에서 기부 행위는 주민 사이에 내재된 긴장이나 갈등을 완화시키는 역할을 한다.

뉴꾸닝 각종 의례의 기능 중 마지막으로 검토할 점은 의례를 통해 한 개인이나 집단에 대한 '신뢰'와 '사회적 평판'을 획득하는 과정이다. 사례로 제시된 사리 가족 사원의 오달란은 다른 주민이 가족 사원 오달란과 달리 성대한 의례가 실천되었다. 이는 무엇보다 새로운 건물을 짓고 외국인을 임차인으로 받아들이는 일련의 과정을 조상에게 보고하고 안녕과 번영을 요청하기 위함이다. 다른 한편으로는 사리 자신이 마을에서 새로운 사업을 시작하면서, 주민 집단으로부터 '신뢰'와 '사회적 평판'을 의례 과정을 통해 확인받는 것이다. 더불어 성대한 오달란 의례를 통해 거주외국인이나 관광객에게 자신이 '신뢰'와 좋은 '사회적 평판'을 가지고 있음을 내세우기 위함도 엿보인다.

현대 사회로 진입하면서 시장정부와 정부 실패를 경험한 각 국가는 거버넌스의 새로운 축으로 등장한 시민사회의 역량을 표상하는 대표적 개념으로 사회자본을 내세웠다. 시장실패의 중요한 이론적 구성요소이자, 정부 개입의 빌미를 제공해왔던 집단행동의 딜레마와 공유자원의 문제를 시민 스스로 해결하는 데 사회자본이 기여할 뿐만 아니라, 궁극적으로 민주주의와 시장경제의 성과마저도 바꾸어놓을 수 있다는 측면이 존재하기 때문이다(안성호·곽현근 2003: 205).

뉴꾸닝 마을 공동체는 의례를 통해 마을과 개인의 안녕, 신뢰와 규범 그리고 마을의 평판을 유지하기 위해 노력한다. 이러한 실천 과정에서 축적한 복잡한 사회적 기제가 형성되었고, 이는 곧 뉴꾸닝 마을의 사회적 자본이 되었다. 따라서 이를 바탕으로 뉴꾸닝 주민은 사회적 유대망을 공고히했고, 의례라는 제도적 장치는 주민에게 집단행위를 촉진시키는 규범과 의무로 작용했다.

한 사회의 정치, 경제, 사회 어떤 영역이 되었든 협동적이고 집합적인 문제 해결이 요구되는 상황에서, 사회자본의 존재는 집합적·협력 행위를 촉진시켜 문제해결에 기여할 수 있다고 간주된다. 이러한 관점에서 높은 수준의 사회자본은 한 사회의 정치·경제·사회 발전을 도모하는 선행조건으로 인식된다(안성호·곽현근 2003: 206). 높은 수준의 사회자본을 유지하고자 하는 주민 집단의 열망은 관광발달 과정에서 가난한 농촌을 "잘사는 마을"로 변모시켰다. 특히 뉴꾸닝 마을이 가진 사회자본 중 신뢰와 협력적 네트워크 그리고 마을에 대한 평판 등은 '안전'에 대한 욕구를 가진 관광객에게 호의적으로 받아들여지고, 결국 마을의 가치를 높이는 결과가 되었다.

주목할 점은 뉴꾸닝 주민이 마을의 낙후된 이미지를 변모시키기 위해 의례를 어떤 방식으로 활용하느냐이다. 현실적이자 상징적인 지역 통합의 과정으로 의례는 마을에 지역 활성화 담론 형성을 유도한다. 그동안 연구에서 지역 활성화는 대부분 지역 활성화의 개념이나 방법에 집중했다. 지역 활성화 담론 형성 요인에 관한 논의는 지역 상징에 관한 연구로 발전했는데, 지역 활성화와 지역 상징에 관한 논의 역시 상징을 둘러싼 주민의 다양한 경합과 갈등 과정에 주목했다(염미경 2000, 송도영 2002, 박동성 2013).

지역 상징이 지닌 정치적 통합에 관한 논의(진양명숙 2013)는 본 연구에 대비하여 논의할 수 있다. 지역 활성화는 어떤 가시적 실체를 지닌 결과물이 아니라 지역사회 안에서 주민 상호 관계를 통해 끊임없이 작동하는 정치적 상징 과정으로 인식된다(진양명숙 2013: 126). 지역 활성화를 상징 정치 과정으로 이해해야 한다는 것은 역으로 지역 활성화의 방향을 규정짓는 시금석이 될 수 있음을 암시한다.

뉴꾸닝을 포함하여 우붓 지역의 활성화를 위해 관광 산업은 필수적인 요소다. 특히 거주외국인의 존재와 활동이 주목된다. 뉴꾸닝도 거주외국인이 늘어나면서, 일반 관광객과 주변 마을 주민까지 마을에 대한 호감과 부러움을 갖게 되었고 이는 마을의 경제적·사회적 가치 상승으로 연결되었다.

> 우리 마을에 있는 에스데(SD, 초등학교)를 졸업하면 이후 중학교에 진학하는데 이전에 마을 아이들끼리 (초등)학교를 다녔는데, 에스엠뻬(SMP, 중학교)는 여러 마을 아이들이 함께 다니는 거야. 우리 마을은 상대적으로 규모가 작고, 마을 아이들도 많지 않아서 늘 다른 마을 아이들에게 놀림을 받았지. 우리 마을 가까이에 있는 원숭이 사원 때문에 다른 마을 아이들이 우리를 원숭이 닮았다고 약올리고, 심한 경우 원숭이 자식이라는 소리도 듣고 살았지. 그 당시만 하더라도 뉴꾸닝 마을 도로는 포장도 되지 않은 완전 시골이었거든. 우붓하고 거리상으로만 가까웠지, 바로 연결된 길도 없어서 완전히 다른 지역이었고. 그래도 요즈음 마을이 잘살고 마을 시설이며 거리 환경이 너무 좋아지니 애들이 중학교에 올라가도 옛날과 같은 일은 없을 거야. 다른 동네가 그냥 그렇게 있는 동안 우리 마을은 계속 발전해왔으니까.
>
> 인드라(Indra, 뉴꾸닝 주민), 남성, 40대, 2014. 5. 15.

특별한 문화유산이 있거나 화려한 사원의례를 연행할 수 없는 사회·문화적 환경에서 뉴꾸닝이 관광지로 성장하게 된 계기는 주목된다. 외국 관광객에게 뉴꾸닝 지역은 우붓에 비해 상대적으로 덜 복잡한 전형적인 발리 농촌으로 인식된다. 농촌 지역의 자연환경과 전통문화에 대한 관광객의 동경과 새로운 인식이 마을 발전을 이끌었다. 뉴꾸닝 주민 역시 관광발전에 따른 경제발전을 추구하지만, 다른 한편으로 주민 스스로 깨끗한 자연환경을 추구했고, 마을 공동체의 단합과 상호 신뢰를 쌓아갔다.

결국 의례 과정을 통한 지역 주민의 주체적인 실천 과정은 외국 관광객과 마을 주민 모두에게 "잘사는 마을"로서 이미지를 구축하는 원동력이 된다. 하지만 경제적 성장에 바탕을 둔 "잘사는 마을" 담론 형성은 경제적 성장만을 추구하는 것이 아니다. 도리어 안정된 마을 공동체 활동에서 비롯된 마을 정체성 재구성 과정이 지역 활성화의 실질적인 방법임을 뉴꾸닝 마을은 확인시켜준다.

제7장

노란 코코넛 마을의 공동체성

> 아버지(다르띠)는 내가 중·고등학교 다닐 때부터 공부를 잘해서 대학에 가기를 원했어. 대학 졸업 후 회사에 취직하거나 돈을 써서라도 공무원이나 경찰이 되기를 바랐지. 근데 어쩔 수 없지. 아버지 바람대로 되지는 못했지만, 그래도 농사는 하지 않아. 마을이 관광지화되면서 사람들 대부분 관광 관련된 일을 하고 있으니. 다들 옛날보다 돈도 많이 벌고. 그래도 나는 우리 아들딸 중 공부 잘하는 아이 대학에 보내고 싶어. 관광과 관련 없는 일을 했으면 해.
>
> 사리(Sari, 뉴꾸닝 주민), 남성, 40대, 2013. 9. 23.

책의 첫머리에서 제시한 사리는 과거에 호텔에서 임금노동자 생활을 했다. 현재 사리는 가족 소유의 땅을 이용하여 빌라 임대사업을 하고, 생각했던 것보다 많은 돈을 버는 것은 아니지만 과거보다 나은 삶을 살고 있다. 빌라는 주로 마을에 거주를 원하는 외국인에게 임대한다. 이들은 짧게는 한 달 길게는 1년씩 거주한다.

마을에 거주하는 외국인은 발리에 여행 온 관광객이지만, 일반적인 관광객과는 조금 다르다. 마을에서 연행되는 의례에 관심을 보이거나 주민들과의 교류도 활발하다. 이들 집단은 부어스틴(Boorstin 1964)이 관광의 동기라고 여기는 '가짜 사건'인 문화적 신기를 경험하는 집단과는 완전히 다른 집단이다. 이들은 주민의 생활 방식을 일정하게 이해하고 있으며, 단기 관광객과 달리 주민들에 대해 여러 가지 신경을 쓴다. 사리는 이들 거주외국인과 교류하면서 여러 가지 어려움을 겪는다.

가장 큰 어려움은 우붓 지역에 빌라 임대사업이 성행하면서 마을별로 너무 많은 빌라가 건설되는 데 있다. 빌라 수요에 비해 공급이 늘어나면서 임대 가격은 하락했다. 사리와 같이 대출로 건물을 지은 경우 임대 가격의 하락은 직접적인 경제적 어려움으로 다가온다. 따라서 사리는 거주외국인이 자신의 집과 마을에서 편하게 거주할 수 있도록 노력한다.

또 다른 어려움은 과거보다 마을에서 진행되는 의례나 행사에 적극적인 참여를 요구받는 것이다. 과거 호텔에 근무할 때는 임금이 적거나 일이 많다는 이유로 마을 일에 적극적이지 않았다. 하지만 사리가 관광 임대업을 시작한 이후 주민들은 사리에게 직간접적으로 마을 일에 참여를 요구하고, 의례 진행 시 기부금도 더 많이 내도록 요구한다.

사리의 아버지 다르띠는 농업에 종사했지만, 아들이 자신처럼 농사일을 하지 않고 공무원이나 경찰이 되기를 희망했다. 아들은 아버지의 뜻을 따르지는 못했지만, 다행히 마을이 관광지로 발전하면서 가족들의 삶은 과거보다 더욱 윤택해졌다. 다르띠는 비록 현재 가족의 삶이 나아졌지만, 사리가 과거의 자신보다 더욱 바쁘고 힘들게 살고 있다고 여긴다. 외국인이 집에 거주하면서 이런저런 신경 쓸 일이 많아졌고, 마을 행사와 의례에도 더욱 적극적으로 임해야 하기 때문이다.

사리와 다르띠 부자(父子)의 사례는 우붓과 발리 주민의 삶을 단적으로 보여준다. 기존의 발리관광에 관한 논의에서 관광발달과 전통의 관계는 상호 보완적인 개념으로 이해된다. 즉 관광발달은 발리 전통문화의 보존, 창조, 재해석을 유도하는 사회·문화적 현상으로 이해된다(Mckean 1989, Yamashita 1996, Picard 1997).

그동안 관광 연구에서 인류학자들은 여러 방식으로 관광을 호스트의 당위적 운명으로 개념화시키거나(Stronza 2001: 268), 관광객의 경험보다는 관광대상물을 통해 '고유성'을 어떤 방식으로 투영시키느냐의 문제로 귀결시켰다(MacCannell 1973, 1976, Cohen 1988, Pitana 1993, Bruner 1994). 이러한 접근 방식은 호스트 사회가 가진 역사적, 사회·문화적 역동성을 이해하지 못한 채, 관광대상물의 고유성을 중심으로 발리 사회를 이해하는 오류를 범하게 된다. 특히 관광대상물 위주의 관광현상에 대한 이해는 문화 상품 수용층인 관광객의 여행지에 대한 인식과 경험을 간과한 측면이 있다.

이러한 비판은 관광발달과 전통에 대한 재인식과 연관된다. 관광발달 과정에서 전통은 그동안 주로 발명과 창출의 개념(Hobsbawm and Ranger [1983], 2006)으로 논의되었다. 전통이 과거에 생성되고 현재까지 전승되었다는 관념을 넘어서 과거가 아닌 현재 속에서 '만들어진 전통들'에 대한 담론으로 발전시키면, 전통을 둘러싼 더욱 다양한 해석이 가능해진다(권혁희 2012: 15-16). 전통에 대한 이러한 담론은 결국 관광객의 고유성 획득 역시 기존의 관광대상물에서 찾아낸다는 개념에서 벗어날 필요가 있음을 말한다. 즉 유·무형의 관광대상물의 상품화를 추구하는 기존의 시각이 아닌, 관광 경험에서 비롯된 존재론적 인식까지 확장할 필요가 있음을 역설한다.

이러한 관점은 관광인류학의 주요한 논거점인 '호스트-게스트'의 관계를 재해석할 수 있는 이론적 토대가 되며, 나아가 문화유산관광과 문화예술관광에 한정되던 문화관광의 범위를 관광객의 주체적 경험까지 포함하는 것으로 확장할 수 있게 된다. 또한 전통의 관광 상품화, 관광을 통한 경제적 성장, 지속가능한 관광 등에 대한 기존 논의를 전통의 역동성과 관광객의 주체적 경험까지 포함하는 논의를 통해 새롭게 살펴볼 수 있게 된다.

1. 관광발달의 역사적 과정과 사회·문화적 전개

인도의 서사시 『라마야나(Ramayana)』에는 창조자 브라흐마가 나서서 라마에게 말하는 구절이 있다. "삼위일체 가운데 나는 창조자다. 시바는 파괴자이고 비슈누는 보호자다. 이렇게 우리 셋은 모두 최고신으로부터 우리 존재를 끌어내고, 죽음과 재생을 되풀이한다. 하지만 우리를 창조하는 최고신은 시작도 끝도 없다. 최고신에게는 탄생도 성장도 죽음도 없다. 그는 모든 것의 기원이고, 그에게서는 모든 것이 마지막에 융합된다. 그 신은 너 자신이고, 지금 네 옆에 있는 시타는 그 신성의 일부다. 이것이 너의 진정한 정체라는 것을 부디 잊지 말고, 평범한 인간을 덮치는 공포와 의심에 흔들리지 마라. 너는 모든 것을 초월하는 존재이고, 네 앞에 있는 우리는 모두 축복받은 존재다"(Narayanaswami 2012: 273).

현재 우붓에는 환전소, 서점, 요가센터, 약국, 편의점이 있는 등 여타의 관광지와 크게 다르지 않다. 때로 발리라는 지역적 인식이 없다면, 태국이나 필리핀 등 동남아시아 지역의 관광지와 비슷해 보이는 풍경이다. 서구의 문물이 광범위하게 발리인에게 영향을 미치고 있지만, 발리인에게 그들의 삶을 규정하는 것은 『라마야나』에서 펼쳐지는 다양한 신들의 이야기와 철학적 사유다. 즉, 발리에서는 의례 진행 시 혹은 일상 속에 인도네시아인 다수가 믿는 이슬람교의 가르침과 달리 발리 힌두교의 다르마(*Dharma*)[1]의 가르침을 실천한다.

1 산스크리트 용어 중에서 가장 복잡하고 까다로우며 많은 뜻을 갖고 있다. 문맥에 따라 뜻이 바뀌기 때문에 일상적으로 알고 있는 '법'이나 '도'나 '진리'라는 뜻만으로는 불충분하다. 다르마가 지닌 주요 뜻으로는 법, 진리 이외에도 도덕률, 정의, 일, 덕, 네 카스트가 반드시 지켜야 하는 규범이나 일 또는 의무, 종교, 선행, 신에게서 귀의하는 것, 관습 등이 있다(박경숙 2012: 39-40).

20세기 초반 우붓 왕족의 후원과 네덜란드 식민 당국의 문화정책에서 비롯된 이 지역 문화예술 진흥은 현지 주민에게 예술의 가능성을 일깨워주었다. 특히 예술의 상업적 가치에 주목하면서, 우붓 지역은 자체적으로 예술 작품을 제작하는 지역으로 변모했다. 양차 세계대전과 1949년의 인도네시아 공화국 수립 등 국내외 다양한 정치적 상황은 이 지역 관광을 급격하게 쇠퇴시켰다. 인도네시아가 1950년대 중반 정치·사회적 안정기에 접어들자, 우붓 지역은 2차 세계대전 이전 스파이스가 명명한 '발리 르네상스' 시기와 같이 과거 명성을 되찾기 위해 노력했다.

발리 지역이 대중관광지화되는 1970년대는 국가 주도의 관광발전 계획이 수립되고 실천된 시기다. 이 시기 우붓 지역은 예술인, 전통문화와 예술에 관심 있는 관광객 그리고 새로운 모험을 찾는 히피족이 주로 방문했다. 비록 대중관광객이 주로 방문하는 지역은 아니었지만 발리 전통 회화, 목공예 상품, 전통 종교 의례를 향유할 수 있는 문화관광지로서의 정체성을 구축하게 되었다. 2000년을 전후로 우붓 지역에서 기존의 문화관광객과 더불어 수박 등 자연환경을 경험하는 생태관광객 그리고 발리 힌두 문화와 사상적 흐름을 공유하는 요가와 명상을 수행하는 관광객이 급증하게 된다.

우붓 지역 관광객의 급증과 함께 주목되는 현상은 장기간 이 지역에서 거주하는 외국인도 급격하게 늘어났다는 점이다. 과거 이들은 대부분 우붓 중심부에 거주했지만, 아시아 출신 관광객의 급증과 중심가의 지대 상승으로 점차 우붓 외곽 지역으로 확장되었다. 뉴꾸닝 마을 역시 2000년대 전후 외국인이 마을에 거주하면서 관광지로 변한 마을이다. 관광지화되기 이전의 뉴꾸닝 마을은 도로가 정비되지 않고, 상수도도 보급되지 않았다. 하지만 마을이 관광지화되면서 뉴꾸닝에는 현대식 건물이 들어서고, 관광 관련 제반 시설이 구축되었다.

뉴꾸닝 마을에서 관광과 마을 발전의 관계는 주민과 거주외국인의 상호 관계 속에서 '마을 발전'이라는 담론을 실현하는 복합적인 문화현상이다. 그중 하나가 '발리 정체성'의 강화다. 발리 주정부와 미디어 담론을 통해 유포된 '아젝 발리 캠페인'은 발리인의 종족 정체성을 재구성하자는 문화 운동이 그 시작이지만, 지역별 상황에 따라 다양한 실천 양상을 보인다. 우붓 지역은 2002년 발리 폭탄 테러, 끄발리안, 아젝 발리 캠페인의 일련의 과정이 새로운 유형의 관광이 시작되는 변곡점이 되었다.

주목되는 점은 이러한 변화가 발리인의 종족 정체성을 강화하는 계기가 되고, 이는 다양한 사회·문화적 변화를 수반한다. 인도네시아, 특히 자바 지역과 다른 철학적 사고와 아젝 발리 등 종족정체성을 강화하는 사회운동들은 수하르토의 신질서 치하 이후 지배적이던 권위주의에 대한 저항적 인식에서 비롯되었다. 이러한 상황은 수하르토 체제의 '개발' 정책에서 비롯된 국가와 마을의 종속적인 관계를 상징하는 공간인 RW, RT가 발리 지역에서 사회·문화적으로 중요하게 받아들여지지 않았던 것과 관련 있다.

수하르토 체제에서 강화된 RW, RT는 자바 지역에서 뿌리를 내려 마을 간의 경계와 분리를 상징한다. 하지만 발리 지역에서는 RW, RT가 뿌리를 내리지 못하여 마을 간 구분은 반자르 단위로 구분되고, 마을 내에서는 끌롬뽁(*kelompok*) 단위가 우선된다. 이는 발리인 종족 정체성을 강화하는 일련의 과정에서 행정 마을인 데사 디나스보다 관습법적인 마을인 데사 빠끄라만을 더 중요하게 여기는 것과 같은 논리로, 마을 간 구별에 RW보다 반자르가 더욱 중요함을 보여준다. 특히 마을 의례와 일상의 사회문화적 실천에서 이러한 경향이 더욱 뚜렷하게 나타난다. 마을 의례 과정에서 빼짤랑이 다른 반자르 주민의 통행을 과도하게 제한하는 것이나 오달란 의례에서 끌롬뽁 단위로 그봉안 행진이 이루어지는 것은 이를 확인시켜준다.

빠끄라만이 전통적인 측면에서 더 친숙하고 고유성을 지닌 것과 같이(Haruya 2005: 64), 마을 의례 과정과 같은 전통적인 관습의 실천에서 반자르와 끌롬뿍은 안정적인 마을 유지를 위한 경계와 분리 수단이다. 이는 또한 1970년대 이후 지역 정체성을 강조하는 과정에서 나타난 '지역문화' 강조 정책이 실질적으로 마을 단위, 나아가 주 단위에서 '종족문화'가 강조하는 상황과 관련된다. 결국 뉴꾸닝을 비롯한 발리 주민에게 인도네시아 중앙정부가 부과한 행정 체계는 문화적 맥락을 고려하지 않은 자의적이고 불안정한 체계다.

비록 발리인은 자바 지역과 다른 문화적 전통을 유지하지만 뻐짤랑, 고똥 로용, 반자르는 명칭만 다를 뿐 자바 지역과 유사한 행정 체계를 유지한다(Barker 1999, Kim 2002). 그럼에도 우붓과 뉴꾸닝 마을이 주목받는 이유는 장기거주외국인의 존재에 있다. 이들의 삶의 방식은 비록 주민과 괴리되지만 다른 관광객의 호기심을 자극할 만한 요소가 된다. 즉, 외국인이 주로 거주하는 빌라 등 현대식 건축물과 유기농 시장은 '게이티드 커뮤니티'의 특징인 안정성, 위계, 생활 방식의 차별화를 보인다. 물론 주민들은 거주외국인의 삶의 방식이 불편하기도 하다. 하지만 지가의 상승 등 현실적인 이득 실현과 발리 전통문화 가치를 더욱 강조하는 과정을 통해 그리고 어느 정도의 긴장과 공존을 통해, 상호 교류하고 영향을 받으면서 각자의 삶을 유지한다.

2. 문화관광발달과 전통의 정교화

우붓을 중심으로 활발하게 운영되는 트레킹은 생태관광의 하나다. 여행 상품 개발과 운영은 현지 주민과 외국인 사업가가 함께 진행하거나,

마을 주민이 자체적으로 운영한다. 트레킹 프로그램 대부분이 가이드가 거주하는 마을을 중심으로 운영되고, 이는 관광객에게 발리 마을이 그 자체로 생태관광과 전통문화를 표상한 지역으로 자리매김하게 한다. 나아가 생태 자원이자 문화 자원인 수박의 활용, 지역 주민의 주도적이고 실천적 역할 측면에서 생태-문화관광(Russell and Wallace 2004)의 범주에 속한다.

생태관광은 기존의 대중관광이 초래한 사회경제적 영향, 즉 사회적 불평등을 심화시키는 점 등에 대한 우려에서 시작되었다. 특히 관광 중개인이나 기업이 아닌 현지 주민에게 더 많은 이익을 주는 것 또는 지속가능한 개발의 일환으로 이를 바라보았다. 하지만 발리 수박의 사례는 생태관광이 대중관광의 요소인 상품화 과정에서 현지 사회에 부정적인 결과를 초래함을 상기시킨다. 즉 지가의 상승, 지역 내 빈부 격차 그리고 공동체 의식 저해와 같은 사회·문화적 변화를 동반한다. 물론 이러한 부정적 영향으로 수박을 활용한 생태관광의 가치가 완전히 상실되지 않는다. 특히 땅에 대한 주민들의 인식 변화는 이러한 부정적 영향을 극복하는 실천적 대응 과정이다.

발리 지역 문화관광발전 과정에서 관광대상물 대다수는 실제 서구 예술과 접목되면서 상품화와 소비가 이루어진다. 더욱이 관광객을 대상으로 연행되는 춤과 음악 등이 도리어 반자르 의례 과정에서 시연되고, 이는 개별 반자르의 고유한 문화적 전통이 하나의 문화적 형식으로 귀결되는 결과로 나타난다. 이 과정에서 전통문화의 원천인 반자르는 관광객의 관심에서 멀어졌다. 하지만 2000년대를 전후 우붓 지역에서 수박 체험, 유기농 식품, 요가 등으로 대표되는 생태-문화관광객의 방문이 증가하면서 새로운 전기를 맞는다.

발리 전통 건축양식을 따르는 식당과 호텔 등이 더욱 각광을 받게 되었고, 전통문화 상품을 판매하는 상점이 상업적으로 자리를 잡아갔다. 특히 자연 친화적인 풍경을 제공하는 계단식 논이 수박 관련 풍경으로 각광받으면서, 대중관광 시대 우붓 중심지에서 이루어지던 관광의 범위가 뉴꾸닝 마을과 같은 주변 반자르까지 확대되었다. 수박, 전통주택, 음식, 힌두 의례 등 문화관광 실천 과정에서 거주외국인은 발리 전통문화를 재인식하게 된다. 즉 '불편함', '구식', '무관심', '위험한', '신기한 광경'으로 생각되던 현지 주민의 생활양식이 '자연 친화적', '안전한', '보존 대상', '함께 경험할 문화적 양식'으로 생각하게 되는 발리 전통문화에 대한 인식 변화가 나타났다.

더욱이 관광객들이 주민들과 같은 공간에서 공존하게 됨으로써 서로 다양한 사회·문화적 실천 과정을 요구받는다. 이 과정에서 주민들은 그들의 전통문화를 새롭게 경험한다. 주민들의 전통문화에 대한 재인식 과정은 새롭고 특이한 의례문화의 생성과 재창조의 과정보다는 전통을 새로운 방식으로 해석하고, 선택하고, 명명하고 그리고 사회적 삶에 대해 새로운 해석과 체계를 부여하는 방식으로 실천된다(권혁희 2012: 15-16).

뉴꾸닝 공동체의 대응과 실천 과정은 "잘사는 마을 만들기"라는 담론 생성과 연결된다. 뉴꾸닝 주민에게 잘사는 마을은 단순히 경제적 이익 실현의 과정에 한정되지 않는다. 관광을 통해 경제적 이득을 실현하고, 공동체의 연대성을 추구하고 나아가 전통문화가 잘 보존된 마을이 "잘사는 마을"이라는 수사로 투영되는 것이다. 뉴꾸닝 마을은 다양한 조직을 구성하고 유지함으로써 종교 공동체이자 동족 공동체로서 "잘사는" 마을의 정체성을 보여준다.

그럼에도 이들 조직이 단순히 관습법에 의해 설립되고, 주민 공동체 이익 실현을 위한다고 단정할 수 없다. 이해관계와 가치의 충돌 과정에서 전통에 대한 재인식과 상품화가 동시에 나타나며 나아가 주민 집단의 변화하는 사고를 엿볼 수 있다. 주민들은 거주외국인이 반자르의 어떤 문화적 특성에 관심을 보이는지를 교류 과정을 통해 이해한다. 거주관광객의 특정한 발리 전통문화에 대한 관심, 예를 들어 음식에 대한 관심은 결국 주민 집단이 전통음식점 개설을 주장하는 이유가 되고, 이는 전통 및 문화의 상품화 과정과 연관된다. 결국 문화의 상품화 과정이 현지 주민과 관광객 모두에게 전통에 대한 재인식 과정이자, 관련된 예술 상품의 경제적 가치와 문화적 의미를 재인식하게 한다(Graburn 1984).

관광발달 과정에서 설립된 빼짤랑과 택시조합의 결성은 기존의 주민 모임 등과 비교하여 관광발달과 더욱 밀접하게 연관된다. 관광객에 대한 빼짤랑의 친절한 태도는 마을에 대한 이미지 제고와 함께 '안전'에 대한 관광객의 욕구를 실현시키는 과정의 일환이다. 결국 관광객에 대한 빼짤랑의 행동은 관광객이 뉴꾸닝 마을에서 실존적 고유성을 경험하는 것과 관련된다. 택시조합의 결성과 활동은 관광발달 과정에서 우붓 지역이 겪었던 부정적 요소에 대한 새로운 인식의 발로이다. 즉 개인과 마을 평판을 유지하기 위한 수단으로 표출된다.

택시조합의 운영 과정에 대한 논의는 관광의 상품화에 대한 새로운 인식의 발로로 이해된다. 즉 관광을 통한 이익 실현 과정에서 주민 집단은 관광객 특히 거주외국인이 여행지에서 겪는 다양한 경험의 중요성을 인식하게 되었다. 결국 빼짤랑과 택시조합의 설립과 운영 과정은, 경제적 성장이라는 이해관계의 추구와 관광유형 변화에 따른 거주외국인의 증가 등 사회 환경의 변화를 수반한 문화적 과정의 일환이다.

다신교를 기반으로 하는 발리힌두교는 발리인의 일상을 지배한다. 뉴꾸닝 마을 주민들 역시 다양한 사원 관련 의례, 통과의례, 장례식과 같은 조상 의례 등을 일상적으로 실천한다. 비록 외부인의 관점에서 의례 실천 과정은 특정한 시기에 이루어지는 '이벤트성 행사'로 간주되지만, 주민에게 의례는 세속적 일상에서 준비, 의례 실천 그리고 다시 세속적 일상이 반복되는 과정의 연속이다.

뉴꾸닝 마을의 의례는 직접적으로 관광객의 호기심을 자극할 만한 관광 자원화하기에 한계가 있다. 그럼에도 주민 집단은 의례에 관심을 두고 적극적으로 참여한다. 의례를 통해 기존 반자르 주민 사이 높은 공동체 의식의 하나로 이해되던 '신뢰'와 '사회적 평판'을 유지하기 위한 노력이다. 더욱이 관광발달 과정에서 '신뢰'와 '사회적 평판'을 유지할 대상이 기존의 주민 집단에서 관광객까지 확장되었기에 의례의 실천이 더욱 중요해졌다.

뉴꾸닝 주민 집단의 의례 실천은 또한 호혜성의 측면에서 이해된다. 도덕적 의무감을 호혜성의 핵심으로 보았던 살린스(Sahlins 1974)의 논의에 따르면, 의례 과정에서 일부 주민이 음식물과 공연 등을 제공하는 것은 이웃으로부터 신뢰와 사회적 평판을 얻기 위한 수단이었다. 하지만 관광발달 과정에서 이러한 호혜성은 즉각적이고 등가의 교환이 이루어지는 균형적 호혜성으로 여겨진다.

관광발달 과정에서 의례 변화 요인의 또 다른 측면은 마을 공동체의 정체성 재확립 수단으로 의례가 활용되는 데 있다. 의례 과정 자체가 코뮤니타스를 경험하는 과정의 일환이지만(Turner 1973), 의례 과정에서 기부금 납부는 공동체의 정체성을 더욱 굳건하게 만들어준다. 즉 기부 행위를 통해 반자르 공동체 유지의 전제 조건인 전통 의례가 실천되고 공동체성이 강조되며, 이는 뉴꾸닝 마을에 대한 관광객의 우호적인 인식 변화를 일으킨다.

거주외국인에 의해 주도된 관광발전과 전통의 재인식 과정은 위에서 설명한 바와 같이 뉴꾸닝 주민이 전통을 재인식하는 계기가 된다. 특히 문화의 상품화 과정, 반자르 공동체 유지, 실존적 고유성 유지 과정은 마을 전통에 대한 재인식이자 정교화 과정으로 이해된다(Geertz 1963). 기존의 발리 관광 연구에서 매킨(Mckean 1989)은 '문화적 인벌루션' 개념을 사용하여, 관광이 발리인의 전통을 강화하고 사회관계를 점진적으로 재정렬하는 수단으로 활용했음을 강조한다. 문화관광의 발전은 하급 노동자의 저급한 상품생산과 장인들의 의례 관련 고품질의 상품생산도 확장시켰다. 이는 수공예품 생산의 범위를 확장시키고 결국 발리 전통문화의 보존, 창조, 재해석을 유도했다.

뉴꾸닝 마을 주민의 땅과 전통에 대한 재인식 과정 역시 관광발달 과정에서 겪는 사회·문화적 변화 중 하나다. 이 과정에서 마을 간 격차 증가와 마을 내 계층 분화가 나타난다. 더욱이 거주외국인의 증가에 따른 지가와 생활물가의 상승으로 의례 실천에 더 큰 비용이 들게 되어 다양한 어려움을 양산한다. 이러한 상황에서 뉴꾸닝 주민은 문화의 상품화 과정을 추구하고, 빼짤랑과 택시조합을 설립하고, 신뢰와 사회적 평판을 획득하기 위해 의례를 좀 더 크고 화려하게 실천하여 더 많은 거주관광객을 끌어들인다.

결국 이는 기존 뉴꾸닝 반자르의 정체성을 공고히 하면서, 관광발달 과정에서 겪는 다양한 변화상에 적응하는 과정이다. 실질 임금이 상승되지 않는 상황에서 생활비용의 상승은 마을 내 경제적 계층 분화의 단초가 된다. 하지만 마을 내 계층 분화는 마을의 존립을 위태롭게 할 뿐만 아니라 의례 실천에도 다양한 문제점을 야기한다. 따라서 경제적으로 풍요롭지 못한 주민들은 의례 준비와 마을 청소와 같은 노동력을 제공하고, 부유한 주민들은 기부금을 통해 상호 연대를 구축한다. 이 과정에서 반자르 주민들은 기존의 논리, 형식, 유형에 기초하여 전통을 실천하지만, 한편으로는 전통의 재인식과 사회관계의 변화를 점진적으로 재정렬한다. 이러한 과정은 결국 전통의 정교화로 이해된다.

3. 고유성, 전통, 문화관광에 대한 재인식

뉴꾸닝이 관광지로 성장하게 된 배경은 생태관광과 같은 새로운 관광 유형과 거주외국인과 같은 새로운 집단의 출현이다. 관광객, 특히 거주외국인을 중심으로 전통에 대한 재인식 과정은 전통에 대한 새로운 시각을 제공한다. 기존 발리 전통에 대한 담론은 전통의 발명과 창출 그리고 전통의 전승이라는 관념에 한정되어 있다.

하지만 관광객 집단의 전통에 대한 재인식 과정은 관광 경험에서 비롯된 자기표현(Yamashita 2003)과 자아발견을 통한 존재론적 인식(Wang 1999)의 결과다. 또한 관광객 집단과 함께 주민 집단 역시 동일한 공간에 공존하면서 다양한 사회·문화적 실천 과정을 요구받는다.

뉴꾸닝 마을 사례는 기존의 객관적·구조적 고유성이 추구하는 가치와 전통 담론에 대한 재고찰의 필요성을 제기한다. 문화유산관광의 직접 대상물인 역사 관광 유산이 부족한 뉴꾸닝은 2000년대 이전에는 완전한 관광지로 여기기에는 여러 조건이 충족되지 않았다. 관광객 역시 '예술인 마을'로 표상되는 우붓 중심부를 발리 전통문화를 경험할 수 있는 관광대상물로 간주했지, 뉴꾸닝처럼 주변 마을을 관광지로 생각하지 않았다.

고유성의 관점에서 이러한 상황을 이해하면 관광객은 전통문화와 관련된 춤과 음악 등의 공연을 우붓 지역에서 소비하는 과정에서 이를 '진품(original)'으로 여기게 된다. 물론 발리 지역에 관한 대부분의 연구는 관광을 지역 전통을 강화하는 수단(Mckean 1989)으로 보거나 혹은 발리 문화관광을 '무대화된 낙원(staging paradise)'으로 묘사했다(Yamashita 2003). 즉 발리 문화관광에서 고유성은 구성주의적 관점에서 이해되었고, 이는 '고유성' 자체가 맥락화되어 있을 뿐만 아니라 사회적으로 구성된 결과물로 간주한 것이었다.

하지만 2000년대를 기점으로 우붓 지역을 비롯한 발리 지역은 관광 발전에 있어 다양한 도전에 직면하게 된다. 발리 폭탄 테러에 따른 관광객 감소는 이 지역 관광발전의 시련이었지만, 관광발전에 새로운 전기를 마련한 계기가 되었다. 우붓 지역은 폭탄 테러가 발생한 남쪽 지역보다 상대적으로 안전한 지역으로 인식되었고, 관광의 유형 역시 생태관광과 같은 자연 친화적이고 지속가능한 관광으로 변모했다.

이런 상황에서 외국인 관광객에게 객관적·구성주의적 고유성에 대한 개념에서 비롯된 대상물 중심의 관광 실천보다 일상적인 만족과 안전이 더욱 중요해졌다. 이들이 중요하게 생각한 것은 즐거움과 만족을 주는 것이며, 때로는 장기간 거주하는 과정에서 필요한 '안전'이었다.

거주외국인의 관광지에 대한 이러한 바람들은 결국 이들이 관광 과정에서 추구하는 가치가 실존적 고유성의 개념에서 추구하는 가치와 유사한 형태로 보인다. 즉 관광대상물의 고유성만 강조하는 기존의 관점에서 보면, 거주외국인에게 뉴꾸닝 마을은 여전히 관광지로 각광받지 못했을 것이다. 거주관광객의 고유성에 대한 인식이 관광대상물이 아닌 관광 경험 과정에서 획득한 존재론적 인식 과정으로 변모를 통해, 뉴꾸닝 마을이 관광지로 성장할 수 있게 되었다.

거주외국인이 뉴꾸닝 마을에 거주하면서 획득하는 실존적 고유성은 결국 전통에 대한 새로운 인식에서 비롯된다. 관광객은 생태관광의 실천, 발리 전통주택, 종교 의례 등을 경험하는 과정에서 지역의 전통문화를 새롭게 인식한다. 이는 대중관광 시대 관광객이 발리 전통문화를 화려한 왕족의 장례식이나 수준 높은 공연에서 찾았던 것에 비하여, 이들 거주외국인 집단은 일상에서 비롯된 생활양식에서 발리 전통문화를 이해한다.

더불어 관광객 집단뿐만 아니라 주민 집단 역시 전통문화를 새롭게 인식하게 되어, 특히 전통의상 착용과 같은 행위를 통해 관광객이 원하는 지점을 충족시키려 한다. 주민 집단의 전통문화에 대한 재인식 과정은 발리힌두교 의례 실천 과정에서도 논의된다. 주민 집단은 주민 집단 내부적으로 그리고 거주외국인에게 '신뢰'와 '사회적 평판을 유지하기 위해 다양한 노력을 한다. 더불어 전통문화의 재인식 과정에서 균형적 호혜성 추구와 마을 공동체 정체성 재확립 과정도 강화된다.

결국 거주외국인과 주민 집단의 전통문화에 대한 재인식 과정은 전통에 대한 새로운 담론 형성 과정으로 이해된다. 전통이 발명과 창출의 개념을 넘어, 역사적 과정에서 파생된 주민 집단의 실천적 측면으로 이해된다. 이로써 전통이란 과거에 생성되어 현재까지 전승된 것이 아닌, 현재의 문화적 맥락에서 재해석되는 개념으로 이해될 수 있다.

문화관광발전이 경제 성장의 근간이라는 믿음은 지난 반세기 동안 끊임없이 실천되는 담론 중 하나다. 하지만 인류학을 비롯하여 수많은 연구에서 문화관광이 한 지역의 경제적 성장을 추동하는 데 현실적 어려움이 있음을 지적한다. 한편으로는 경제 성장이라는 목표에 도달하지만, 관광의 부정적 요소인 빈부 격차, 전통문화 훼손과 파괴 그리고 생태환경의 파괴와 같은 문제가 동반됨을 지적해왔다.

뉴꾸닝 마을 사례는 문화관광을 통한 지역 활성화 과정에서 주민 집단의 대응과 사회적 실천의 중요성을 역설한다. 또한 고유성이 관광대상물뿐만 아니라 관광객의 존재론적 인식과도 연결되어 있음을 보여준다. 따라서 관광대상물과 함께 관광지의 주민 그리고 관광객의 경험과 인식의 변화도 고려되어야 함을 보여준다. 뉴꾸닝 마을에서 농촌 지역의 자연환경과 전통문화에 대한 관광객의 동경 그리고 주민집단의 전통에 대한 재인식이 마을의 관광발전을 이끌고 있다. 특히 마을 공동체의 단합과 상호 신뢰를 구축하는 과정이 동반되었다.

과거 문화관광의 실천은 역사적으로 '탁월한' 문화유산을 경험하거나 과거로부터 '전승된' 전통문화를 체험하는 것으로 이해되었다. 또는 관광대상물이 지닌 '고유성'을 체험하는 것을 가장 중요한 관광 경험으로 간주했다. 뉴꾸닝의 사례는 주민과 관광객의 경험뿐 아니라 존재론적 인식까지 고려해야 함을 보여준다. 더 나아가 관광객의 경험에서 비롯된 존재론적 인식이 문화관광에서 중요함을 역설한다. 결국 이상의 지점들은 문화관광 활성화를 위한 정책의 방향성과 방안 모색에 있어 새로운 인식과 접근의 필요성을 우리에게 던져준다.

맺는말

이 책은 노란 코코넛 마을 주민이 가진 공동체성의 '위대함'을 강조합니다. 관광지의 주민으로서 이들이 처한 사회·문화적 환경에서 종족성과 지역성을 어떻게 이해하고 실천하는지에 대해 논의했습니다. 앞서 '위대함'이라는 거창한 수식어를 사용했지만, 뉴꾸닝 주민들의 공동체성은 도리어 일상에서 주변 이웃, 관광객 그리고 거주 외국인과의 끊임없는 관계 맺기와 배려에서 비롯됩니다.

저자는 연구를 수행할 당시 우리가 공동체에 소속되어 각자의 역할을 충실히 실천하고, 때로는 손해 보고 그리고 '진짜 열심히' 참여하는 것의 중요성을 경험했습니다. 집주인 사리 아저씨, 밤낮으로 마을지킴이 역할을 했던 빠짤랑 아저씨들 그리고 일본인에 대한 우리의 편견이 진짜로 '맞나' 하는 생각이 들 정도로, 조직화가 힘들었던 일본인 커뮤니티를 이끈 아이리 씨에게 경의를 표합니다. 실현되지 않을 것 같았던 이상에 절망하지 않고, 작은 것, 내 앞에 있는 것, 개인의 이익과는 거리가 먼 것부터 바꿔나가는 이들의 태도에 많은 것을 배울 수 있었습니다.

처음 외부인에게 배타적인 '게이티드 커뮤니티(gated community)'로서 한국인에게 각광받던 아파트는 그 영역이 하나의 단지, 즉 '우리 아파트'였습니다. 시간이 지나면서 개인과 가족의 영역은 '우리 집'으로 점차 축소되어 무관심의 문화가 개인과 가족의 자유를 보장하는 것으로 생각되기에 이르렀습니다.

저자 역시 긴 시간 노란 코코넛 마을에 거주했고 주민들의 행위에 깊은 관심과 감명을 받았습니다. 하지만 한국에 돌아와 주변을 돌아보고 공동체를 구성해나가는 것이 쉽지 않음을 경험했습니다. 도시화의 정점에 있는 서울에서 개별 가구의 집은 안식처보다는 하나의 재화로 여겨집니다. 어쩌면 저자가 추구하는 지향은 실현될 수 없는 거창한 구호이거나 손에 잡히지 않는 신기루와 같았습니다.

앞으로 이어질 이야기는 우리가 이웃에게 어떻게 인식되고 어떻게 대처하며 상호 교류를 맺어야 하는지에 대한 단서입니다. 또한 이 이야기를 통해 기시감을 느끼는 독자도 있을 것입니다. 책의 끝머리에, 이제부터 기술하는 것은 마을 주민과 저자가 어떻게 관계를 맺고 그들이 저자를 인정하게 되었는지에 관한 내용이기 때문입니다. 인류학도에서 인류학자가 되기 위해서 저자는 '거인의 어깨 위에 올라섰고' 그 거인은 명백히 기어츠입니다.

처음 현지조사를 기획한 발리 마을에서 처참한 실패 이후 다른 마을을 찾아야 했다. 비록 본격적인 현지조사가 이루어지기 전 매학기 방학마다 여러 마을에 대한 예비조사가 있었기에 현지조사 지역이 바뀌어도 대범한 모습을 보일 수 있었다. 하지만 태어난 지 180일 밖에 안 된 아들, 관광지로서 발리가 아닌 현지인이 거주하는 마을이 매우 생경했던 아내 그리고 냉장 보관이 필요한 음식과 비상약 등은 저자를 더욱 궁지로 내몰았다.

다행히 뉴꾸닝 옆 마을인 싱아꺼르따에 거주하는 한국 교민들이 아이가 안전하게 지낼 수 있는 환경을 조성해주고 여러 도움을 주었다. 그들은 뉴꾸닝 마을 중앙의 절묘한 위치에 저렴한 새 집을 소개해주었다. 더욱이 집주인인 사리 가족은 우리 부부와 아이를 한 가족처럼 여겼고 조사에 필요한 자료를 주며 다른 주민과의 만남을 주선해주었다. 비록 뉴꾸닝 주민이 관광 과정에서 외국인과 교류가 잦았지만, 뉴꾸닝 마을 역시 그 자체로 하나의 세계를 이루고 있는 곳이다. 저자는 '침입자' 그것도 '직업적인 침입자'인 것은 주지의 사실이다(Geertz 1998).

그럼에도 집주인 사리가 저자를 '믿을 수 있는' 사람으로 여긴 것은 대략 두 가지 이유로 짐작된다. 첫째, 저자가 임대 과정에서 사리가 겪은 여러 가지 스트레스를 함께 이해해주던 외국인이었기 때문이다. 저자는 사리가 임대 사업을 시작한 후 두 번째로 맞이하는 외국인 세입자였다. 당시 사리는 가족 소유 땅에 상당한 대출을 통해 이층집을 건립했다. 사리는 과거 호텔에서 일했고, 그의 아내 역시 같은 호텔에서 일했다. 사리가 처음 임대 사업을 시작하기로 결심했을 때, 자신의 호텔 경험이 이 사업에 도움이 될 것으로 여겼다. 하지만 말도 잘 통하지 않고 특히 집 완공 이후 발생한 초기 하자에 대한 외국인들의 불만은 사리에게 스트레스를 주었다.

이런 상황에서 현지조사 지역이 바뀌고 아내와 아기까지 있어 더 곤란한 처지였던 저자에게 사리는 구세주와 같았다. 저자는 사리와 외국인 사이에 발생한 갈등을 해결하기 위해 중재 역할을 마다하지 않았고, 때로는 사리가 2층에 거주하는 외국인[1]에 대해 '예의 없음', '성격이 급함' 그리고 '이기적'이라고 불만을 표출할 때 다독이며 신뢰를 쌓았다.

저자가 마을 주민에게 '믿을 수 있는' 사람으로 인정받은 두 번째 요인은 저자의 아내와 아이 때문이었다. 주민은 저자가 결혼하여 아이를 낳아 가족을 이루고 있기에 '정상적인' 혹은 '온전한' 사람으로 받아들였다. 결혼을 하고 아이를 낳는 것은 반자르 문화에서 매우 중요한 의미를 지닌다. 본문에 상세히 소개되지만 반자르 주민모임에 참여할 수 있는 권리와 의무는 연령이 아닌 결혼의 여부로 결정된다.

또한 현지조사 과정에서 저자의 아들은 더욱 중요한 역할을 했다. 저자는 아내에게 여유 시간을 주는 동시에 현지조사 진행에 도움을 받기 위해 보모 역할을 할 주민을 구했다. 사리의 친척인 이부 와르시(Ibu

1 저자가 사리의 집에서 약 10개월간 거주하는 동안 2층에는 총 4명의 세입자가 거쳐갔다.

Warsi)[2]는 어린 아들의 보모 역할을 훌륭하게 해주었다. 와르시는 일요일을 제외하고 아침 8시부터 오후 4시까지 아들을 돌보아주었다. 아기가 아직 걸음마를 하지 못해 주로 집에서 함께 있었지만, 때로는 아기를 업고 마을을 돌아다녔다. 아들은 뉴꾸닝에서 살았던 6개월 동안 저자보다 잘 알려진 유명인사였다.

와르시가 저자의 가족과 친해진 계기 역시 흥미롭다. 저자는 인류학자로서 현지 문화를 온전히 이해하기를 원했고, 이를 위해 집을 최대한 편하게 찾아올 수 있게 했다. 일반적인 도시 문화에서 집은 자신을 위한 배타적인 공간이고, 도시인 특히 개개인의 공간을 중요시하는 현대인에게 이웃 주민의 '불쑥 찾아옴', '물건 함께 사용하기' 등은 자신의 영역을 침해받는 거라고 생각할 수 있다. 하지만 저자의 처지에서 이러한 상황은 주민과의 만남을 극대화할 방안이었다.

당시 아들은 옆집에 사는 여자아이인 수리와 함께 놀았다. 둘 다 걸음마를 떼지 못했기에 실제로는 아들의 보모였던 와르시가 두 아이를 함께 돌보았다. 몇 주 후 저자는 사리에게 놀라운 이야기를 듣게 되었다. 수리의 친모가 와르시라는 사실이다. 수리의 부모라고 생각했던 옆집 부부는 와르시의 남편인 남붕의 형님 부부인 것이다.

수리를 입양 보내게 된 사연은 다음과 같다. 남붕은 집안의 막내여서 부모님을 모시고, 다른 지역에서 시집 온 와르시 그리고 두 아이와 함께 살았다. 남붕 형제와 친척들 대부분은 뉴꾸닝 마을에 살았지만, 기존에 소유한 토지가 적었기에 마을의 지가 상승에 따른 경제적 이득을 취할 수 없었다. 더욱이 와르시 역시 이 지역 사람이 아니기에 친정으로부터 경제적 도움을 받을 수 없었다.

2 이부 와르시는 아내보다 나이가 다섯 살이나 어렸지만, 세 아이의 엄마이기도 했다. 따라서 저자 부부는 이부 와르시 또는 와르시 아줌마로 호칭했다.

당시 남봉은 마을에 위치한 호텔에서 일을 했고, 와르시는 집안 살림을 하거나 가끔씩 일용직 건설노동자로 일당을 받았다. 그러던 중 와르시가 셋째를 임신하게 되었고, 두 부부는 세 번째 아이를 낳는 것에 경제적 어려움을 호소했다. 결국 경제적 어려움을 해결하기 위한 방편으로 당시 아이가 없던 형님 부부가 수리를 입양한 것이다.

어느 날 와르시가 수리와 아들을 돌보다가 시간이 되자 수리를 다시 집에 데려다주고 퇴근했다. 그날 수리는 목욕이 싫다고 계속 울었고 저자의 아내는 그다음 날 와르시에게 그 이유를 물었다. 실제로 수리네와 바로 붙어 있던 우리 집에서는 오후 5시마다 수리가 집이 떠나가라 우는 소리가 들리는 것이 일상이 되어가고 있었다.

아무리 열대의 날씨지만 첫돌이 지나지 않은 아이가 따뜻하지 않은 물로 목욕하는 것이 쉬운 일은 아니었다. 며칠 후 와르시와 저자의 아내는 수리를 온수가 나오는 우리 집에서 씻기기로 결정했다. 이후 와르시는 현지조사 과정에서 저자에게 가장 어려운 조사 대상인 마을의 부녀자 모임 조사에 결정적 역할을 했고, 다른 한편으로 아이의 양육에 대한 부담과 걱정을 덜어주었다. 물론 조사 이후 현재까지 와르시는 아들의 발리에 사는 엄마(ibu)이다.

저자는 마을 주민에게 이중적인 존재로 인식되었다. 저자를 다른 거주외국인과 달리 마을 의례와 회의에 참여하는 연구자로 인식한 주민 집단이 있다. 이들은 대체적으로 연구 진행 상황에 관심을 표명하고 저자의 질문에 성실하게 답변했다. 반대로 저자를 수십 명의 다른 거주외국인과 같은 분류로 범주화하고 비슷한 대우를 한 주민도 있다. 마을에 50여 명의 외국인이 있었고, 이들 대부분은 저자보다 오랜 기간 마을에 거주했다. 따라서 일부 마을 주민에게 저자는 주민의 삶과 의례 등에 좀 더 관심을 보이는 사람 정도로 인식되었다.

저자에 대한 마을 주민의 이러한 인식의 저변이 나뉜 주요한 이유는 관광발전 과정에서 경제적 성취와 연관하여 논의할 수 있다. 대체로 전자에 속한 주민은 관광발전으로 경제적 혜택을 입은 집단이었다. 반대로 저자를 외국인으로 간주하는 주민은 대체로 관광발전이 자신의 경제적 성장에 큰 영향을 미치지 못한 집단이었다. 저자에 대한 이러한 인식의 차이에서 나타난 주민 집단의 분류는 경제적 성취에 다른 사회·문화적 맥락을 이해하는 데 도움을 주었다.

경제적 성취의 문제, 즉 돈의 문제는 마을 주민뿐만 아니라 당시 학생 부부였던 저자에게도 매우 중요했다. 저자가 임대했던 사리네 집은 처음 3개월만 계약을 했다. 신축 건물이어서 깨끗했고, 외국인이 거주하기에도 여러 편리함이 있었다. 하지만 조사 과정 중 발생할 수 있는 여러 변수를 고려하고, 무엇보다 목돈을 한 번에 주인에게 지불하는 것이 좋지 않다는 조언에 따라 3개월 단위로 계약하기로 결정했다. 첫 3개월을 거주하는 동안 주인인 사리는 저자의 주요 제보자이자 보증인으로 현지조사를 하는 데 상당한 도움이 되었다. 더욱이 살고 있는 집의 상태 역시 아내와 아이가 안전하게 지내기에 만족스러웠다.

첫 계약 시점이 종료되는 시점에 저자는 사리에게 다시 3개월을 연장하고 싶다는 의사를 내비쳤고, 사리는 자신의 아내와 상의한다고 했다. 이틀 후 사리는 임대비용을 현재 가격에서 10% 올리고 싶다는 의사를 내비쳤다. 10% 인상은 자신이 아내와 상의 후에 결정한 건데, 집 상태에 비해 임대료가 너무 저렴하다는 이유였다.

저자 역시 사리에게 아내와 상의 후에 결정하겠다는 의견을 제시했다[3]. 저자는 아내와 상의 과정에서 현재 가진 조사비용에서 10%를

3 당시 사리는 아내와 상의하지 않았다. 집 임대와 같이 목돈이 오가고 바깥일이라고 생각되는 일에 발리 남성들은 대체로 아내와 상의하지 않는다. 당시 사리가 아내와 상의한다는 말은 잠시 시간을 벌기 위한 수단이었다.

올려주면 예정했던 조사 기간을 다 채울 수 없고, 무엇보다 현재 지불하고 있는 임대료가 적절한 금액이라는 결론을 내렸다. 물론 당시 저자 생각에 사리 역시 10% 인상은 일단 제시해본 금액이고, 아마 5% 정도 인상을 원했을 것으로 추정했다.

하지만 5% 인상 역시 납득할 수 없었다. 거주한 지 3개월이 지났을 뿐인데, 5% 인상은 저자가 처한 상황을 사리가 이용하는 것 같다는 생각마저 들었다. 즉 다른 외국인들이 뉴꾸닝의 높은 집 때문에 초기 정착 단계를 지나면 다른 마을로 이사 가는 것과 달리, 저자가 마을에 반드시 거주할 것이라는 점을 사리 역시 알고 있었다. 저자가 처한 현실이 유리하지 않았지만, 저자는 다른 거주외국인이 가지지 못한 장점 역시 있었다. 인도네시아어를 구사할 수 있고, 다른 거주외국인에 비해 마을 사람들과 교류가 많다는 점이었다.

장점을 활용하기 위해 사리에게 집 계약 연장 여부에 대해 확답을 하지 않았다. 그리고 일주일 동안 기존에 교류를 하던 주민에게 새로운 집을 찾고 있음을 알렸다. 다른 한편으로 저자가 인도네시아어를 구사할 수 있기에 새로운 집주인과 갈등이 발생하지 않을 것임을 강조했다. 더불어 이사를 가고 싶은 이유는 거주한 지 3개월이 지났을 뿐인데, 집주인인 사리가 임대료를 올려서라는 이유를 덧붙였다.

아내는 당시 사리네 집 거주에 만족했기에, 혹시 더 나은 집을 구하지 못하면 5% 정도 인상으로 계약하자는 의견을 제시했다. 저자 역시 아내 의견에 동의했지만, 일단 일주일의 시간을 두고 집을 구해보자고 설득했다. 일주일 동안 마을에 나와 있는 10여 개의 집을 빼짤랑, 식당 주인 그리고 븐데사의 소개로 돌아보았다.

사리 역시 저자가 새로운 집을 보고 다님을 알았다. 마을 주민이 집으로 찾아와 저자와 함께 나가는 모습을 여러 차례 목격했고, 발리 마을의 특징상 저자가 집을 구하고 있다는 소식을 들었을 것이다. 집을 구하는 도중에도 사리와 대화를 시도했다. 매일 오후 5시경 사리는 저자의 집에 방문했고 대문 옆이나 거실에 앉아 이런저런 이야기를 했다. 평소에는 그날 조사 내용 중 궁금한 부분을 사리에게 물어봤지만, 이 시기 대화의 주요 내용은 저자가 처한 곤궁한 상황에 대한 강조였다.

저자는 아내와 아기를 데리고 먼 발리까지 온 학생인 점을 강조했다. 더욱이 발리에 여행 오거나 거주하는 다른 외국인과는 경제적 사정이 다름을 지속적으로 설명했다. 사리 역시 이에 대응하여 저자에게 임대해준 집은 자신뿐만 아니라 가족의 돈을 전부 다 모은 것이고, 엘페데에서도 상당한 대출을 받았음을 설명했다.

그렇다고 사리와 집세 인상과 관련하여 얼굴을 붉히거나 언쟁한 것은 아니다. 마치 일주일 동안 누가 더 경제적으로 어려운 상황에 처해 있는지를 하소연하는 게임과 같았다. 일주일 후 놀랍게도 사리는 임대료 인상을 포기하고, 6개월 연장 계약을 하자고 제안했다. 대신 6개월치 임대료를 한 번에 지급해줄 것을 요구했다.

즉시 제안을 받아들였다. 그날 오후 사리, 사리의 아내, 저자 그리고 저자의 아내가 함께 모여 계약서를 작성했다. 일주일 전 상황으로 돌아가서, 사리의 임대료 인상 의지는 확고해 보였다. 하지만 일주일이 지난 후 사리는 임대료 인상을 포기했다. 이후 사리는 마을에서 우리 가족의 든든한 보증인으로서 역할을 했다. 사리가 임대료 인상을 포기한 것은 어떤 이유였을까?

이 책의 주요 내용처럼 사리는 마을 주민과 거주외국인에게 '신뢰'와 '사회적 평판'을 지속적으로 획득하고자 했다. 다른 한편으로 저자가 마을 주민의 생활에 깊은 관심을 보이고, 나아가 다른 거주외국인과 달리 마을의 문화를 이해하고, 존중하고, 지속적인 우정을 유지했기 때문으로 여겨진다. 사리와의 작은 소동 이후 현지조사는 더욱 수월하게 진행되었고 논문의 방향성은 더욱 명료해졌다.

참고문헌

가종수. 2010.『신들의 섬 발리: 지상 최후의 낙원을 찾아서』. 서울: 북코리아.

강병철. 2011.「사회적 낙인 인식이 성소수자의 삶의 만족도에 미치는 영향」.『사회복지연구』42(2): 381-417.

고계성. 2011.「지속가능한 관광자원화를 위한 제주 오름의 개발 방향에 관한 연구」.『관광연구저널』25(3): 41-55.

고동완. 2009.「사회적 자본 구축을 위한 지속가능한 농촌관광개발 모형」.『관광학연구』33(5): 411-431.

권혁희. 2012.「밤섬마을의 역사적 민족지와 주민집단의 문화적 실천」. 서울대학교 박사학위논문.

기어츠, 클리퍼드. [1963]2012.『농업의 내향적 정교화: 인도네시아의 생태적 변화 과정』. 김형준(역). 서울: 일조각.

______________. [1973]2009.『문화의 해석』. 문옥표(역). 서울: 까치.

길버트, 엘리자베스. 2007.『먹고 기도하고 사랑하라』. 노진선(역). 서울: 솟을북.

김사헌. 2005.「文化觀光과 文化觀光者: 그 개념과 특성에 관한 試論」.『관광학연구』29(1): 9-26.

김형준. 1999.「폭동을 통해 본 인도네시아 자바 문화의 지속과 변화: 이슬람과 전통 사이에서」.『국제·지역연구』8(1): 47-65.

______. 2014.「무샤와라: 인도네시아 자바의 분쟁해결방식」.『한국문화인류학』47(2): 3-44.

김희영·김사헌. 2006.「탈근대성 시대의 고유성과 존재론적 고유성: 관광현상과의 관계를 중심으로」.『관광학연구』30(1): 9-27.

나라얀, R. K. 2012.『라마야나』. 김석희(역). 서울: 아시아.

류주현. 2008.「부정적 장소자산을 활용한 관광 개발의 필요성」.『한국도시지리학회지』11(3): 67-79.

마커스, 조지 외. 2003.『문화의 숙명』. 김우영(역). 서울: 실천문학사.

매튜, 해리 G. 2002.『국제관광-정치사회학적 분석』. 김사현(역). 서울: 일신사.

맥커처 밥·뒤 크로스 힐러리. [2002]2008.『문화유산 관광자원관리론』. 조명환(역). 서울: 백산출판사.

맥켄널, 딘. [1976]1994.『관광객』. 오상훈(역). 서울: 일신사.

박경숙. 2012.『마하바라따 I』. 서울: 새물결.

박동성. 2013.「도시축제 연구를 통한 지역표상과 장소성에 대한 고찰: 일본 시모다시 구로

후네사이를 사례로」.『동아시아문화연구』54. 373-404.
박통희. 1999.「신뢰의 개념에 대한 비판적 검토와 재구성」.『한국행정학보』33(2): 1-17.
베커, 엘리자베스. 2013.『여행을 팝니다: 여행과 관광에 감춰진 불편한 진실』. 유영훈(역). 서울: 명랑한지성.
송도영. 2002.「상징공간의 정치」.『한국문화인류학』35(2): 125-155.
쇼, 가레스 외. 〔2004〕2013.『관광과 관광공간』. 김남조 외(역). 서울: 백산.
안성호·곽현근. 2003.「동네수준의 사회자본에 관한 탐색적 연구」.『지방정부연구』6(4): 205-230.
야마시타 신지. 1996.「관광인류학 안내: 다른 문화에 대한 새로운 접근」. 황달기(역),『관광인류학의 이해』. 서울: 일신사. 21-45.
__________. 1996.『관광인류학』. 황달기(역). 서울: 일신사.
에어링, 스티븐·닐, 존. 2012.『생태관광론』. 채예병·김현지(역). 서울: 한올출판사
염미경. 2000.「도서지역의 활성화와 정체성 정치: 일본 미이라쿠의 역사마을 만들기 사례를 중심으로」.『한국사회학』34(FAL): 747-782.
유네스코 한국 홈페이지(유네스코와 유산: 세계유산이란) http://heritage.unesco.or.kr/wh/wh_intro/ (검색일: 2016.04.14.)
윤순진. 2009.「'저탄소 녹색성장'의 이념적 기초와 실재」.『Eco』13(1): 219-266.
이영민·허남혁. 2001.「농촌지역 환경갈등과 농촌주민 환경운동의 역할과 의미: 양평군 팔당지역 유기농업운동을 사례로」.『한국지역지리학회지』7(4): 18-32.
이재열. 2006.「지역사회 공동체와 사회적 자본」.『한국사회학회 기획학술심포지엄』5: 23-49.
이진형. 2007.「에릭 코헨의 관광사회학: 지식사회학적 접근」.『관광학연구』31(1): 33-54.
_____. 2009.「관광문화인류학적 접근」. 한국관광학회 편,『관광학 총론』. 서울: 백산출판사. 213-238.
_____. 2013.「여행문화의 민족지: 에드워드 부르너의 관광인류학」.『관광학연구』37(5): 283-306.
이창언. 2002.「어촌지역 관광개발의 사회문화적 영향」.『비교민속학』23: 411-441.
이홍표. 2011.「평판의 위력: 사회적 평판이 호감과 신뢰 및 선호도에 영향을 미치는가?」『한국심리학회지: 사회문제』17(3): 261-285.
전경수. 1994.『관광과 문화』. 서울: 일신사.
전제성. 2003.「인도네시아의 민주화: 교착상태에 빠진 절반의 이행」.『기억과 전망』74-92.
정헌목. 2013.「전통적인 장소의 변화와 '비장소(non-place)의 등장: 마르크 오제의 논의와 적용 사례들을 중심으로」.『비교문화연구』19(1): 107-141.
제이콥스, 제인. 〔1961〕2010.『미국 대도시의 죽음과 삶』. 유강은(역). 서울: 그린비
조광익. 2006.『현대관광과 문화이론: 푸코의 권력이론과 부르디외의 문화적 갈등이론』. 서울: 일신사.
조아라. 2011.『관광으로 읽는 홋카이도: 관광산업과 문화정치』. 서울: 서울대출판문화원.
조윤미. 2006.「자바(Java) 사람들의 치안관행과 도둑잡기」.『비교문화연구』12(2): 93-122.

______. 2011.「낙원의 폭력.」『민주주의와 인권』 11(2): 317-350.
조혜정. 1994.「전통문화와 정체성에 관한 담론 분석」.『동방학지』 86: 175-210.
지선진. 2006.「제도화 정도에 따른 관광객 유형별 속성과 영향」.『관광학 연구』 30(2): 363-380.
진경환. 2010.「전통과 담론: 전망적 요청을 겸한 단상」.『어문논집』 61: 397-417.
진양명숙. 2013.「"지역활성화"의 상징 정치: 일본 유스하라정 "삼림테라피로드"를 사례로」.『한국문화인류학』 46(1): 93-133.
최영국. 2000.「지속가능한 관광의 개념 및 과제」.『국토』 223: 6-19.
최영국·임상연. 2005.『생태관광 활성화 방안 연구: 지역주민참여 유도를 중심으로』. 국토연구원.
최병욱. 2006.『동남아시아사-전통시대』. 서울: 산인.
홉스봄, 에릭 외. [1983]2006.『만들어진 전통』. 박지향·장문석(역). 서울: 휴머니스트.

Allen, Pamela and Carmencita Palermo. 2005. "Ajeg Bali: Multiple Meanings, Diverse Agendas." *Inodonesia and the Malay World* 33(97): 239-255.
Ash, John and Louis Turner. 1976. *The Golden Hordes. International Tourism and the Pleasure Periphery.* London: Constable.
Ateljevic, Irena and Doorne Stephen. 2003. "Culture, Economy and Tourism Commodities Social Relations of Production and Consumption." *Tourist Studies* 3(2): 123-141.
Barker, Joshua. 1999. "Surveillance and Territoriality in Badung." Vincente L. Rafael(ed.), *Figures of Criminality in Indonesia, the Philippines, and Colonial Vietnam.* Ithaca: Cornell Southeast Asia Program. 95-127.
Ballinger, Rucina and Wayan Dibia. 2011. *Balinese Dance, Drama & Music: A Guide to the Performing Arts of Bali.* HongKong: Tuttle Publishing.
Barkin, David. 1998. "Ecotourism: A Tool for Sustainable development in an Era of Intrernational Integration?" *Contours-Bangkok* 8(2): 9-11.
Bateson, Gregory. 1949. "The Value System of A Steady State." Meyer Fortes (ed.), *In Social Structure: Essays Presented to A. R. Radcliffe Brown.* Oxford: Clarendon Press. 35-53.
Bateson, Gregory and Margaret Mead. 1942. "Balinese Character: A Photographic Analysis." *Special Publications of the New York Academy of Sciences.* 2: 17-92.
Baum, Vicki. 1937. *Tale of Bali.* New York: Doubleday.
Begley, Sharon. 1996. "Beware of the Humans: Ecotourism is Hurting Ecosystems." *Newsweek* 127: 52-54.
Bennett, Judy. 1999. "The Dream and the Reality." *Cultural Survival Quarterly* 23: 33-35.
Berkmoes, Ryan V. 2015. *Bali & Lombok.* Hong Kong: Lonely Planet Publications Pty Ltd.
Blakely, Edward J. and Mary G. Snyderm. 1999. *Fortress America: Gated Communities in the United States.* Washington DC: Brookings Institution Press.

Boorstin, Daniel Joseph. 1964. *The image: A Guide to Psuedo-Events in America.* New York: Harper Colophon Books.

BPTO; Bali Goverment Tourism Office(발리 주정부 관광 사무소). http://www.disparda.baliprov.go.id/en/Statistics2

Bramwell, Bill and Bernard Lane. 1993. "Sustainable Tourism: An Evolving Global Approach." *Journal of Sustainable Tourism* 1(1): 2-5.

Bruner, Edward M. 1994. "Abraham Lincoln as Authentic Reproduction: A Critique of Postmodernism." *American Anthropologist* 96(2): 397-415.

Byczek, Christian. 2011. "Blessings for All? Community-Based Ecotourism in Bali Between Global, National, and Local Interests: A Case Study." *ASEAS-Osterreichische Zeitschrift fur Sudostasienwissenschaften* 4(1): 81-106.

Cater, Erlet and Gwen Lowman. 1994. "Ecotourism: A Sustainable Option?" New York: John Wiley & Sons.

Cohen, Eric. 1972. "Toward a Sociology of International Tourism." *Social Research* 39(1): 164-189.

______. 1973. "Nomads From Affluence: Notes on the Phenomenon of Drifter-Tourism." *International Journal of Comparative Sociology* 14(1/2): 89-103.

______. 1979. "A Phenomenology of Tourist Experiences." Sociology13(2): 179-201.

______. 1984. "The Sociology of Tourism: Approaches, Issue, and Findings." *Annual Review of Sociology* 10: 373-392.

______. 1988. "Authenticity and Commoditization in Tourism." *Annals of Tourism Research* 15(3): 371-386.

Cohen, E. 1996. "The Society of Tourism: Approaches, Issues and Findings." The Sociology of Tourism: Theoretical and Empirical Investigations. London: Routledge.

Covarrubias, Miguel. [1937]1973. *Island of Bali.* Hong Kong: Peripus Editions.

Crick, Malcolm. 1988. "Sun, Sex, Sights, Savings and Servility." *Criticism, Heresy and Interpretation* 1(1): 37-76.

Davies, Amanda and Aileen Hoath. 2016. "The Migration of Australians to Bali, Indonesia: More than Retirees and Surfers." *Geographical Research* 54(1): 35-51.

Eadington, William R. and Valene L. Smith. 1992. "Introduction: The Emergence of Alternative Forms of Tourism." *Tourism Alternatives: Potentials and Problems in the Development of Tourism.* Philadelphia: Penn Press. 1-12.

GIPI(Gabungan Industri Pariwisata Indonesa Bali: 발리 관광 산업 연합). http://www.balitourismboard.org/stat_arrival.html

Geertz, Clifford. 1963. *Peddlers and Princes: Social Development and Economic Change in Two Indonesian Towns.* Chicago: The University of Chicago.

______. 1968. "Thinking as a Moral Act: Ethical Dimensions of Anthropological Fieldwork in the New States." *The Antioch Review.* 28(2): 139-158.

______. 1980a. *Negara: The Theatre State in Nineteenth-Century Bali.* Princeton: Princeton University Press.

______. 1980b. "Organization of the Balinese Subak." E. Walter Coward, Jr.(ed.), *Irrigation and Agricultural Development in Asia: Perspectives from the Social Sciences.* London: Cornell University Press. 70-90.

Goffman, Erving. 1963. *Stigma: Notes on the Management of Spoiled Identity.* New Jersey: Prentice-Hall.

Graburn, H.H. Nelson. 1983. "The Anthropology of Tourism." *Annals of Tourism Research* 10(1): 9-33.

______. 1984. "The Evolution of Tourist Arts." *Annals of Tourism Research* 11(3): 393-419.

Haer, G. Debbie. and Juliette Morillot and Irene Toh. 1995. *Bali: A Traveller's Companion.* Singapore: Tien Wah Press.

Hanna, Willard Anderson, 1972. "Bali in the Seventies: Part I: Cultural Tourism." *American Universities Field Staff Reports: Southeast Asia Series* 20(2): 1-7.

Haruya, Kagami. 2005. "Regional Autonomy in Process: A Case Study in Bali 2001-2003." *Asian and Africa Area Studies* 5: 46-71.

Hibery, Rosemary. 1980. *A Balinese Journal: 1971-1980.* Hawaii: University of Hawaii Press.

Hitchcock, Michael. 2004. "Margaret Mead and Tourism: Anthropological Heritage in the Aftermath of the Bali Bombings." *Anthropology Today* 20(3): 9-14.

Hobart, Angela, Urs Ramseyer and Albert Leemann. 1996. *The People of Bali.* Oxford: Blackwell.

Isaacs, J. Coburn. 2000. "The Limited Potential of Ecotourism to Contribute to Wildlife Conservation." *Wildlife Society Bulletin* 28(1): 61-69.

Jafri, J. 1990. "Research and Scholarship: the Basis of Tourism Education." Journal of Tourism Studies 1: 33-41.

Keep Bali Clean. http://keepbaliclean.com

Kim, Jee Hun. 2002. "A New Urban Type in Jakarta: Urban Insecurity and the Making of Inner-City Fortified Neighborhoods." MA. Dissertation. Singapore: National University of Singapore.

Krauss, Gregor. [1920]1988. *Bali 1912.* New York: January Books.

Lansing, John Stephen. 1974. *Evil in the Morning of the World: Phenomenological Approaches to a Balinese Community.* Ann Arbor: Michigan Papers on South Southeast Asia.

Laurie, Locker-Murphy. 1997. "Backpackers in Australia: A motivation-based segmentation study." *Journal of Travel & Tourism Marketing* 5(4): 23-45.

Leisch, Harald. 2002. "Gated Communities in Indonesia." *Cities* 19(5): 341-350.

Lewis, J. David and Andrew Weigert. 1985. "Trust as a Social Reality." *Social Forces* 63: 967-985.

Lindberg, Kreg and Krea Lindberg. 1991. *Policies for Maximizing Nature Tourism's Ecological and Economic Benefits.* Washington DC: World Resources Institute.

MacCannell, Dean. 1973. ""Staged Authenticity." Arrangement of Social Space in Tourist Setting." *American Journal of Sociology* 79: 589-603.

______. 1977. "Staged Authenticity." Valene L. Smith(ed.). *In Host and Guests: The Anthropology of Tourism.* Philadelphia: University of Pennsylvania Press.

Macrae, Graeme. 1999. "Acting Global Thinking Local in a Balinese Tourist Town." Rubinstein(ed.). *Staying Local in the Global Village.* Honolulu: University of Hawai'i Press.

______. 2014a. "Ubud: Benteng Terbuka." *Jurnal Kajian Bali* 4(1): 1-14.

______. 2014b. "Budaya Tembok: The New Ubud?" *Ubud Now And Then.* http://ubudnowandthen.com/budaya-tembok-the-new-ubud/(검색일: 2016. 03.22)

Mann, Richard. 2013. *The Making of Ubud: Bali's Art, Culture, and Heritage Village.* Bali: Gateway Books International.

McKean, P. Frick. 1989. "Towards a Theoretical Analysis of Tourism: Economic Dualism and Cultural Involution in Bali." V. L. Smith(ed.), *In Hosts and Guests: The Anthropology of Tourism.* Philadephiia: University of Pennsylvania Press. 93-107.

McPhee, Colin. 1947. *A House in Bail.* New York: The Asia Press.

Mead, Margaret. 1940. "The Arts in Bali." Jane Belo(ed.), *Traditional Balinese Culture.* New York: Columbia University Press. 331-340.

Meethan, Kevin. 2001. *Tourism in Global Society: Place, Culture, Consumption.* London: Palgrave.

Mieczkowski, Z. 1995. *Environmental Issues of Tourism and Recreation.* Lanham: University Press of America.

Mohtashemi, Mojdeh and Lik Mui. 2003. "Evolution of Indirect Reciprocity by Social Information: The Role of Trust and Repution in Evolution of Altruism." *Journal of Theoretical Biology* 223(4): 523-531.

Munt, Ian. 1994. "The 'Other' Postmodernism Tourism: Culture, Travel and the New Middle Classes." *Theory, Culture & Society* 11(3): 101-123.

Muzaini, Hamzah. 2006. "Backpacking Southeast Asia: Strategies of "Looking Local"." *Annals of Tourism Research* 33(1): 144-161.

Nash, Dennison. 1976. "Tourism as a Form of Imperialism." Valene L. Smith(ed). *In Host and Guests: The Anthropology of Tourism.* Philadelphia: University of Pennsylvania Press. 37-52.

______. 1981. "Tourism as an Anthropological Subject." *Current Anthropology* 22(5): 461-481.

Nordholt, H. Schulte. 1991. *State, Village, and Ritual in Bali: A Historical Perspective.* Amsterdam: VU University Press.

Nunez, Theron. 1989. "Touristic Studies in Anthropological Perspective." Hosts and Guests: The Anthropology of Tourism 2: 265-279.

Obenour, William L. 2004. "Understanding the Meaning of the 'Journey' to Budget Travellers." *International Journal of Tourism Research* 6(1): 1-15.

O'Reilly, Camille Caprioglio. 2006. "From Drifter to Gap Year Tourist: Main streaming Backpacker Travel." *Annals of Tourism Research* 33(4): 998-1017.

Padgett, T., & Begley, S. 1996. "Beware of the Humans." Newsweek, 127(6), 52-54.

Pedersen, Lene. 2007. "Responding to Decentralisation in the Aftermath of the Bali Bombing." *The Asia Pacific Journal of Anthropology* 8(3): 197-215.

Peters, Jan Hendrik and Wisnu Wardana. 2013. *Tri Hita Karana.* Jakarta: Gramedia.

Picard, Michel. 1990a. ""Cultural Tourism" in Bali: Cultural Performances as Tourist Attraction." *Indonesia* 49: 37-74.

______. 1990b. "Kebalian Orang Bali: On the Uses of 'Balinese Culture' in New Order Indonesia." *Review of Indonesian and Malaysian Affairs* 24(2): 1-38.

______. 1997. "Cultural Tourism, Nation-building, and Regional Culture: The Making of a Balinese Identity." Michel Picard and Robert E. Wood(eds.). *Tourism, Ethnicity, and the State in Asian and Pacific Societies.* Honolulu: University of Hawai'i press. 181-215.

______. 1999. "The Discourse of Kebalian: Transcultural Constructions of Balinese Identity." Raechelle Rubinstein and Lindu H. Connor(ed.), *Stating Local in the Global Village.* Honolulu: University of Hawai'i Press. 15-49.

______. 2008. "Balinese Identity as Tourist Attraction: From 'Cultural Tourism(Pariwisata Budaya) to 'Bali Erect(Ajeg Bali)'." *Tourist Studies* 8(2): 155-173.

Pitana, I Gde. 1993. *Under the Shadow of Tourism: A Study of Socio-Cultural Impact of Tourism in Bali, Indonesia.* Mimeograph Canberra: Australian National University.

______. 2000. *Cultural Tourism in Bali: A Critical Appreciation.* Denpasar: Research Center for Culture and Tourism University of Udayan.

Pizam, Abraham, and Yoel Mansfeld. 1996. *Tourism, Crime and International Security Issues.* New York: John Wiley & Sons.

Pollmann, Tessel. 1990. "Margaret Mead's Balinese: The Fitting Symbols of the American Dream." *Indonesia* 49: 1-35.

Powell, Hickman. [1932]1982. *The Last Paradise.* Singapore: Oxford University Press.

Pringle, Robert. 2004. *A Short History of Bali: Indonesia's Hindu Realm.* NSW: Allen & Unwin.

Pryer, Melvyn. 1997. "The Traveller as A Destination Pioneer." *Progress in Tourism and Hospitality Research* 3(3): 225-237.

Reuter, Thomas. 2009. "Globalisation and Local Identities: a Rise of New Ethnic and Religious Movements in Post-Suharto Indonesia." *Asian Journal of Social Science* 37(6): 857-871.

Reuter, Thomas, and Thomas Anton Reuter. 2006. *Sharing the Earth, Dividing the Land: Land and Territory in the Austronesian World.* Canberra: ANU E Press.

Richards, Greg. 1996. "Production and Consumption of European Cultural Tourism." *Annals of*

Tourism Research 23(2): 261-283.

Riley, Pamela J. 1988. "Road Culture of International Long-term Budget Travelers." *Annals of Tourism Research* 15(3): 313-328.

Rosenow, J. E. and G. L. Pulsipher. 1979. *Tourism, the Good, the Bad and the Ugly.* Lincoln: Century Three Press.

Russell, Andrew and Gillian Wallace. 2004. "Irresponsible Ecotourism." *Anthropology Today* 20(3): 1-2.

Sack, Robert D. 1983. "Human Territoriality: A Theory." *Annals of the Association of American Geographers* 73(1): 55-74.

Sahlins, Marshall. 1974. *Stone Age Economics.* Chicago: Transaction Publishers.

Schulte Nordholt, H. G. C. 1986. "Bali: Colonial Conceptions and Political Change 1700-1940." From Shifting Hierarchies to 'fixed' Order. Rotterdam: Erasmus University.

Selwyn, Tom. 1996. *The Tourist Image: Myths and Myth Making in Tourism.* New York: John Wiley & Sons.

Seminar on Cultural Tourism in Bali. 1971. *Hasil Keputusan Seminar Pariwisata Budaya Daerah Bali(Proceedings of the Seminar on Cultural Tourism in Bali).* Denpasar.

Shelagh, J. Squire. 1994. "Accounting for Cultural Meanings: Interface Between Geography and Tourism Studies Re-Examined." *Progress in Human Geography* 18(1): 1-16.

Shepherd, R. 2002. "'A Green and Sumptuous Garden': Authenticity, Hybridity, and the Bali Tourism Project." *South East Asia Research* 10(1): 63-97.

Sørensen, Anders. 2003. "Backpacker Ethnography." *Annals of Tourism Research* 30(4): 847-867.

Stronza, Amanda L. 2000 ""Because it is ours": Community-Based Ecotourism in the Peruvian Amazon." PhD Thesis. University of Florida.

______. 2001. "Anthropology of Tourism: Forging New Ground for Ecotourism and Other Alternatives." *Annual Review of Anthropology* 30: 261-283.

______. 2005. "Hosts and Hosts: the Anthropology of Community-Based Ecotourism in the Peruvian Amazon." *National Association for Practice of Anthropology Bulletin* 23: 170-190.

Suchman, Mark C. 1995. "Managing Legitimacy: Strategic and Institutional Approaches." *Academy of Management Review* 20(3): 571-610.

Suryawan, Ngurah. 2006. *Bisnis Kekerasan Jagoan Berkeris, Catatan Awal Aksi Pecalang dan Kelompok Kekerasan dan Bos Lokal di Era Reformasi.* Yogyakarta: IRE Press.

Suyadnya, I. Wayan. 2011. *"Securitization, Belonging and Politics of Belonging in Bali." Jurnal Kajian Bali* 1(1): 73-87.

Teo, Peggy. and Sandra Leong. 2006. "A Postcolonial Analysis of Backpacking." *Annals of Tourism Research* 33(1): 109-131.

Turner, Victor. 1973. "The Center out There: Pilgrim's Goal." *History of Religions* 12(3): 191-

230.

Uriely, N. 1997. "Theories of Modern and Postmodern Tourism." *Annals of Tourism Research* 24(4): 982-984.

Uriely, Natan, Yuval Yonay, and Dalit Simchai. 2002. "Backpacking Experiences: A Type and Form Analysis." *Annals of Tourism Research* 29(2): 520-538.

Urry, John. 1990. "The 'Consumption' of Tourism." *Sociology.* 24(1): 23-35.

______. 2002. *Tourist Gaze Revisited.* London: Sage Publication.

Vickers, Adrian. 1989. *Bali: A Paradise Created.* Hong Kong: Tuttle Publishing.

______. 1996. *Being Modern in Bali: Images and Change.* New Haven: Yale University Southeast Asia Studies.

______. 2005. *A History of Modern Indonesia.* Jakarta: Cambridge University Press.

Wahab, Salah. 1996. "Tourism and Terrorism: Synthesis of the Problem with Emphasis on Egypt." A. Pizam and Y. Mansfeld (eds.), *Tourism, Crime and International Security Issues.* New York: Wiley. 175-186.

Wall, Geoffrey. 1994. "Ecotourism: Old Wine in New Bottle." *Trends* 31(2): 4-9.

______. 1997. "Forum: Is Ecotourism Sustainable?." *Environmental Managment* 21(4): 483-491.

Wallace, David R. 2004. "Ecotourism." *Landscape Architecture* 82(8): 36.

Wang, Ning. 1999. "Rethinking Authenticity in Tourism Experience." Annals of Tourism Research 26(2): 349-370.

Warren, Carol. 1990. "Bureucratisation of Local Government in Indonesia." *The Working Papers* Victoria: Monash University Centre of Southeast Asian Studies. 1-35.

Watson, G. Llewellyn and Joseph P. Kopachevsky. 1994. "Interpretations of Tourism as Commodity." *Annals of Tourism Research* 21(3): 643-660.

Weaver, David B. 1991. "Alternative to Mass Tourism in Dominica." *Annals of Tourism Research.* 18(3): 414-432.

Whelan, Tensie. 1991. "Ecotourism and Its Role in Sustainable Development." Whelan et al.(eds.), *Nature Tourism: Managing for the Environment.* Washington DC: Island. 3-22.

Wood, Robert E. 1984. "Ethnic Tourism, the State, and Cultural Change in Southeast Asia." *Annal of Tourism Research* 11(3): 353-374.

Yamashita, Shinji. 2003. *Bali and Beyond: Explorations in the Anthropology of Tourism.* New York: Berghahn Books.

Yanagisako, Sylvia Junko. 2002. *Producing Culture and Capital: Family Firms in Italy.* New Jersey: Princeton University Press.

Zeppel, Heather. 2006. *Indigenous Ecotourism: Sustainable Development and Management.* Massachusetts: Cabi.

찾아보기

발간사

다가오는 미래가 아시아의 시대가 될 것이라는 인식은 이제 우리에게 그리 새롭지는 않습니다. 그렇다면 우리에게 주어진 과제는 한국인과 한국사회는 어떤 존재로서 아시아의 시대를 살아가고자 하는가 하는 질문을 통해 우리와 남의 모습을 상상하고, 우리와 남의 관계에 대한 그림을 그리고, 그것들을 실천하는 일일 것입니다.

그러나 아시아의 시대가 온다고 해서 아시아 사람들이 저절로 잘 살게 되는 것도, 아시아가 저절로 평화롭고 정이 넘치는 공동체가 되는 것도 아닐 것입니다. 그러므로 우리는 아시아 지역을 살아가는 사람들이 어떤 공동체를 만들어 가고 싶은가, 아시아 공동체가 잘되면 인류에게 무슨 도움이 되는 것인가 하는 질문을 해야 하지 않을까 싶습니다. 오히려 아시아의 시대가 왔다고 생각하기 시작한 지난 20여 년간 아시아 내부의 갈등과 적대, 민족주의와 인종차별 등은 더 심해지고 있다는 착각이 듭니다. 그것을 착각이라고 생각하는 까닭은 외양으로 보면 그렇게 보이지만, 실제 내부에서 일어나는 현상을 찬찬히 살펴보면 아시아 내부의 상호이해와 교류가 느리지만 거대한 규모로 일어나고 있다고 믿기 때문입니다. 지표면에서 보면 날씨 변화도 심하고 지진도 자주 일어나지만, 땅속 깊은 곳에서 아시아의 시대를 만들어 가는 지하수의 물줄기가 형성되고 있는 것이 아닌가 싶습니다.

20세기 유럽과 미국이 축적한 자연과학과 인문·사회과학 등 근대의 학문적 지식은 인류 문명의 새로운 길을 열었고, 인류의 행복과 안정에 커다란 기여를 했습니다. 물론 제국주의 지배와 전쟁, 차별과 빈곤을 동시에 가져다주기도 했습니다. 아시아의 세기는 서양의 근대를 넘어서서 새로운 '근대 이후'를 만들어 나가는 일이어야 합니다.

지식의 생산과 공유, 인재 양성을 책임지고 있는 대학이라는 공간에서 아시아에 대한 어떤 지식을 생산하고, 아시아에 대해 무엇을 어떻게 가르칠 것인가 하는 문제의식이야말로 서울대학교 아시아연구소에 주어진 책무일 것입니다. 서울대학교 아시아연구소는 2009년 9월 출범한 이래 지역과 주제의 결합에 기초한 아시아 연구의 세계적 허브 구축을 목표로 아시아 연구 기반 구축과 우수 연구활동 지원 등의 다양한 학술 활동을 진행해 왔습니다. 특별히 아시아에 대한 지식 생산의 기반을 다지는 작업으로서, 우수한 기초 연구 활성화를 위해 노력해 왔습니다.

서울대학교 아시아연구소총서는 바로 이러한 학문적 노력의 결실입니다. 앞으로도 서울대학교 아시아연구소는 국내외 연구자들의 우수한 연구를 지원하여 그 결과물을 지속적으로 발간해 나갈 것입니다. 이러한 아시아연구소총서가 아시아의 시대를 열어 가는 데 필요한 기반을 만드는 중요한 지적 자산이 되기를 기대합니다. 이를 바탕으로 아시아 시대를 만들어 가는 지하수를 실증적으로 드러내고, 아시아 내부의 상호 이해와 교류를 넓혀 갈 수 있길 바랍니다.

서울대학교 아시아연구소